Aspekte|neu
Mittelstufe Deutsch

Lehr- und Arbeitsbuch 2, Teil 2

von
Ute Koithan
Helen Schmitz
Tanja Sieber
Ralf Sonntag

Filmseiten von Ralf-Peter Lösche und Ulrike Moritz

Klett-Langenscheidt
München

Von: Ute Koithan, Helen Schmitz, Tanja Sieber, Ralf Sonntag
Filmseiten von: Ralf-Peter Lösche und Ulrike Moritz

Redaktion: Annerose Remus und Cornelia Rademacher
Layout: Andrea Pfeifer
Zeichnungen: Daniela Kohl
Umschlaggestaltung: Studio Schübel, München (Foto Rose: studioschübel.de; Foto Kirchenfenster: Beverley Grace – Fotolia.com)
Schnitt und Programmierung: Florian Baer, Plan 1, München

Verlag und Autoren danken Harald Bluhm, Ulrike Moritz und Margret Rodi für die Begutachtung sowie allen Kolleginnen und Kollegen, die Aspekte | neu erprobt und mit wertvollen Anregungen zur Entwicklung des Lehrwerks beigetragen haben.

Symbole in Aspekte | neu

🔊 2.2 Hören Sie auf der CD 2 zum Lehrbuch Track 2.

🔊 2 Hören Sie auf der CD zum Arbeitsbuch Track 2.

▶ Ü 1 Hierzu gibt es eine Übung im gleichen Modul im Arbeitsbuch.

▶ Rechercheaufgabe

🔑 Zu dieser Übung finden Sie die Lösung im Anhang.

Aspekte	neu 2 – Materialien	
Lehrbuch mit DVD	605024
Lehrbuch	605025
Audio-CDs zum Lehrbuch	605029
Arbeitsbuch mit Audio-CD	605026
Lehr- und Arbeitsbuch 2 mit Audio-CD, Teil 1	605027
Lehr- und Arbeitsbuch 2 mit Audio-CD, Teil 2	605028
Lehrerhandbuch mit digitaler Medien-DVD-ROM	605030
Intensivtrainer	605031

www.aspekte.biz
www.klett-sprachen.de/aspekte-neu

Die Audio-CD zum Arbeitsbuch finden Sie als mp3-Download unter www.aspekte.biz im Bereich „Medien".
Der Zugangscode lautet: aS1k&W7

In einigen Ländern ist es nicht erlaubt, in das Lehrbuch hineinzuschreiben. Wir weisen darauf hin, dass die in den Arbeitsanweisungen formulierten Schreibaufforderungen immer auch im separaten Schulheft erledigt werden können.

1. Auflage   1 5 4 3 2 1 | 2017 2016 2015

© Klett-Langenscheidt GmbH, München, 2015

Das Werk und seine Teile sind urheberrechtlich geschützt. Jede Verwendung in anderen als den gesetzlich zugelassenen Fällen bedarf der vorherigen schriftlichen Einwilligung des Verlags.

Satz und Repro: Satzkasten, Stuttgart
Gesamtherstellung: Print Consult GmbH, München

ISBN 978-3-12-605028-9

FSC MIX Papier aus verantwortungsvollen Quellen
www.fsc.org FSC® C084279

Inhalt

Fit für …   6

Auftakt	Denkaufgaben lösen		8
Modul 1	**Fit für den Onlineeinkauf** Eine Ratgebersendung zum Thema „Einkaufen im Internet" verstehen	**Grammatik:** Passiv mit *sein*	10
Modul 2	**Fit am Telefon** Telefongespräche erfolgreich bewältigen	**Strategie:** Telefonieren	12
Modul 3	**Fit für die Kollegen** Tipps für den Umgang mit Kollegen am Arbeitsplatz verstehen	**Grammatik:** Vergleichssätze mit *als*, *als ob* und *als wenn* im Konjunktiv II	14
Modul 4	**Fit für die Prüfung** Informationen aus einem Text weitergeben Einen persönlichen Brief schreiben		16
Porträt	**Fit im Sport**		20
Grammatik	**Rückschau**		21
Film	**Faszination Freeclimbing**		22

Arbeitsbuchteil

Wortschatz	Fitness		88
Modul 1	**Fit für den Onlineeinkauf** Infotexte über Bezahlarten beim Onlineeinkauf lesen	**Wortschatz:** Onlineeinkauf **Tipp:** Wortliste erstellen **Grammatik:** Passiv mit *sein*	90
Modul 2	**Fit am Telefon**	**Wortschatz:** Telefonieren	93
Modul 3	**Fit für die Kollegen** Ansagen von Servicenummern und Tipps im Radio hören	**Wortschatz:** Umgang am Arbeitsplatz **Grammatik:** Vergleichssätze mit *als*, *als ob* und *als wenn* im Konjunktiv II	95
Modul 4	**Fit für die Prüfung** Tipps zur Prüfungsvorbereitung schreiben	**Wortschatz:** Prüfung, Redemittel zum Diskutieren und sich einigen **Aussprache:** Höflichkeit am Telefon	97
Selbsteinschätzung			99
Kapitelwortschatz			100

Inhalt

Kulturwelten 7

Auftakt	Eine Geschichte zu einem Bild erfinden		24
Modul 1	**Weltkulturerbe** Informationen über ein UNESCO-Weltkulturerbe zusammenfassen	**Grammatik:** Textzusammenhang	26
Modul 2	**Kunstraub** Eine kurze Kriminalgeschichte schreiben		28
Modul 3	**Sprachensterben** In einem Artikel Gründe für das Sterben von Sprachen verstehen	**Grammatik:** Modalsätze mit *dadurch*, *dass* und *indem*	30
Modul 4	**Das Haus am Meer** Die positiven und negativen Bewertungen in einer Buchrezension erkennen Ein Buch oder ein anderes kulturelles Ereignis vorstellen	**Strategie:** Bewertungen verstehen	32
Porträt	Neo Rauch		36
Grammatik	Rückschau		37
Film	**Kunstwerke auf ehemaligen Abraumhalden**		38

Arbeitsbuchteil

Wortschatz	Künstlerische Berufe, Bildbeschreibung		102
Modul 1	**Weltkulturerbe** Text über Weltkulturerbe lesen	**Grammatik:** Textzusammenhang	104
Modul 2	**Kunstraub** Nachrichten hören Texte zu einer Bildergeschichte schreiben und diese weitererzählen	**Wortschatz:** Krimi	107
Modul 3	**Sprachensterben** Grafik über die Sprachenvielfalt in der EU schriftlich beschreiben	**Tipp:** Grafikbeschreibung **Grammatik:** Modalsätze mit *dadurch*, *dass* und *indem*	109
Modul 4	**Das Haus am Meer** Buchbewertungen lesen	**Wortschatz:** Schach, Verhaltensweisen **Aussprache:** Sprechen und Emotionen	111
Selbsteinschätzung			113
Kapitelwortschatz			114

Das macht(e) Geschichte　　　　　　　　　　　　　　　　　　　　　　　　　　　　　　　8

Auftakt	Einem Radiofeature über historische Ereignisse Fotos zuordnen		40
Modul 1	**Geschichte erleben** Einen Text zum Thema „Gelebte Geschichte" verstehen	**Grammatik:** Nomen, Verben und Adjektive mit Präpositionen	42
Modul 2	**26.10. – Ein Tag in der Geschichte** Informationen aus unterschiedlichen Quellen in einer Kurzpräsentation zusammenfassen		44
Modul 3	**Irrtümer der Geschichte** Irrtümer der Geschichte kennenlernen und darüber berichten	**Grammatik:** Indirekte Rede mit Konjunktiv I	46
Modul 4	**Grenzen überwinden** Informationen über die Teilung Deutschlands kommentiert zusammenfassen Zeitzeugenaussagen und eine Chronik zum Tag des Mauerfalls verstehen	**Strategie:** Informationen aus mehreren Texten zusammentragen	48
Porträt	**Angela Merkel**		52
Grammatik	**Rückschau**		53
Film	**Ein Traum wird wahr**		54

Arbeitsbuchteil

Wortschatz	Politik und Gesellschaft	**Tipp:** Lernen mit Bildern	116
Modul 1	**Geschichte erleben**	**Wortschatz:** Geschichte **Grammatik:** Nomen, Verben und Adjektive mit Präpositionen	118
Modul 2	**26.10. – Ein Tag in der Geschichte** Zeitungsartikel zu historischen Ereignissen lesen		120
Modul 3	**Irrtümer der Geschichte** Interview über das Mozarthaus in Wien hören	**Wortschatz:** Redeeinleitende Verben **Grammatik:** Indirekte Rede mit Konjunktiv I	122
Modul 4	**Grenzen überwinden** Artikel über Leipzig lesen Stadtbesichtigung zu zweit planen	**Aussprache:** d**a**ran – dar**a**n	124
Selbsteinschätzung			127
Kapitelwortschatz			128

Inhalt

Mit viel Gefühl ... 9

Auftakt	Gedichte und Sprüche lesen und darüber sprechen		56
Modul 1	**Mit Musik geht alles besser** Notizen zu einem Artikel über Musik machen	**Grammatik:** Nominalisierung von Verben	58
Modul 2	**Farbenfroh** Zu Texten über die Wirkung von Farben Stellung nehmen		60
Modul 3	**Sprache und Gefühl** Dialoge verstehen und Aussagen emotional verstärken	**Grammatik:** Modalpartikeln	62
Modul 4	**Gemischte Gefühle** Einen komplexen Vortrag zum Thema „Angst" verstehen Eine E-Mail mit Tipps zur Entscheidungsfindung schreiben	**Strategie:** Strukturiert mitschreiben	64
Porträt	**Heinrich Heine**		68
Grammatik	**Rückschau**		69
Film	**Musik macht klug**		70

Arbeitsbuchteil

Wortschatz	Gefühle		130
Modul 1	**Mit Musik geht alles besser** Interview zum Thema „Musikhören beim Arbeiten" hören und Forumsbeitrag dazu schreiben	**Wortschatz:** Musik **Grammatik:** Nominalisierung von Verben	132
Modul 2	**Farbenfroh** Text über „Farben in der Werbung" lesen	**Wortschatz:** Komposita mit Farben **Tipp:** Nominalisierungen in Überschriften	135
Modul 3	**Sprache und Gefühl** Äußerungen mit Modalpartikeln hören Dialog zu einem Bild schreiben	**Grammatik:** Modalpartikeln	136
Modul 4	**Gemischte Gefühle** Zusammenfassung zu einem Vortrag ergänzen Text zu einem Bild schreiben Text über Mitgefühl lesen	**Wortschatz:** Redewendungen zu Gefühlen **Aussprache:** mit und ohne Ironie sprechen	137
Selbsteinschätzung			141
Kapitelwortschatz			142

Ein Blick in die Zukunft 10

Auftakt	Ein Hörspiel verstehen		72
Modul 1	**Roboterwelt** Über die Rolle und den Nutzen von Robotern in der Zukunft sprechen	**Grammatik:** Partizipien als Adjektive	74
Modul 2	**Dr. Ich** Einen Artikel über Zukunftsideen für den Gesundheitsmarkt zusammenfassen	**Strategie:** Notizen für Zusammenfassungen nutzen	76
Modul 3	**Berufe der Zukunft** Ein Interview über „Berufe der Zukunft" analysieren	**Grammatik:** Konnektor *während*, Präpositionen mit Genitiv	78
Modul 4	**Meine Zukunft – deine Zukunft** Einen Beschwerdebrief schreiben Über Zukunftsszenarien in Büchern, Theater und Film sprechen		80
Porträt	**Die Fraunhofer-Gesellschaft und Joseph von Fraunhofer**		84
Grammatik	**Rückschau**		85
Film	**Vogelflug**		86

Arbeitsbuchteil

Wortschatz	Zukunft, Veränderungen		144
Modul 1	**Roboterwelt** Blogeintrag zum Thema „Roboter ersetzen Menschen" schreiben	**Grammatik:** Partizipien als Adjektive	146
Modul 2	**Dr. Ich** Vortrag über Robo- und Telemedizin hören Vortrag halten	**Tipp:** Einen Vortrag halten **Wortschatz:** Gesundheit, Redemittel für Vortrag	148
Modul 3	**Berufe der Zukunft**	**Wortschatz:** Ausbildung/Beruf **Grammatik:** Konnektor *während*, Präpositionen mit Genitiv	150
Modul 4	**Meine Zukunft – deine Zukunft** Anzeigen lesen und passende Angebote finden	**Wortschatz:** Beschwerde **Aussprache:** Frage oder Aussage?	151
Selbsteinschätzung			155
Kapitelwortschatz			156

Anhang:
Redemittel	158	Transkript zum Arbeitsbuch	178
Grammatik	164	Übersicht Audio-CD	183
Prüfungsvorbereitung	170	Unregelmäßige Verben	184
Auswertungen	170	Verben, Nomen und Adjektive	
Vorlage für eigene Porträts	171	mit Präpositionen	188
Lösungen zum Arbeitsbuch	172	Bild- und Textnachweis	192

Fit für …

A Kurioses

1. Ein paar Monate haben 31 Tage. Wie viele Monate haben 28 Tage? _____
2. Der Vater von Monika hat genau fünf Töchter: Lala, Lele, Lili, Lolo. Wie heißt die fünfte Tochter? _____
3. Wenn hier drei Äpfel liegen und Sie nehmen sich zwei weg: Wie viele haben Sie dann? _____
4. Drei Katzen fressen drei Mäuse in drei Minuten. Hundert Katzen fressen hundert Mäuse in wie vielen Minuten? _____
5. Ein Bauer hat 17 Schafe. Alle bis auf neun sterben. Wie viele Schafe hat der Bauer? _____

B Verwandte finden

1. Sie ist nicht meine Schwester, aber die Tochter der Schwester meiner Mutter. Wer ist sie?
   ☐ Tante   ☐ Mutter   ☐ Nichte   ☐ Cousine
2. Ein Mann blickt auf ein Bild an der Wand und sagt: „Ich habe weder Brüder noch Schwestern, aber der Vater dieses Mannes ist der Sohn meines Vaters." Vor wessen Bild steht der Mann?
   ☐ Großvater   ☐ Schwager   ☐ Sohn   ☐ Bruder
3. Die Mutter dieses Mannes ist die Schwiegermutter meiner Mutter. Wer ist der Mann?
   ☐ Bruder   ☐ Vater   ☐ Neffe   ☐ Cousin
4. Ein Vater hat sieben Söhne. Jeder Sohn hat eine Schwester. Wie viele Kinder hat der Vater?
   ☐ 12   ☐ 14   ☐ 18   ☐ 8

C Gemeinsamkeiten finden

Unterstreichen Sie in jeder Reihe die zwei Wörter, für die es einen gemeinsamen Oberbegriff gibt.

1. Joghurt – Eier – Fleisch – Quark – Brot
2. New York – Madrid – Sydney – Berlin – Kapstadt
3. Sport – Geschichte – Englisch – Physik – Biologie
4. Eisen – Gold – Schmuck – Silber – Diamanten

Sie lernen
Modul 1 | Eine Ratgebersendung zum Thema „Einkaufen im Internet" verstehen
Modul 2 | Telefongespräche erfolgreich bewältigen
Modul 3 | Tipps für den Umgang mit Kollegen am Arbeitsplatz verstehen
Modul 4 | Informationen aus einem Text weitergeben
Modul 4 | Einen persönlichen Brief schreiben

Grammatik
Modul 1 | Passiv mit *sein*
Modul 3 | Vergleichssätze mit *als*, *als ob* und *als wenn* im Konjunktiv II

▶ AB Wortschatz

D Buchstabenreihen ergänzen

Die folgenden Buchstabenreihen sind nach einer bestimmten Regel aufgebaut. Ihre Aufgabe ist es, diese Reihe zu erkennen und durch einen weiteren Buchstaben sinnvoll zu ergänzen.

1. Z   A   Y   B   X   ____
2. C   E   G   I   K   ____
3. E   F   L   M   G   ____
4. M   N   O   O   N   ____

E Analogien bilden

Finden Sie ein passendes Wort.

1. lang : kurz = dick : _____
2. finden : verlieren = erinnern : _____
3. Gebirge : Stein = Ozean : _____
4. Wind : Sturm = reden : _____

F Den richtigen Tag finden

1. Übermorgen ist Dienstag. Welcher Tag war vorgestern?
   _____

2. Vor einer Woche war es einen Tag vor Sonntag.
   Welcher Tag ist heute? _____

3. Vorgestern war Silvester. Welches Datum ist übermorgen?
   _____

4. In 16 Tagen werde ich meinen 25. Geburtstag feiern.
   An welchem Tag findet die Feier statt, wenn vorgestern
   Sonntag war? _____

1a Wie fit sind Sie? Wie gut können Sie kombinieren, erkennen, logisch denken und sich konzentrieren? Machen Sie den Test. Sie haben 15 Minuten Zeit. Für jede richtige Antwort gibt es einen Punkt.

b Kontrollieren Sie Ihre Antworten mit der Lösung auf Seite 170. Wie sind Sie auf Ihre Antworten gekommen? Sprechen Sie im Kurs.

2 Arbeiten Sie zu dritt. Recherchieren Sie im Internet nach Denksportaufgaben und erstellen Sie ein Quiz. Tauschen Sie dann Ihr Quiz mit einer anderen Gruppe und lösen Sie es.

Fit für den Onlineeinkauf

1a Was kaufen Sie in Geschäften? Was kaufen Sie im Internet?

b Ordnen Sie die Wörter mit Artikel in die Tabelle. Es gibt mehrere Möglichkeiten.

> Konsument   ~~Browser~~   ~~Benutzerkonto~~   Virenschutzprogramm   Bezahlung
> Rechnungsbetrag   Firewall   Datenschutz   Verschlüsselung   Passwort   Kontodaten
> Doppelklick   Onlinebanking   Webseite   Bestellung   Suchmaschine   Virus   Startseite

Surfen im Internet	Einkaufen im Internet
der Browser	das Benutzerkonto

▶ Ü 1

2a Hören Sie eine Ratgebersendung zum Thema „Einkaufen im Internet". Notieren Sie, über welche vier Teilthemen gesprochen wird.

1. _____
2. _____
3. _____
4. _____

b Hören Sie den ersten Teil noch einmal. Markieren Sie, welche Vor- und Nachteile Herr Hansen nennt.

Vorteile
- ☐ 1. Auswahl
- ☐ 2. Produktbeschreibungen
- ☐ 3. Preisvergleich
- ☐ 4. Service
- ☐ 5. keine Wartezeit
- ☐ 6. kein Stress
- ☐ 7. Bequemlichkeit
- ☐ 8. Schnelligkeit
- ☐ 9. Öffnungszeiten
- ☐ 10. viele Zahlungsmöglichkeiten

Nachteile
- ☐ 1. Versandkosten
- ☐ 2. keine Anprobe
- ☐ 3. lange Lieferzeiten
- ☐ 4. Kreditkartenbetrug
- ☐ 5. Reklamation
- ☐ 6. Mindestbestellwert
- ☐ 7. fehlende Kommunikation

c Hören Sie den zweiten Teil noch einmal. Notieren Sie die Zahlungsmöglichkeiten und die Tipps für die Datensicherheit, die Herr Hansen gibt.

Zahlungsmöglichkeiten	Tipps für die Datensicherheit
– Rechnung – …	– aktuelles Virenschutzprogramm – …

▶ Ü 2

d Welche Erfahrungen haben Sie beim Einkaufen im Internet gemacht? Berichten Sie.

Modul 1

3a Passiv mit *werden* und *sein*. Wann verwendet man was? Verbinden Sie die Erklärungen und Beispiele mit den passenden Bildern.

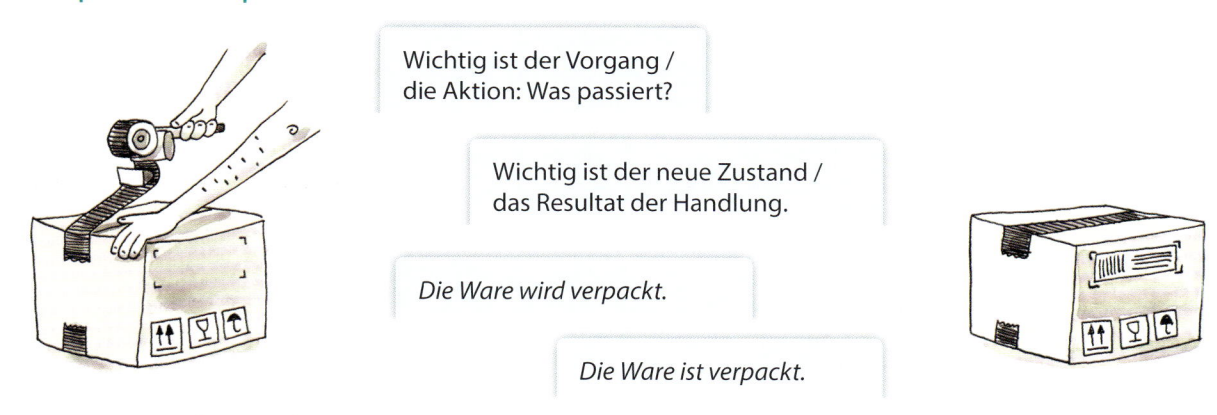

Wichtig ist der Vorgang / die Aktion: Was passiert?

Wichtig ist der neue Zustand / das Resultat der Handlung.

Die Ware wird verpackt.

Die Ware ist verpackt.

b Ergänzen Sie die Regel.

	Passiv mit *werden*	Passiv mit *sein*
Bildung	werden + _____	_____
Bedeutung	_____	_____

c Vorgang oder Zustand? Ergänzen Sie *werden* oder *sein* im Präsens.

Mittlerweile gehört der Interneteinkauf für viele Menschen zum Alltag. Trotzdem (1) __ist__ er manchmal mit Problemen verbunden. Wenn im Internet Ware bestellt (2) _____, trägt der Verkäufer das Versandrisiko. Geht das Paket auf dem Weg verloren oder (3) _____ die Ware bei Empfang beschädigt, muss der Verkäufer den Schaden ersetzen. Will der Kunde die Ware nicht behalten, muss er ein Formular ausfüllen, das ihm vom Händler zur Verfügung gestellt (4) _____. Sobald der Kunde das Formular mit der Ware an den Händler zurückgeschickt hat, (5) _____ der Kaufvertrag widerrufen. (6) _____ die Rechnung bereits bezahlt, muss der Verkäufer den Rechnungsbetrag erstatten. Soll die Ware umgetauscht (7) _____, schickt der Verkäufer Ersatz. Falls das Produkt ausverkauft ist, (8) _____ der Kaufvertrag aufgehoben.

d Warum war die Bestellung nicht erfolgreich? Schreiben Sie Sätze im Passiv mit *sein* im Präteritum.

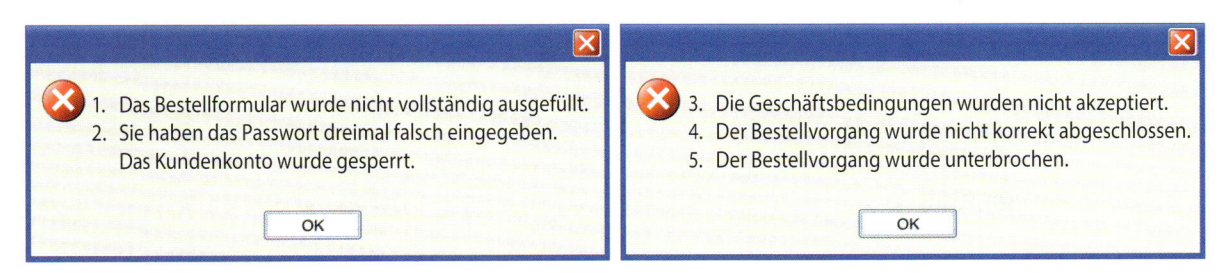

1. Das Bestellformular wurde nicht vollständig ausgefüllt.
2. Sie haben das Passwort dreimal falsch eingegeben. Das Kundenkonto wurde gesperrt.
3. Die Geschäftsbedingungen wurden nicht akzeptiert.
4. Der Bestellvorgang wurde nicht korrekt abgeschlossen.
5. Der Bestellvorgang wurde unterbrochen.

1. Das Bestellformular war nicht vollständig ausgefüllt.

▶ Ü 3-5

4 Sammeln Sie im Kurs Sätze aus dem Alltag, in denen das Passiv mit *sein* vorkommt.

Dieser Tisch ist leider reserviert.   *Das Geschäft ist bis 18. August …*

Fit am Telefon

▶ Ü 1 **1** Telefonieren Sie gern? Vor welchen Telefongesprächen sind Sie ein bisschen nervös? Warum?

🔊 2.10–11 **2a** Hören Sie zwei Dialoge am Telefon. Was macht der Anrufer im ersten Dialog nicht so gut? Was ist dagegen im zweiten Dialog positiv? Notieren Sie.

Dialog 1:   *Dialog 2:*
unhöflich   …

🔊 2.12 **b** Hören Sie das Interview mit dem Coach Jonas Becktal. Was sollte man beim Telefonieren beachten? Notieren Sie seine Ratschläge in Stichwörtern.

3 Auf der folgenden Seite finden Sie wichtige Redemittel zum Telefonieren. Ordnen Sie sie den Aktivitäten im Diagramm zu.

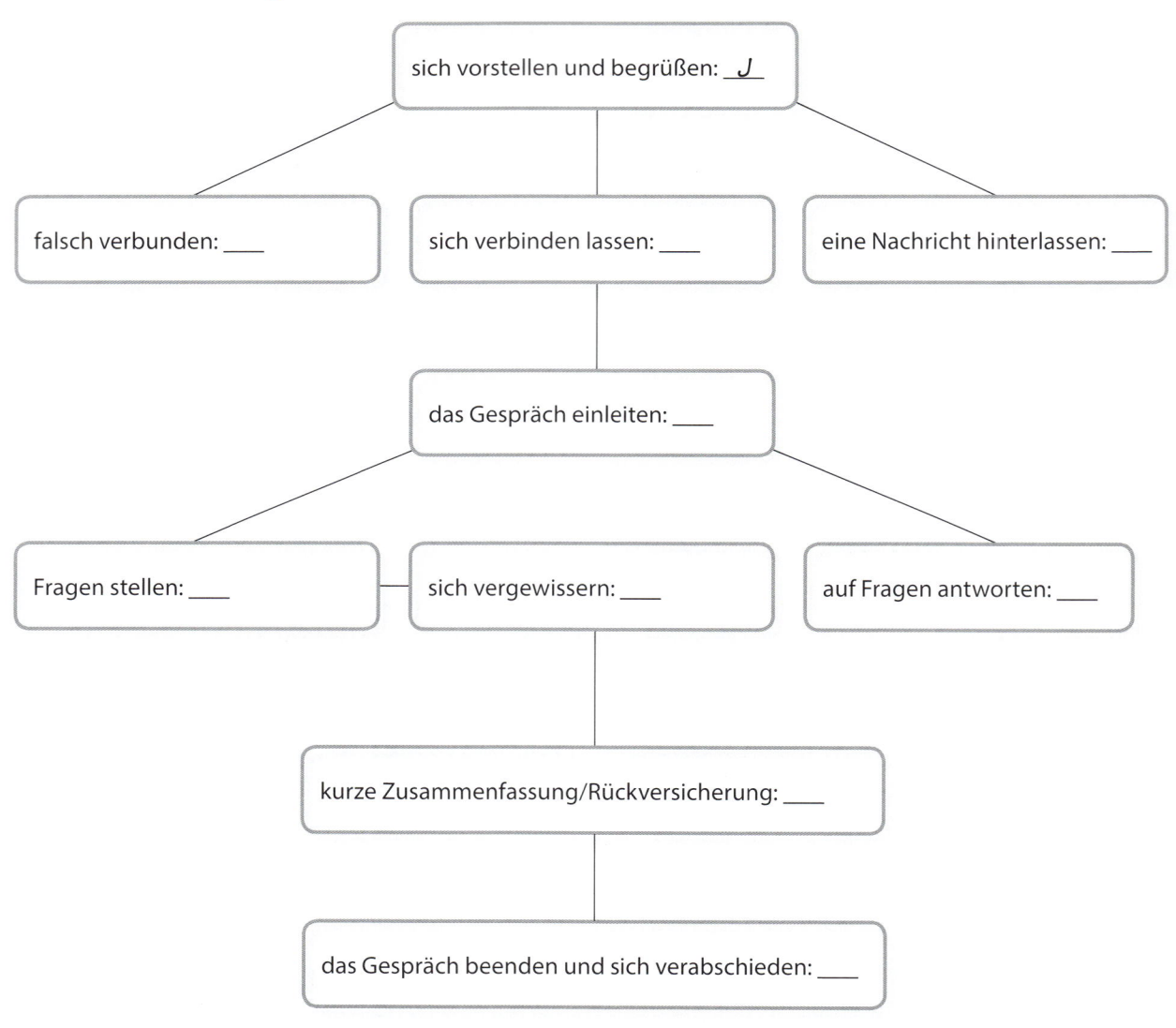

- sich vorstellen und begrüßen: _J_
- falsch verbunden: ___
- sich verbinden lassen: ___
- eine Nachricht hinterlassen: ___
- das Gespräch einleiten: ___
- Fragen stellen: ___
- sich vergewissern: ___
- auf Fragen antworten: ___
- kurze Zusammenfassung/Rückversicherung: ___
- das Gespräch beenden und sich verabschieden: ___

EIN TELEFONGESPRÄCH FÜHREN

A Gut, vielen Dank für die Auskunft. Das hat mir sehr geholfen, vielen Dank. Ich melde mich dann noch mal. Auf Wiederhören!	**F** Könnte ich eine Nachricht für … hinterlassen? Könnten Sie Herrn/Frau … bitte etwas ausrichten und zwar: …?
B Ich würde gern wissen, … Mich würde auch interessieren, … Wie ist das denn, wenn …? Ich wollte auch noch fragen, …	**G** Könnten Sie mich bitte mit Herrn/Frau … verbinden? Ich würde gern mit … sprechen. Könnten Sie mir vielleicht die Durchwahl geben?
C Ich rufe an wegen … Es geht um Folgendes: … Ich hätte gern Informationen zu … Ich interessiere mich für …	**H** Ja, also, das ist so: … Dazu kann ich Ihnen sagen: … Normalerweise machen wir das so: …
D Entschuldigung, mit wem spreche ich? Oh, da habe ich mich verwählt, Verzeihung. Ich glaube, ich bin falsch verbunden. Entschuldigen Sie. Spreche ich nicht mit …?	**I** Könnten Sie das bitte noch einmal wiederholen? Ich bin mir nicht ganz sicher, ob ich Sie richtig verstanden habe. Sie meinen also, …
E Gut, dann können wir festhalten: … Wir verbleiben also so: … Also, dann machen wir das so: …	**J** Ja, guten Tag, mein Name ist … Hallo, hier spricht …

▶ Ü 2-3

4 Üben Sie zu zweit Telefongespräche. Markieren Sie in 3 die Redemittel, die Sie verwenden wollen. Denken Sie auch an die Tipps aus 2b.

STRATEGIE **Telefonieren**
Sie müssen ein Telefongespräch auf Deutsch führen? Schreiben Sie sich vorher wichtige Redemittel und Wörter zu Ihren Fragen und Notizen.

- Wählen Sie drei Situationen aus.
- Notieren Sie, was Sie fragen könnten und was Ihr Partner / Ihre Partnerin antworten könnte.
- Üben Sie die Gespräche und spielen Sie eines im Kurs vor.

1 Sie möchten ein Praktikum in einem Hotel machen. Rufen Sie dort an und erkundigen Sie sich nach Aufgaben, Zeitraum und Bezahlung.

2 Sie studieren ab dem nächsten Semester in einer anderen Stadt. Rufen Sie bei einem Studentenwohnheim an und fragen Sie nach freien Zimmern, Miete und Kaution.

3 Sie rufen bei einer Sprachschule an und informieren sich über Kursprogramm, Kurszeiten, Kursort und Preise.

4 Sie rufen bei einem Fitnessstudio an und wollen dort Mitglied werden. Erkundigen Sie sich nach Preisen, Trainern und Öffnungszeiten.

5 Sie rufen die Stadtbibliothek an und möchten wissen, wie man einen Ausweis bekommt und wie lange man Bücher ausleihen kann. Fragen Sie auch nach Preisen und Öffnungszeiten.

6 Sie möchten eine Fernreise buchen und telefonieren mit dem Reisebüro, um Informationen über Flüge, Hotels, Klima und Visabestimmungen zu erhalten.

▶ Ü 4

Fit für die Kollegen

1a Was ist für Sie bei Kollegen besonders wichtig? Kreuzen Sie fünf Punkte an und begründen Sie.

☐ 1. Kommunikationsfähigkeit
☐ 2. Humor
☐ 3. Teamfähigkeit
☐ 4. Freundlichkeit
☐ 5. Höflichkeit
☐ 6. Offenheit
☐ 7. Wertschätzung
☐ 8. Aussehen
☐ 9. Kritikfähigkeit
☐ 10. aktives Zuhören
☐ 11. Hilfsbereitschaft
☐ 12. Benehmen
☐ 13. Respekt

b Lesen Sie die Tipps für den Umgang mit Kollegen am Arbeitsplatz. Welche Eigenschaften aus 1a passen zu den Texten? Ordnen Sie zu. Es gibt mehrere Möglichkeiten.

A Man sagt: „Das Arbeitsklima ist das einzige Klima, das man selbst bestimmen kann." Wenn man unter bestimmen *mitbestimmen* versteht, dann stimmt das. Denn die Beziehungen unter den Beschäftigten einer Firma sind sehr wichtig für das Arbeitsklima. Diese Beziehungen zu gestalten und menschlich angenehm zu machen, ist zu einem großen Teil Aufgabe der Beschäftigten selbst. Das setzt natürlich die Bereitschaft voraus, mit anderen zusammenzuarbeiten und offen für andere Ideen und Vorschläge zu sein.

B Viele Beschäftigte klagen im beruflichen Alltag über die schlechte Kommunikation am Arbeitsplatz. Dabei ist gerade die Kommunikation die Basis für ein gutes Arbeitsklima. Deshalb sollte man persönlichen Gesprächen mit Kollegen immer den Vorzug geben, besonders dann, wenn Probleme geklärt werden müssen und Diskussionsbedarf besteht. Zwar ist heute eine Kommunikation ohne E-Mails in einer Firma undenkbar, aber E-Mails können niemals das leisten, was ein persönliches Gespräch ausmacht: die Kommunikation mit allen Sinnen.

C Ein unfreundlicher Umgangston hat negative Auswirkungen auf das Arbeitsklima. Wenn man sich morgens nicht grüßt, wenig lacht und schlecht übereinander redet, dann ist die Arbeitsatmosphäre schlecht. Ein freundschaftliches Miteinander lässt sich leider nicht befehlen, aber man kann selbst Vorbild sein. Gibt es etwas, wofür man sich bedanken kann, z. B. für eine Information oder einen Tipp? Ein kurzer Dank ist neben einem freundlichen Gruß am Morgen ein einfaches, sympathisches Mittel, einer anderen Person Achtung und Respekt entgegenzubringen.

D Sehr großes Konfliktpotenzial stellt unangemessen vorgetragene Kritik dar. Das bedeutet allerdings nicht, dass man am Arbeitsplatz gar nichts mehr kritisieren sollte. Vielmehr ist es wichtig, Probleme offen anzusprechen und das Konzept der positiven Kritik anzuwenden: Was genau will man warum kritisieren? Welche Veränderung soll die Kritik bewirken? Passt der Zeitpunkt? Der Kritisierte sollte immer die Möglichkeit haben, eine Erklärung zu geben und mit Argumenten auf die Kritik zu reagieren.

E Alle Menschen brauchen Bestätigung, ein positives und wohlwollendes Feedback. Wenn man gut mit Kollegen zusammenarbeitet, sollte man ihnen auch zeigen, dass man sie würdigt. Ein Lob zur rechten Zeit, eine nette E-Mail oder ein anerkennendes Wort in der Teambesprechung zeigen, dass man die Leistungen anderer wahrnimmt und schätzt.

▶ Ü 1

Modul 3

2a Hören Sie zwei Stellungnahmen zum Thema „Berufliche Zufriedenheit". Notieren Sie, warum die Personen (nicht) zufrieden sind.

Maria T.	Markus S.

▶ Ü 2

b Hören Sie folgende Sätze aus den Stellungnahmen noch einmal und ergänzen Sie *als, als ob* und *als wenn*.

1. Die Kollegen tun ständig so, _____ sie alle perfekt wären.
2. Es kommt mir wirklich so vor, _____ würde ich nicht in dieses Team passen.
3. Es sieht oft so aus, _____ wir alle beste Freunde wären.
4. Der Chef behandelt uns, _____ wären wir gleichberechtigte Partner.

c Unterstreichen Sie in den Sätzen aus 2b die Verben. Wo stehen sie?

d In den Sätzen wird der Konjunktiv II verwendet. Was drückt er hier aus?

☐ Höflichkeit ☐ Vermutung ☐ Irreales

e Ergänzen Sie die Regel.

| am Ende | irrealen | Konjunktiv II | Position 2 |

> **Vergleichssätze mit *als*, *als ob* und *als wenn***
>
> Sätze mit *als*, *als ob* und *als wenn* drücken einen _____ Vergleich aus. Deswegen wird der _____ verwendet.
>
> Nach *als* steht das konjugierte Verb auf _____. Nach *als ob* und *als wenn* steht das konjugierte Verb _____.
>
> Irreale Vergleichssätze stehen nach Verben des Wahrnehmens, Fühlens und Verhaltens: *Ich habe das Gefühl, … / Ich fühle mich, … / Es kommt mir so vor, … / Es sieht so aus, … / Es hört sich so an, … / Er benimmt sich, … / Er verhält sich, …* usw.

3 Meine Kollegin. Schreiben Sie Sätze mit *als, als ob, als wenn*.

1. Meine Kollegin verhält sich, als ob … (die Chefin / sein)
2. Sie tut immer so, als … (alles / wissen)
3. Es kommt mir so vor, als ob … (nicht kritikfähig / sein)
4. Sie benimmt sich so, als … (das Büro / ihr Zuhause / sein)
5. Es sieht so aus, als wenn … (auch andere Kollegen / Probleme mit ihr / haben)

1. Meine Kollegin verhält sich, als ob sie die Chefin wäre.

▶ Ü 3-6

4 Wie zufrieden sind/waren Sie mit Ihrer (letzten) Arbeitssituation? Was hat Ihnen gefallen, was nicht? Berichten Sie.

15

Fit für die Prüfung

1 Prüfungen – Was fällt Ihnen dazu ein? Erstellen Sie zu zweit eine Mindmap und vergleichen Sie.

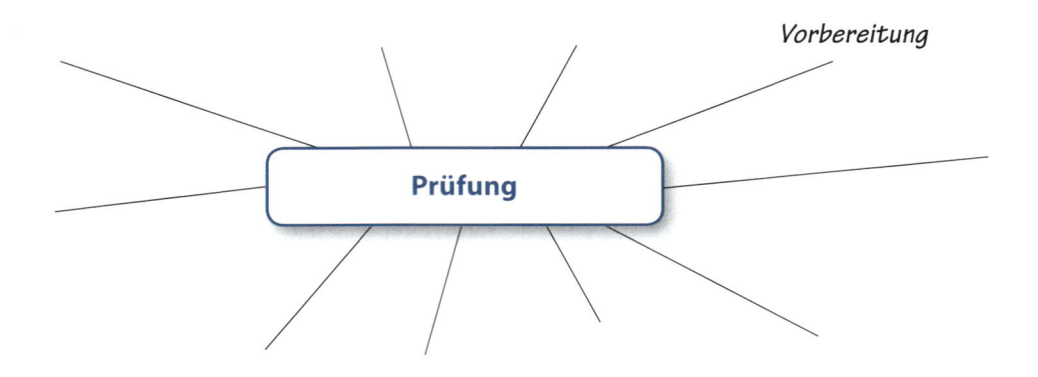

Vorbereitung

Prüfung

2a Was gehört zusammen? Ordnen Sie zu. Manchmal gibt es mehrere Möglichkeiten.

____ 1. sich auf eine Prüfung   a gönnen
____ 2. sich die Zeit   b fallen
____ 3. sich eine Pause   c beherrschen
____ 4. an Prüfungsangst   d einprägen
____ 5. den Stoff   e vorbereiten
____ 6. sich Informationen   f einteilen
____ 7. eine Prüfung   g leiden
____ 8. durch eine Prüfung   h bestehen

Ihr bekommt alle dieselbe Aufgabe: Schwimmt durch den See.

▶ Ü 1

🔊 2.16–18

b Lesen Sie zuerst die Sätze und hören Sie dann die Aussagen der drei Personen. Welcher Satz passt zu wem? Kreuzen Sie an.

	Johanna	Mats	Anja
1. Meistens bin ich mit der Vorbereitung spät dran und kann mir dann nicht mehr alles merken.	☐	☐	☐
2. Ich fange früh genug an zu lernen und bin deshalb vor Prüfungen nicht sehr nervös.	☐	☐	☐
3. Obwohl ich eigentlich alles weiß, habe ich Angst vor Prüfungen.	☐	☐	☐
4. Ich habe schon alles Mögliche gegen Prüfungsangst ausprobiert.	☐	☐	☐
5. In Zukunft will ich mit anderen zusammen lernen.	☐	☐	☐
6. Ich finde es wichtig, auch in der Lernphase schöne Dinge zu unternehmen.	☐	☐	☐

c Wie bereiten Sie sich auf Prüfungen vor? Haben Sie Prüfungsangst? Was tun Sie dagegen? Sprechen Sie in Gruppen.

Fertigkeitstraining

Modul 4

3a Arbeiten Sie zu zweit. Eine Person liest Text A, die andere Text B. Notieren Sie die wichtigsten Informationen in Stichwörtern.

A Die richtige Vorbereitung

Informieren Sie sich zunächst genau über die Prüfung, so können Sie den Lernstoff eingrenzen. Versuchen Sie, sich einen Überblick über den gesamten Prüfungsstoff zu verschaffen und erstellen Sie eine Liste mit allen Themen, auf die Sie sich vorbereiten müssen.

Hilfreich ist auch ein dazu passender Zeitplan, auf dem Sie festhalten, wann genau Sie welches Thema lernen. Der Plan sollte aber unbedingt realistisch sein und vergessen Sie nicht, immer genug Pausen einzuplanen. Spätestens nach 90 Minuten Lernen brauchen Sie zehn Minuten Pause, um sich wieder voll konzentrieren zu können. Auch Zeiten für Wiederholung und Puffertage sollten Sie einplanen. An den letzten Tagen vor der Prüfung sollten Sie keinen neuen Stoff mehr lernen, sondern sich ausschließlich der Gesamtwiederholung widmen oder anhand von Musterklausuren das Gelernte üben.

Treffen Sie sich auch in den intensiven Lernphasen ab und zu mit Freunden und unternehmen Sie etwas Schönes. Auch Sport hilft dabei, sich zu entspannen und abzulenken. Unbedingt meiden sollten Sie jedoch Menschen, die unter großer Prüfungsangst leiden und nur Nervosität verbreiten. Diese malen sich oft die schlimmsten Dinge aus, durch die Sie nur verunsichert werden. Gehen Sie ebenfalls denen aus dem Weg, die stets mit ihrem Wissen angeben und die Sie genauso verunsichern. Wichtig ist, dass Sie auf sich selbst und Ihre Vorbereitung vertrauen. Machen Sie sich klar, was schlimmstenfalls passieren könnte: Sollten Sie durch die Prüfung fallen, geht davon die Welt auch nicht unter.

B Am Prüfungstag

Ist der Blutzucker zu niedrig, kann man sich nur noch schwer konzentrieren. Sie sollten also unbedingt vor jeder Prüfung gut frühstücken. Während der Prüfung hilft Traubenzucker, Ihren Blutzuckerspiegel konstant zu halten.

Um nicht bereits gestresst am Prüfungsort anzukommen, gehen Sie rechtzeitig von zu Hause los und planen Sie auch Stau oder Ähnliches mit ein. Doch zu langes Warten vor dem Prüfungsraum macht ebenfalls nervös. Insgesamt sehen Sie dem Test am besten möglichst positiv entgegen: Freuen Sie sich darauf, dass Sie endlich die Gelegenheit haben, Ihr Wissen zu präsentieren.

Wenn es losgeht, lesen Sie zuerst alle Aufgaben mehrmals ganz genau und in Ruhe durch. Bearbeiten Sie zuerst die leichten, anschließend die schweren Aufgaben. Am Ende sollten Sie Ihre Antworten noch einmal durchlesen und kontrollieren, ob Sie wirklich jeden Prüfungsteil bearbeitet haben. Teilen Sie sich also die Prüfungszeit gut ein. Geben Sie sich auch Mühe, ordentlich zu schreiben. Eine unleserliche Schrift kann die Prüfer negativ beeinflussen.

Gehören Sie zu den Menschen, die am meisten Angst vor der mündlichen Prüfung haben? Machen Sie sich das Positive an einer mündlichen Prüfung bewusst: Sie ist in der Regel wesentlich kürzer als eine schriftliche Prüfung und Missverständnisse können im Gespräch sofort geklärt werden. Auch eine Korrektur der Antworten ist leichter möglich. Falls Sie eine Frage nicht richtig verstehen, haken Sie nach und bitten Sie um eine andere Formulierung. Sie wissen die Antwort trotzdem nicht? Bitten Sie um ein Stichwort oder eine neue Frage. Und vergessen Sie nicht, dass die Prüfer auch nur Menschen sind und Ihnen normalerweise nicht schaden wollen.

b Informieren Sie Ihren Partner / Ihre Partnerin über die wichtigsten Aussagen Ihres Textes.

SPRACHE IM ALLTAG

Denkpausen

In mündlichen Prüfungen schaffen Sie sich kurze Denkpausen mit Wörtern wie *also*, *nun*, *na ja* oder *tja*.

▶ Ü 2

Fit für die Prüfung

4a Sie haben von einem Freund eine E-Mail bekommen. Lesen Sie sie. Was ist Lukas' Problem?

Liebe/r …,
danke für deine E-Mail. Schön, mal wieder was von dir zu hören.
Ich habe mich so lange nicht gemeldet, weil ich einfach mal wieder wahnsinnig viel um die Ohren habe. Bei mir stehen gerade die ganzen Abschlussprüfungen an. Ich kann dir sagen, ich sehe echt kein Land. Das Schlimmste ist, dass ich Prüfungsangst habe. Die erste Prüfung ist erst in drei Wochen und ich kann jetzt schon nicht mehr schlafen. Besonders vor den mündlichen Prüfungen habe ich richtig Bammel. Ich habe so Panik, dass ich in der Prüfung bin und mir dann plötzlich überhaupt nichts mehr einfällt.
Also, wenn du irgendwelche Tipps gegen Prüfungsangst auf Lager hast, wäre ich dir sehr dankbar. :)
Übrigens habe ich Isabella letzte Woche getroffen und soll dich grüßen. Sie hat auch gefragt, wann du mal wieder nach Kiel kommst. Vielleicht können wir ja meinen Abschluss zusammen feiern? Was meinst du?
Melde dich!
Viele Grüße
Lukas

b In der E-Mail finden Sie einige umgangssprachliche Ausdrücke. Was bedeuten sie? Lesen Sie die E-Mail noch einmal und ordnen Sie die Bedeutungen zu.

____ 1. wahnsinnig viel um die Ohren haben   a etwas wissen

____ 2. etwas steht an   b überlastet sein

____ 3. kein Land sehen   c Angst haben

____ 4. Bammel haben   d etwas findet bald statt

____ 5. etwas auf Lager haben   e sehr viel zu tun haben

c Schreiben Sie eine Antwort an Lukas. Arbeiten Sie in folgenden Schritten.

Schritt 1:
Nummerieren Sie die Reihenfolge, in der Sie über die Themen schreiben wollen.

____ Lukas viel Glück wünschen

____ Verständnis für Lukas' Situation äußern

____ einen Terminvorschlag für den Besuch bei Lukas machen

____ sich für die E-Mail bedanken

____ Tipps gegen Prüfungsangst geben

____ über eigene Erfahrungen berichten

Schritt 2:
Notieren Sie zu den einzelnen Punkten Stichwörter.

Schritt 3:
Schreiben Sie die E-Mail und achten Sie darauf, dass die Sätze sinnvoll miteinander verbunden sind.

Schritt 4:
Überprüfen Sie Ihren Text noch einmal: Stehen die Verben und Subjekte an der richtigen Position? Sind alle Artikel korrekt? Stimmen alle Endungen?

Fertigkeitstraining

6

Modul 4

5a Bereiten Sie sich auf die folgende Prüfungsaufgabe vor. Lesen Sie die Aufgabe und sammeln Sie für jedes Foto Pro- und Contra-Argumente.

> **Für einen Beitrag in der Uni-Zeitung zum Thema „Prüfungsangst – Was tun?" sollen Sie eines der drei Fotos auswählen.**
> - **Machen Sie einen Vorschlag und begründen Sie ihn.**
> - **Widersprechen Sie Ihrem Gesprächspartner / Ihrer Gesprächspartnerin.**
> - **Kommen Sie am Ende zu einer Entscheidung.**

b Sammeln Sie in Gruppen passende Redemittel.

VORSCHLÄGE MACHEN UND BEGRÜNDEN	WIDERSPRECHEN	SICH EINIGEN

▶ Ü 3

c Bearbeiten Sie jetzt zu zweit die Aufgabe und reagieren Sie auf den Vorschlag Ihres Partners / Ihrer Partnerin.

Porträt
Fit im Sport

Sebastian Vettel
(* 3. Juli 1987)
Sebastian Vettel gehört mit Michael Schumacher zu den erfolgreichsten deutschen Formel-1-Fahrern. Er begann bereits als Kind mit Kartrennen und fährt seit 2007 Formel-1-Rennen. Mit 23 Jahren wurde er 2010 jüngster Formel-1-Weltmeister aller Zeiten und gewann den Weltmeistertitel viermal in Folge. Sebastian Vettel lebt mit seiner Familie in der Schweiz.

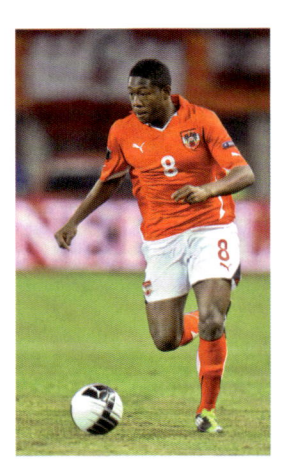

David Alaba
(* 24. Juni 1992)
Der in Wien geborene Fußballer war bereits mit 17 Jahren Spieler der österreichischen Nationalmannschaft. 2013 wurde er zu Österreichs Sportler des Jahres gewählt. Auch seine Karriere beim FC Bayern begann er relativ jung, 2010 gehörte er bereits zum Kader der Profimannschaft, mit der er alle großen Pokale gewonnen hat.

Andrea Petkovic
(* 9. September 1987)
Als Andrea Petkovic sechs Monate alt war, wanderte ihre Familie aus dem heutigen Bosnien und Herzegowina nach Deutschland aus, wo Andrea im Alter von sechs Jahren mit dem Tennissport begann. Als Tennisprofi studiert sie nebenher Politikwissenschaft an einer Fernuniversität und schreibt auf der Webseite der Frankfurter Allgemeinen Zeitung gelegentlich über ihr Leben und ihre Erlebnisse auf dem Tennisplatz.

Isabella Laböck
(* 6. April 1986)
Zum Snowboardfahren kam die Bayerin Isabella Laböck im Alter von sechs Jahren durch ihren Bruder. Zwei Jahre später fuhr sie erste Rennen und war im Kinder- und Jugendbereich lange ungeschlagen. Nach dem Abitur machte sie bei der Bundespolizei eine Ausbildung zur Polizeimeisterin, weil sie dort auch die Möglichkeit hatte, Sport auf hohem Niveau zu betreiben. 2013 wurde Isabella Laböck Weltmeisterin bei der Snowboard-WM in Kanada.

Giulia Steingruber
(* 24. März 1994)
Die Schweizer Kunstturnerin gewann bereits mehrere Titel, unter anderem Gold bei den Europameisterschaften 2013 und 2014 und wurde 2013 zur Schweizer Sportlerin des Jahres gewählt. Giulia entdeckte ihre Leidenschaft für das Kunstturnen mit sieben Jahren und trainiert mindestens 28 Stunden in der Woche.

Anna Schaffelhuber
(* 26. Januar 1993)
Die Monoskibobfahrerin kam mit einer Querschnittslähmung zur Welt und ist seit ihrer Geburt auf den Rollstuhl angewiesen. Seit ihrem fünften Lebensjahr fährt sie Monoski. Anna Schaffelhuber gewann bei den Paralympics 2014 in Sotchi fünfmal Gold für Deutschland. Wenn sie nicht gerade Ski fährt, studiert sie Jura in München. Anna Schaffelhuber wurde mehrfach für ihre sportlichen Leistungen ausgezeichnet.

www Mehr Informationen zu S. Vettel, D. Alaba, A. Petkovic, I. Laböck, G. Steingruber und A. Schaffelhuber.

Sammeln Sie Informationen über Persönlichkeiten aus dem In- und Ausland, die für das Thema „Fit für …" interessant sind, und stellen Sie sie im Kurs vor. Sie können dazu die Vorlage „Porträt" im Anhang verwenden.

Beispiele aus dem deutschsprachigen Bereich: Roland Berger – Günther Jauch – Dirk Nowitzki – Nadine Angerer – Carina Vogt – Manuel Neuer

Grammatik-Rückschau

1 Passiv mit *sein*

Bedeutung

Das Passiv mit *werden* beschreibt einen Vorgang / eine Aktion.
Das Passiv mit *sein* beschreibt einen neuen Zustand / das Resultat einer Handlung.

Bildung

	Vorgangspassiv	Zustandspassiv
	werden + Partizip II	*sein* + Partizip II
Präsens	Die Ware **wird** verschickt.	Die Ware **ist** verschickt.
Präteritum	Die Ware **wurde** verschickt.	Die Ware **war** verschickt.

2 Vergleichssätze mit *als*, *als ob* und *als wenn*

Sätze mit *als*, *als ob* und *als wenn* drücken einen irrealen Vergleich aus.
Deswegen wird der Konjunktiv II verwendet.
Der Vergleichssatz kann dem Hauptsatz nicht vorangestellt werden.

Vergleichssätze mit *als ob* und *als wenn*

Hauptsatz	Nebensatz
Die Kollegen tun immer so,	**als ob** sie alle perfekt wären.
Es scheint so,	**als wenn** wir uns schon lange kennen würden.

Vergleichssätze mit *als*

Hauptsatz	Hauptsatz
Der Chef behandelt uns,	**als** wären wir gleichberechtigte Partner.

Irreale Vergleichssätze stehen nach Verben des Wahrnehmens, Fühlens und Verhaltens:
Ich fühle mich, …   *Ich habe das Gefühl, …*
Es kommt mir so vor, …   *Es sieht so aus, …*
Es hört sich so an, …   *Er benimmt sich, …*
Er verhält sich, …

3 Formen des Konjunktiv II Gegenwart und Vergangenheit

Konjunktiv II Gegenwart		Konjunktiv II Vergangenheit	
würde + Infinitiv	er würde gehen sie würde anrufen	*hätte/wäre* + Partizip II	er wäre gegangen sie hätte angerufen
haben sein brauchen müssen können dürfen wissen	hätte wäre bräuchte müsste könnte dürfte wüsste	**Konjunktiv II Vergangenheit mit Modalverb**	
		hätte + Infinitiv + Modalverb	er hätte gehen können sie hätte anrufen müssen

Faszination Freeclimbing

1a Warum muss man sich in diesen Situationen besonders konzentrieren? Sprechen Sie im Kurs.

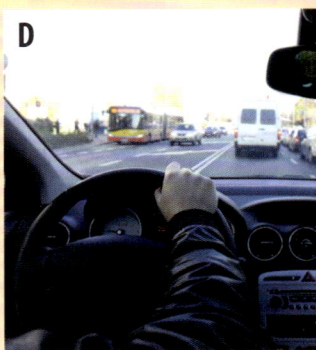

A **B** **C** **D**

Ein Arzt muss sich bei seiner Arbeit sehr konzentrieren, vor allem bei Operationen. Er muss sehr genau arbeiten und darf auf keinen Fall …

b Was wissen Sie über Freeclimbing? Sammeln Sie im Kurs.

---

2 Arbeiten Sie zu zweit. Wählen Sie einen Text und informieren Sie Ihren Partner / Ihre Partnerin über den Inhalt.

Freeclimbing
Unter „Freeclimbing" oder auf Deutsch auch „Freiklettern" versteht man eine Form des Bergkletterns, bei der Seile und Haken nur zur Sicherung beim Klettern, nicht aber als Kletterhilfe benutzt werden dürfen. Geklettert wird nur mit Händen und Füßen. Dieser Kletterstil entwickelte sich Ende des 19. Jahrhunderts in der Sächsischen Schweiz, wurde später in den USA populär und gelangte dann wieder nach Deutschland. Die Anfang des 20. Jahrhunderts veröffentlichten Kletterregeln für die Sächsische Schweiz gelten auch heute noch fast unverändert. Eine extreme und sehr gefährliche Variante des Freeclimbings ist das Free-Solo-Klettern. Hier klettert der Kletterer allein, ohne Seil und ohne Sicherung.

Die Sächsische Schweiz

Als Sächsische Schweiz bezeichnet man eine Gebirgslandschaft in Sachsen. Das Gebiet liegt südöstlich von Dresden entlang der Elbe. Der Name „Sächsische Schweiz" stammt aus dem 18. Jahrhundert. Zwei Schweizer Künstler, die an der Dresdner Kunstakademie arbeiteten, fühlten sich durch diese Landschaft so sehr an ihre Heimat erinnert, dass sie von der „Sächsischen Schweiz" sprachen.
Die schöne Natur und die interessanten Felsformationen ziehen viele Touristen an. Die Sächsische Schweiz ist ein ideales Wandergebiet, in dem man viele seltene Tiere und Pflanzen beobachten kann. Oder man genießt die beeindruckende Landschaft bei einer Bootstour auf der Elbe. Die Sächsische Schweiz gehört zu den bekanntesten Klettergebieten in Deutschland.

6 sehen | nachdenken | diskutieren | ...

3 Sehen Sie die erste Filmsequenz ohne Ton und notieren Sie, was Ihnen zu den folgenden Punkten einfällt. Vergleichen Sie in Gruppen.

Landschaft/Natur: grün, steile Felsen ...
Sport/Bewegung:
Gefahr:
Gefühle/Atmosphäre:

4a Sehen Sie jetzt den ganzen Film.
Was sagt Robert Hahn über den Sport? Was fasziniert ihn daran? Was sagt er zum Thema „Gefahr"? Warum benutzt er kein Seil?

b Was ist Ihre Meinung zu diesem Sport? Kennen Sie andere Extremsportarten? Welche?

c Welche fünf Eigenschaften sind Ihrer Meinung nach besonders wichtig, wenn man einen Extremsport machen will? Diskutieren Sie in Gruppen.

durchtrainiert	sportlich	muskulös	organisiert	engagiert	kommunikativ	intelligent
mutig	motiviert	kreativ	diszipliniert	konzentriert		willensstark
risikobereit	ausgeglichen	zielstrebig	kontrolliert	routiniert	vernünftig	ruhig
ausdauernd	entspannt	gesund	groß	rational	fit	ehrgeizig	ängstlich

5a Lesen Sie das Zitat von Robert aus dem Film. Was ist Ihre Meinung dazu?

„Es gibt im Leben so viele Ausreden, [...] aber wenn man in der Wand* ist und 50 Meter überm Boden, dann [...] kann [man] nicht sagen: ‚Ich fühle mich heute nicht gut.' oder ‚Das Wetter ist schlecht.' [...] Du musst das dann machen und diese Ehrlichkeit hat man halt selten im Leben, dieses Bedingungslose."

* Wand: hier Felswand

b Lesen Sie die Beiträge in einem Forum zum Film. Antworten Sie und schreiben Sie Ihre Meinung.

---

marti93 / 19:35 Uhr
Habe heute einen Film über einen Typen gesehen, der ohne Seil klettert. Er ist sich der Gefahr bewusst, aber er macht es trotzdem. Ich finde, das ist Wahnsinn. Natürlich möchte ich beim Sport auch meine Grenzen austesten, aber hier geht es um Leben und Tod! Ich würde mein Leben niemals riskieren!

julie / 20:22 Uhr
Also, Klettern ist super. Mein Freund und ich klettern auch oft. Ich finde, das ist ein ganz besonderer Sport, weil man sich nur auf sich und den Berg konzentriert. Aber ohne Seil, das ist lebensmüde. Wir klettern immer mit Helm und Sicherung. Die Gefahr abzustürzen ist einfach viel zu groß.

Hopsmüller12 / 23:14 Uhr
@marti93: Du hast recht. Es sind ja glücklicherweise auch nur sehr, sehr wenige Leute, die sowas machen. Wenn ich Sport mache, genieße ich es vor allem, in der Natur zu sein. Extremsportarten sind eigentlich nichts für mich.

23

Kulturwelten

A

Neo Rauch (geboren 1960)

B

August Macke (1887-1914)

C

Angelika Kauffmann (1741–1807)

Sie lernen

Modul 1 | Informationen über ein UNESCO-Weltkulturerbe zusammenfassen
Modul 2 | Eine kurze Kriminalgeschichte schreiben
Modul 3 | In einem Artikel Gründe für das Sterben von Sprachen verstehen
Modul 4 | Die positiven und negativen Bewertungen in einer Buchrezension erkennen
Modul 4 | Ein Buch oder ein kulturelles Ereignis vorstellen

Grammatik

Modul 1 | Textzusammenhang
Modul 3 | Modalsätze mit *dadurch, dass* und *indem*

24

▶ AB **Wortschatz**

7

Georg Flegel (1566–1638)

E

D

Georg Baselitz (geboren 1938)

1a Sehen Sie die Bilder an. Welches gefällt Ihnen am besten? Beschreiben Sie es.

b Erfinden Sie eine Geschichte zu „Ihrem" Bild.

Bild D: Rüdiger ist gerade umgezogen und dabei, seine neue Wohnung einzurichten. Gerade hat er versucht, eine neue Lampe an der Decke aufzuhängen …

2 Was sonst kann alles Kunst sein? Nennen Sie Beispiele.

*Für mich ist die Musik von … echte Kunst.
Ich finde …*

3 Bringen Sie ein Foto von einem Kunstwerk mit, das Ihnen gut gefällt. Alle Kunstwerke werden aufgehängt. Beschreiben Sie Ihr Bild und warum es Ihnen gefällt. Die anderen raten, um welches Bild es geht.

25

Weltkulturerbe

▶ Ü 1-2

1 Welche Bauwerke oder Landschaften der Welt sind Ihrer Meinung nach sehr berühmt und schützenswert? Warum?

🔊 2.19

2a Hören Sie einen Auszug aus dem Audioguide über das Schloss Schönbrunn in Wien. Worauf beziehen sich die Zahlen?

1.441: _____

1.600.000: _____

7,6 Millionen: _____

1996: _____

17. Jahrhundert: _____

um 1800: _____

b In der nächsten Aufgabe hören Sie einen weiteren Auszug aus dem Audioguide. Ordnen Sie zuerst die Wörter den Stationen der Schlossbesichtigung zu.

> ~~den Thron besteigen~~   das Tiergehege   drei verschiedene Klimazonen   die erste Giraffe
> das größte Glashaus Europas   die Schulpflicht einführen   exotische Pflanzen
> die prominentesten Bewohner   die Regierungszeit   durch Gitter und Mauern getrennt
> die Verwaltung reformieren   die Staatsgeschäfte führen
> der Schlossgarten   die Pflanzensammlung   das Hofzeremoniell einhalten   die Tiere besichtigen

Kaiserliche Familie	Palmenhaus	Tiergarten
den Thron besteigen		

🔊 2.20–23

c Arbeiten Sie zu viert. Jeder wählt zwei Stationen der Schlossbesichtigung. Hören Sie dann den Audioguide. Machen Sie zu Ihren Stationen Notizen.

1. Kaiserin Maria Theresia   2. Kaiserpavillon im Tiergarten   3. Kaiser Franz Joseph und Sissi   4. Palmenhaus

d Vergleichen und ergänzen Sie Ihre Notizen in der Gruppe.

Modul 1

3a Lesen Sie eine Zusammenfassung des Audioguides. Was finden Sie daran nicht gut? Warum?

Südwestlich von Wien liegt das weltbekannte Schloss Schönbrunn. Das Schloss gehört zu den wichtigsten Kulturdenkmälern Österreichs. Viele Touristen kommen jedes Jahr ins Schloss. Das Schloss ist unglaublich groß: Das Schloss verfügt über 1.441 Zimmer und eine große Schlossanlage. Zur Schlossanlage gehört auch ein Park. Im Park gehen die Schlossbesucher gern spazieren. Beim Spazierengehen besichtigen sie
5 auch das Palmenhaus. Das Palmenhaus ist 111 m lang, 28 m breit und 25 m hoch. Im Palmenhaus gibt es drei Klimazonen. Im Palmenhaus wachsen seltene Pflanzen. Berühmt ist auch der Tiergarten. Auf den Tiergarten sind die Wiener besonders stolz. Der Tiergarten entstand im 18. Jahrhundert. Der Tiergarten gilt als der älteste Zoo in Europa. Im Schloss lebten viele bekannte Persönlichkeiten. Zu den Persönlichkeiten gehören Kaiserin Maria Theresia, Kaiser Franz Joseph und Kaiserin Sissi. Sissi kennt man aus vielen Filmen.
10 Wegen der langen Geschichte des Schlosses und der vielen Attraktionen hat die UNESCO das Schloss und die gesamte Anlage 1996 auf die Liste des Welterbes gesetzt.

b Textzusammenhänge. So kann man den Text auch zusammenfassen. Unterstreichen Sie, was sich positiv verändert hat.

Südwestlich von Wien liegt das weltbekannte Schloss Schönbrunn. Es gehört zu den wichtigsten Kulturdenkmälern Österreichs. Viele Touristen besuchen es jedes Jahr. Das Schloss ist unglaublich groß: Es verfügt nicht nur über 1.441 Zimmer, sondern auch über eine große Schlossanlage. Dazu gehört ein Park, in dem die Schlossbesucher gern spazieren gehen. Dabei besichtigen viele auch das Palmenhaus, das 111 m
5 lang, 28 m breit und 25 m hoch ist. Weil es darin drei Klimazonen gibt, wachsen dort seltene Pflanzen. Berühmt ist auch der Tiergarten, auf den die Wiener besonders stolz sind, denn er entstand im 18. Jahrhundert und gilt als der älteste Zoo in Europa. Im Schloss lebten viele bekannte Persönlichkeiten. Zu ihnen gehören Kaiserin Maria Theresia, Kaiser Franz Joseph und Kaiserin Sissi, die man aus vielen Filmen kennt. Wegen seiner langen Geschichte und der vielen Attraktionen hat die UNESCO dieses imposante Bauwerk
10 und die gesamte Anlage 1996 auf die Liste des Welterbes gesetzt.

c Ergänzen Sie die Regel mit Beispielen aus dem Text in 3b.

Textzusammenhang

In einem lesefreundlichen Text sollten sich Sätze und Textabschnitte logisch aufeinander beziehen. Dabei helfen folgende Wörter:

1. Artikelwörter: _der,_
2. Pronomen: _es,_
3. Orts- und Zeitangaben: _dort,_
4. Konnektoren: _denn,_
5. Präpositionaladverbien: _dazu,_
6. Synonyme: _dieses imposante Bauwerk,_

▶ Ü 3-4

4 Recherchieren Sie ein Welterbe aus Ihrem oder einem deutschsprachigen Land und schreiben Sie einen Text darüber.

Salzburg

Jungfrau mit Eiger und Mönch

27

Kunstraub

1a Hören Sie die Nachrichtenmeldung. Was ist passiert?

b Hören Sie die Meldung noch einmal und machen Sie Notizen: Wann? Wo? Wer? Was?

2a Lesen Sie den Anfang des Kurzkrimis, der auf der Meldung in 1a basiert. Wer ist der Ich-Erzähler? Welche zwei Dinge überraschen ihn?

Die zweite Hälfte

Der Tag fing wieder so an wie die letzten Tage: Die Nacht war ein einziger Albtraum. Manchmal denke ich, ich habe bei der Wahl meines Berufs etwas falsch gemacht – meine Nerven machen das einfach nicht mehr mit …
Vor einigen Wochen hatte ich es im Radio gehört: Einbruch im Brücke-Museum, neun expressionistische
5 Bilder gestohlen – berühmte Bilder. Ich dachte mir noch: „Welcher Idiot klaut denn so bekannte Bilder? Die kauft doch kein Mensch, so berühmt, wie die sind …" Und dann, vor ein paar Tagen, der Anruf: „Es gibt drei Verdächtige … Die Bilder sind in einer Wohnung in Berlin gefunden worden. Von einem Bild, Pechsteins ‚Junges Mädchen', fehlt die Hälfte. Sind Sie bereit, vor Gericht die Interessen der Verdächtigen zu vertreten?" Damit hatte ich nicht im Traum gerechnet: Ich sollte in diesem so aufsehenerregenden Fall eine Rolle spielen? Schlagartig
10 wurde mir klar, dass diese Aufgabe eine besondere Herausforderung war – und natürlich nahm ich sie an.
Meine erste Begegnung mit einem der Verdächtigen war filmreif: Ich wartete schon einige Minuten in der Besucherzelle auf ihn, als er plötzlich direkt vor mir stand. Ich hatte ihn nicht kommen hören und fast fiel mir mein Notizblock runter – das war mir noch nie passiert. Ein Gespräch war nicht möglich, denn er knurrte nur schlecht gelaunt vor sich hin. Ich wollte gerade wieder gehen, da – aus heiterem Himmel – nuschelte er den ent-
15 scheidenden Satz: „… weiß, wo das ‚Mädchen' ist."
Ich schwitzte. Er hatte zwar gestanden, dass er beim Einbruch dabei war, aber den Chef der Bande hatte die Polizei noch nicht gefasst – und von der zweiten Hälfte des Gemäldes fehlte bislang jede Spur. Wollte er mir sagen, dass er wusste, wo das Bild war?

---

b Lesen Sie weiter. Welche Aussagen stehen im Text? Kreuzen Sie an.

☐ 1. Anwalt Huld ist froh, dass er bei der Polizei anrufen kann.

☐ 2. Der Mandant von Huld weiß ungefähr, wo die zweite Hälfte des Bildes versteckt ist.

☐ 3. Der Mandant hat das Bild von einem Komplizen verstecken lassen.

☐ 4. Huld versteht plötzlich, warum das Bild zerschnitten wurde.

„Hauptkommissar Ratić, guten Tag."
20 „Guten Tag, Herr Ratić, hier spricht Anwalt Huld. Es geht um den Gemälderaub im Brücke-Museum. Mein Mandant hat eine wichtige Information für Sie."
„Aha, was gibt es denn so Dringendes?"
„Es geht um das Bild ‚Junges Mädchen'. Er sagt, er weiß, wo die zweite Hälfte ist."
„Na, da bin ich ja gespannt. Und wo ist sie?"
25 „Im Wald an der B96a in der Nähe des Ortes Kleinbeeren. Er sagt, das Bild ist in Tüten verpackt und irgendwo geschützt abgelegt. Wo genau, kann er nicht sagen."
Der Anruf war mir nicht leicht gefallen. Wenn das Bild wirklich dort war, würde es schwierig werden, die Polizei und das Gericht davon zu überzeugen, dass mein Informant zwar wusste, wo das halbe Bild war, es aber nicht selbst dort versteckt hatte – wie er mir glaubhaft versichert hatte. Und was immer noch unklar war: Wer
30 hatte das Bild zerschnitten? Und vor allem: Warum?

Ich war gerade dabei, mir ein Brot zu machen, als mir alles klar wurde: „Welcher Idiot klaut denn so bekannte Bilder? Die kauft doch kein Mensch, so berühmt, wie die sind …" Das war doch mein erster Gedanke gewesen – es konnte also nur um Erpressung gehen! Der Täter hatte das Bild zerschnitten, um eine Hälfte an das Museum zurückzuschicken und für die andere Hälfte Lösegeld zu erpressen. Aber dazu kam es nicht mehr, weil
35 seine Gehilfen gefasst worden waren und er seitdem auf der Flucht war!

c Sehen Sie sich die typischen Merkmale für Krimis an. Lesen Sie dann den Kurzkrimi noch einmal und markieren Sie entsprechende Stellen.

- Die Geschichte wird aus der persönlichen Perspektive einer Person erzählt.
- Alltägliche Handlungen sind oft erwähnt.
- Der Schlüssel zur Lösung wird oft schon am Anfang angedeutet.
- Wichtige Informationen werden über direkte Rede vermittelt.
- Gedanken und Gefühle der Hauptperson werden deutlich.

▶ Ü 3

3a Schreiben Sie nun zu zweit einen Kurzkrimi. Wählen Sie zuerst eine Situation oder erfinden Sie eine eigene.

Ein Juweliergeschäft wurde ausgeraubt. Ein teures Rennpferd wurde entführt.
Aus einem Banktresor sind Goldbarren verschwunden. …

b Überlegen Sie, aus welcher Perspektive Sie Ihren Krimi schreiben wollen. Ist die Hauptfigur Kommissar/in, Reporter/in, Detektiv/in, Zeuge/Zeugin …?

c Notieren Sie wichtige Inhalte zu den einzelnen Phasen Ihres Krimis.

1. Die Tat (Was ist passiert? Welche Hinweise gibt es?)
2. Nach der Tat (Verschwinden der Diebe, Arbeit der Polizei …)
3. Die Aufklärung (Wer wird verdächtigt? Wie kommt die Polizei dem Täter auf die Spur?)
4. Das Ende (Wer findet den Täter? Wie sind die Reaktionen? Was passiert mit dem Täter?)

d Überlegen Sie, welche Informationen Sie Ihren Lesern/Leserinnen erst am Schluss geben möchten und wie Sie Spannung aufbauen können. Markieren Sie die Redemittel, die Sie verwenden möchten.

SPANNUNG AUFBAUEN	
Schlagartig wurde ihm/ihr klar/bewusst, …	Was war das?
Ihm/Ihr blieb vor Schreck der Atem weg.	Ohne Vorwarnung war … da / stand … vor ihm/ihr.
Ihm/Ihr schlug das Herz bis zum Hals.	Eigentlich wollte … gerade …, als aus heiterem Himmel …
Wie aus dem Nichts stand plötzlich …	Damit hatte er/sie nicht im Traum gerechnet: …
Was war hier los?	Was sollte er/sie jetzt nur machen?
Warum war es auf einmal so …?	

▶ Ü 4-5

e Der erste Satz entscheidet, ob die Leser/Leserinnen weiterlesen möchten oder nicht. Finden Sie einen Anfang für Ihren Krimi und geben Sie ihm einen Titel. Schreiben Sie dann den Krimi zu zweit und hängen Sie ihn im Kurs auf.

SPRACHE IM ALLTAG
Wenn es spannend wird, …
Ich halte es nicht mehr aus!
Ich hab' schon Gänsehaut!
Mir zittern die Knie!
Ich kann gar nicht hinsehen!

Sprachensterben

1 Welche Sprachen werden von vielen Menschen gesprochen? Welche Sprachen kennen Sie, die nur wenige Leute sprechen oder die heute nicht mehr gesprochen werden?

2a Lesen Sie den Artikel über Sprachensterben. Welche Überschrift passt zu welchem Absatz? Zwei Überschriften passen nicht.

____ Sich anpassen oder sterben

____ Die Entstehung der Sprachen

____ Globale Sprachen auf dem Vormarsch

____ Gefühle sind nicht übersetzbar

____ Ein Beispiel für das Sprachensterben

____ Neue Wörter in alten Sprachen

Alle zwei Wochen stirbt eine Sprache

1 Am 1. August 1996 starb der US-Indianer Samuel Taylor Blue. Als letzter Catawba-Indianer, dessen Stamm zu den Sioux zählte und am Catawba-River lebte, beherrschte er das ursprüngliche Catawba. Dadurch, dass Samuel Taylor starb, starb auch seine Sprache. Catawba ist bei Weitem kein Einzelfall.

2 Weltweit gibt es nach Angaben der UNESCO etwa 6.000 verschiedene Sprachen. Davon ist gut die Hälfte vom Aussterben bedroht. Der international führende Sprachforscher David Crystal nimmt an, dass alle zwei Wochen eine Sprache stirbt. Das Todesurteil fällt immer, wenn ein Volk beschließt, seinen Kindern die eigene Sprache nicht weiterzuvererben. Dafür vermittelt es ihnen lieber eine Sprache, die mehr Menschen sprechen und verstehen. Zu den globalen Sprachen, deren Verbreitung oft auf Kosten der kleinen erfolgt, zählen das chinesische Mandarin, Hindi und Englisch. Von diesen ist Mandarin mit 982 Millionen die weltweit am meisten gesprochene Muttersprache. Platz zwei belegt Hindi mit 460 Millionen Muttersprachlern, Platz drei Englisch mit 375 Millionen.

3 Sprachen sind etwas Lebendiges und sie müssen sich – ebenso wie Tiere, Pflanzen, Menschen und andere lebende Organismen – ihren Lebensräumen anpassen. Dadurch, dass eine Sprache an Einfluss gewinnt, werden andere Sprachen verdrängt. Sprachforscher nehmen an, dass es in der Evolution der Menschheit bisher etwa 150.000 Sprachen gab. Die meisten davon verschwanden, ohne eine Spur zu hinterlassen. Einige aber sind noch erhalten, zum Beispiel Latein, Sanskrit, Koptisch und Altgriechisch. Diese alten Sprachen spielen heute nur noch in Religion, Geschichte und Wissenschaft eine Rolle. Andere Sprachen veränderten sich so sehr, dass man sie nicht mehr wiedererkennen kann. So verstehen wir zum Beispiel das Deutsch des Mittelalters, dessen Klang und Wortschatz ganz anders war, heute nicht mehr. Und umgekehrt würde ein Mensch aus dem Mittelalter heute nichts mit Wörtern wie „Internet", „Hochtechnologien" oder „Roboter" anzufangen wissen.

4 Sprachen sterben oft dadurch, dass eine Muttersprache nicht an die nächste Generation weitergegeben wird. Damit stirbt oft auch ein großer Teil der Kultur aus. Dazu kommt, dass viele der aussterbenden Sprachen überwiegend mündlich vermittelt werden und es deshalb keine schriftlichen Belege gibt. Geschichten und Fantasiewelten, die mit der jeweiligen Kultur verbunden sind, gehen gemeinsam mit der Sprache verloren. Wer mehrere Sprachen sehr gut beherrscht, weiß, wie schwer die genaue Übertragung von komplexen Gedanken und Gefühlen in eine andere Sprache ist. Oft schafft man das auch nicht, indem man ein Wörterbuch benutzt. Wie schwierig es ist, genau zu übersetzen, zeigt ein Beispiel aus den Inuit-Sprachen, in denen es für das Wort „Schnee" viele Ausdrücke mit unterschiedlichen Bedeutungen gibt. Sie beschreiben, ob man im Schnee fahren, damit Häuser bauen oder darin Tierspuren lesen kann. Die genauen Bedeutungsnuancen kann man nur erlernen, indem man jahrelang unter den Inuit lebt. Und selbst dann lassen sich die Worte kaum ohne Bedeutungsverlust übertragen. Mit dem Sprachensterben geht dieses konkrete Wissen verloren, weil die Kenntnisse vieler Völker über Tiere und Pflanzen nur in der eigenen Sprache weitergegeben werden können.

Modul 3

b Welche Gründe werden für das Sprachensterben genannt? Markieren Sie sie im Artikel.

3a Modalsätze. Unterstreichen Sie die Konnektoren und bestimmen Sie Haupt- und Nebensatz.

1. Dadurch, dass Samuel Taylor starb, starb auch seine Sprache.
2. Sprachen sterben oft dadurch, dass eine Muttersprache nicht an die nächste Generation weitergegeben wird.
3. Oft schafft man eine genaue Übersetzung auch nicht, indem man ein Wörterbuch benutzt.
4. Die genauen Bedeutungsnuancen kann man nur erlernen, indem man unter den Inuit lebt.

b Ergänzen Sie die Regel.

Nebensatz	kausale	Hauptsatz	zwei	Nebensatz

Modalsätze mit *dadurch, dass* und *indem*

Mit Modalsätzen wird die Art und Weise ausgedrückt, wie etwas geschieht.

1. Der Konnektor *dadurch, dass* hat _____ Teile: *dadurch* steht im _____, *dass* leitet den _____ ein.

2. Oft hat der Konnektor *dadurch, dass* auch eine _____ Bedeutung und entspricht einem Nebensatz mit *weil*:

   Dadurch, dass Samuel Taylor starb, starb auch seine Sprache.
   = **Weil** Samuel Taylor starb, starb auch seine Sprache.

3. Der Konnektor *indem* leitet einen modalen _____ ein und beschreibt oft das Instrument oder Mittel einer Handlung.

   *Oft schafft man eine genaue Übersetzung auch nicht, **indem** man ein Wörterbuch benutzt.*

4 Ergänzen Sie die Sätze.

1. Dadurch, dass ich _____, lerne ich Deutsch.
2. Ich lerne neue Wörter, indem ich _____.
3. _____, indem ich ein Wörterbuch benutze.
4. Dadurch, dass ich viel lese, _____.
5. Das Hören trainiere ich, indem _____.
6. Dadurch, dass _____, habe ich die Prüfung bestanden.

▶ Ü 2-4

5 Welche Sprachen oder Dialekte werden in Ihrem Land gesprochen? Werden sie von allen verstanden? Berichten Sie.

Das Haus am Meer

1 Sehen Sie die Fotos an: Wie könnten sie in eine Geschichte passen? Überlegen Sie zu dritt und erzählen Sie.

2a Lesen Sie die Besprechung zu dem Buch „Nächsten Sommer" von Edgar Rai. Markieren Sie alle Textstellen, die eine positive Bewertung ausdrücken, mit einer Farbe und die Textstellen, die Skepsis oder eine negative Bewertung ausdrücken, mit einer anderen Farbe.

> **STRATEGIE**
>
> **Bewertungen verstehen**
>
> Achten Sie auf positive Formulierungen wie Verben (z. B. *gefallen, mögen, gelingen* ...), Adjektive (z. B. *gut, gern, ausgewogen, gelungen* ...) und Nomen (z. B. *Gewinn, Genuss* ...) sowie auf negative Formulierungen (z. B. *stören, problematisch, Nachteil* ...). Bei Wörtern, die Gegensätze ausdrücken (*trotzdem, dennoch, aber* ...), sollten Sie besonders genau hinsehen: Ist die vorausgehende Bewertung positiv oder negativ? Kommt der Autor / die Autorin zu einer klaren Meinung oder bleibt er/sie skeptisch?

Felix ist Mitte bis Ende Zwanzig und sein Zuhause ist ein alter Bauwagen. Er fühlt sich wohl in seiner „Hundehütte" und verbringt die meiste Zeit mit seinen besten Freunden Bernhard, Zoe und Marc. Ganz nebenbei erzählt er den Freunden, dass er von seinem Onkel ein Haus am Meer geerbt hat, und schon
5 am nächsten Tag beginnt das Abenteuer: Sie fahren mit einem alten VW-Bus von Berlin nach Südfrankreich, um das Haus zu besichtigen.
Edgar Rai gelingt es, in seinem Roman Spannung aufzubauen und bis zum Schluss zu halten. Auch die Mischung aus Abenteuerlust und Melancholie, Neugier und Resignation bleibt immer gut ausgewogen. Fraglich ist, ob die
10 sehr unterschiedlichen Charaktere der Freunde und deren Beschreibung an manchen Stellen zu klischeehaft sind, trotzdem schließt man die Personen schnell ins Herz und begleitet sie gerne auf ihrer Reise.
Die Handlung an sich ist insgesamt stark übertrieben und das mag ein problematischer Punkt an dem Buch sein. Anfangs haben mich die vielen überraschenden und unglaubwürdigen Zufälle und
15 Schicksalsschläge im Buch gestört, aber wer sich darauf einlässt wie bei einem Märchen, dem ist Spaß an der Lektüre sicher. Ich konnte das Buch nicht mehr weglegen und habe sehr genossen, wie Felix über sein Leben und seine Pläne spricht. Auch seine Gedanken über den Sinn des Lebens und seine ersten philosophischen Überlegungen fand ich sehr gelungen dargestellt.
Überzeugt hat mich auch die Art und Weise, in der Edgar Rai die Personen zu sich selbst finden lässt.
20 Wie in so vielen Road Movies ist auch bei dieser Reise nicht das Haus, sondern die Reise selbst das Ziel. Die Personen reifen durch ihre Erfahrungen und kommen gestärkt und verändert in Südfrankreich an. So kann auch Felix nach dieser Reise Konflikten ganz anders begegnen als vorher. Die Lektüre ist ein Gewinn für jeden und es war spannend zu erfahren, warum Felix seinen verstorbenen Onkel so lange nicht gesehen hat und warum er seinen Vater so gar nicht leiden kann.
25 Ein wundervolles Buch, das mir beim Lesen viel Freude bereitet hat. Und obwohl das Ende offen bleibt, hatte ich am Schluss ein fröhliches und entspanntes Lächeln auf dem Gesicht.
von Helene Gramschitz

▶ Ü 1

Fertigkeitstraining

7
Modul 4

b Lesen Sie die Buchbesprechung noch einmal. Stellen Sie fest, wie die Autorin des Textes folgende Fragen beurteilt: a positiv oder b negativ bzw. skeptisch. Wie beurteilt die Autorin …

1. den Unterhaltungswert des Buches? a b
2. die Beschreibung der Personen im Buch? a b
3. die verschiedenen Situationen, die die Personen im Buch erleben? a b
4. die Art und Weise, wie Felix von sich, seinen Ideen und seinen Zielen erzählt? a b
5. die Entwicklung der Personen? a b

3a Lesen Sie nun einen Ausschnitt aus dem Roman. Felix betritt mit einer Freundin das Haus in Frankreich. Machen Sie Notizen zu den Punkten „Betreten des Hauses" und „Im Haus".

„Hast du den Schlüssel?", fragte Zoe.
Habe ich. Brauche ich aber nicht. Das Tor ist unverschlossen. Zoe und ich wechseln einen Blick, dann drücke ich den Flügel auf. Er quietscht in den Angeln. Zwei Eidechsen verschwinden in einer Mauerritze. Wir gehen den Weg um das Haus herum, bis wir vor der baumbeschatteten Eingangstür stehen.
5   Mein Schlüssel passt nicht.
„Doch nicht das richtige Haus?", fragt Zoe.
Ich deute auf die Tür: „Da ist ein neues Schloss drin."
Zoe besieht sich den glänzenden Schließzylinder. „Und jetzt?"
„Terrasse?", schlage ich vor.
10 Die äußeren Holztüren sind unverschlossen, die inneren, mit dem Glaseinsatz, nur angelehnt. Wieder sehen wir uns an. Was jetzt? Zoe drückt mit dem ausgestreckten Zeigefinger gegen das Glas. Schwerelos schwingt der Türflügel auf.
Die Terrakottafliesen glänzen warm im Sonnenlicht, der Raum erwacht wie aus dem Mittagsschlaf. Unsere Schatten haben sich bereits ins Haus geschlichen. Zoe dreht eine Handfläche nach oben, ihre schlanken
15 Finger weisen ins Haus – eine Geste wie auf einem Renaissancegemälde.
„Welcome home, Sir", sagt sie.
Als wir eintreten, ergreift uns dieselbe Empfindung. Das Haus wirkt seltsam beseelt. Sein Geist geht noch um, denke ich. Als sei Onkel Hugo nur mal eben einkaufen gegangen und komme gleich zurück. Dann bemerke ich die frischen Schuhabdrücke in der feinen Staubschicht, die den Boden bedeckt.
20 „Ich dachte, dein Onkel sei gestorben", sagt Zoe.

Betreten des Hauses: Schlüssel passt nicht, aber Haus richtig …

b Lesen Sie weiter. Wer könnte der Mann sein?

Schon wieder werde ich in meine Kindheit katapultiert. Es dauert einen Moment, bevor ich begreife, was der Grund dafür ist. Der Geruch. Es riecht nach Onkel Hugos Pfeife, dem Weihnachtsgeruch meiner Kindheit. Gleichzeitig steigt ein warnendes Gefühl in mir auf. Da ist noch etwas anderes, wie das Ticken einer Bombe in einem schlechten Film. Raus hier, denke ich, mach, dass du wegkommst.
25 Ich suche noch nach einer Zuordnung, nach etwas, was diesem Gefühl einen Sinn verleiht, als ich das Rauschen von Wasser höre – eine Toilettenspülung. Im nächsten Moment wird im Flur eine Tür geöffnet. Zum dritten Mal wechseln Zoe und ich einen fragenden Blick. […] Dann wird die Tür zum Wohnzimmer aufgerissen.
„Wird auch langsam Zeit, dass du kommst", begrüßt er mich, „hab schließlich nicht ewig Zeit."

c Umschreiben Sie mit einfachen Worten die folgenden Sätze aus dem Text.

1. Schon wieder werde ich in meine Kindheit katapultiert.
2. Gleichzeitig steigt ein warnendes Gefühl in mir auf.

33

Das Haus am Meer

4a Lesen Sie weiter. Wie beschreibt der Autor den Mann? Markieren Sie passende Adjektive.

| rücksichtsvoll | siegessicher | selbstbewusst | zurückhaltend | fürsorglich | gepflegt |
| alternd | verwahrlost | jung | besorgt | unsicher | liebevoll | gütig |

„Ich will das Haus."
Der Satz ist eine Feststellung. Er ist es gewohnt, durch das, was er sagt, Fakten zu schaffen. Indem er sagt: „Ich will das Haus", gehört es ihm praktisch. Er steht vor mir, wie er vor mir stand, als ich noch Kind war. Halb erwarte ich, ihn sagen zu hören: „Gehst du freiwillig?"

5 Seine Haltung ist die eines Mannes, der niemandem Rechenschaft abzulegen hat, sein Auftreten ist fehlerlos: Die Finger maniküt, Uhr, Gürtel, Schuhe, Anzug – alles perfekt. Doch das Alter beginnt an ihm zu nagen. Seine Tränensäcke liegen auf den Wangen auf, und sein Haar wird langsam durchsichtig.
„Ist das dein Onkel?", fragt Zoe.
„Nein, mein Vater."

10 [...]
„Gibt's hier ein Schachbrett?", frage ich.
„Was?!" Mein Vater hasst es, aus dem Konzept gebracht zu werden.
„Weißt du, ob es in diesem Haus ein Schachspiel gibt?", wiederhole ich meine Frage.
„Natürlich. Steht im Arbeitszimmer."

15 „Dann lass uns spielen", schlage ich vor.
„Was?" Wenn er in seinem Groll gefangen ist, muss man ihm alles zweimal erklären.
„Wir spielen darum", sage ich. „Wenn du gewinnst, bekommst du das Haus. Gewinne ich, verlässt du mein Haus – und mein Leben."
Unter den fülligen Wangen beginnen seine Kiefer zu mahlen. Das Knirschen seiner Zähne ist zu hören.

20 [...] „Pah!" Er dreht sich um und stapft aus dem Zimmer. „Hier lang!"

▶ Ü 2

b Wie würden Sie das Verhältnis zwischen Vater und Sohn beschreiben?

5a Wie geht die Geschichte weiter? Wer gewinnt das Spiel und was passiert dann? Überlegen Sie in Gruppen und schreiben Sie ein mögliches Ende.

▶ Ü 3

🔊 2.25 **b** Hören Sie, wie es wirklich weitergeht. Wer gewinnt die Partie?

c Hören Sie noch einmal und diskutieren Sie die Fragen im Kurs.
1. Welche Gründe hat Felix, den Vater gewinnen zu lassen?
2. In welchen Stimmungen ist der Vater während des Spiels?
3. Warum spielt der Vater nicht bis zum Ende?

6 Wie haben Ihnen die Ausschnitte aus dem Buch gefallen? Hätten Sie Lust, das ganze Buch zu lesen? Warum? Warum nicht?

7 Recherchieren Sie Informationen über Edgar Rai. Stellen Sie den Autor vor.
- Wo lebt er?
- Was hat er gelernt?
- Welche Bücher hat er noch geschrieben? Welches würde Sie interessieren?
- …

Fertigkeitstraining

Modul 4

8a Welches Buch haben Sie zuletzt gelesen oder welchen Film haben Sie zuletzt gesehen? Was ist Ihr Lieblingsbuch/-film? Oder wollen Sie lieber von einer Reise, einem Sportereignis oder einem Konzert berichten? Wählen Sie ein Thema und machen Sie Notizen.

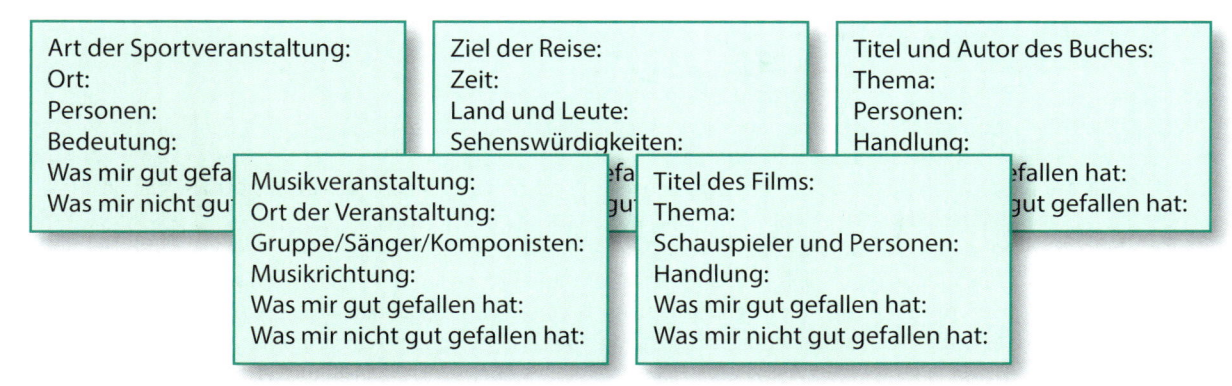

Art der Sportveranstaltung:
Ort:
Personen:
Bedeutung:
Was mir gut gefallen hat:
Was mir nicht gut gefallen hat:

Ziel der Reise:
Zeit:
Land und Leute:
Sehenswürdigkeiten:
Was mir gut gefallen hat:
Was mir nicht gut gefallen hat:

Titel und Autor des Buches:
Thema:
Personen:
Handlung:
Was mir gut gefallen hat:
Was mir nicht gut gefallen hat:

Musikveranstaltung:
Ort der Veranstaltung:
Gruppe/Sänger/Komponisten:
Musikrichtung:
Was mir gut gefallen hat:
Was mir nicht gut gefallen hat:

Titel des Films:
Thema:
Schauspieler und Personen:
Handlung:
Was mir gut gefallen hat:
Was mir nicht gut gefallen hat:

b Arbeiten Sie zu zweit. Ordnen Sie die Redemittel zu den verschiedenen Themen. Manche passen mehrmals.

Die Veranstaltung war letzten Sommer / letztes Wochenende / … im … / in der …
Es geht um … / Dabei geht es um …
Die Schauspieler sind … / … spielt mit.
Der Autor/Regisseur ist …
Ich wollte nach … fahren.
Ich war in …
Ich bin mit dem Bus/Flugzeug/Zug/Schiff/Rad/… nach … gefahren.
Der FC … hat gegen … gespielt.
Eine bekannte/berühmte Attraktion ist …
Natürlich habe ich mir auch … angesehen.
Das Konzert war von …
… hat/haben gespielt.
Das Buch / Der Film ist von …
Ich war … Wochen unterwegs.
… war auch mit dabei.

Sport-/Musikveranstaltung	Reise	Buch/Film

c Lösen Sie jetzt die Prüfungsaufgabe zu zweit.

**Präsentieren Sie Ihrem Partner / Ihrer Partnerin kurz eines der folgenden Themen (die Stichpunkte in Klammern können Ihnen dabei helfen). Sie haben dazu ca. zwei Minuten Zeit.
Nach Ihrer Präsentation beantworten Sie die Fragen Ihres Partners / Ihrer Partnerin.
Nachdem Ihr Partner / Ihre Partnerin ebenfalls sein/ihr Thema präsentiert hat, stellen Sie ihm/ihr einige Fragen, die Sie interessieren. Während der Präsentation unterbrechen Sie Ihren Partner / Ihre Partnerin möglichst nicht.**
- Ein Buch, das Sie gelesen haben (Thema, Autor, Ihre Meinung usw.) oder
- Einen Film, den Sie gesehen haben (Thema und Handlung, Schauspieler, Ihre Meinung usw.) oder
- Eine Reise, die Sie unternommen haben (Ziel, Zeit, Land und Leute, Sehenswürdigkeiten usw.) oder
- Eine Musikveranstaltung, die Sie besucht haben (Musikrichtung, Musiker, Ort, persönliche Vorlieben usw.) oder
- Ein Sportereignis, das Sie besucht haben (Sportart, Ort, Personen, Ereignis usw.)

Porträt

Neo Rauch (* 1960)
Kunstikone und Professor

Neo Rauch wurde 1960 in Leipzig geboren. Seine Eltern starben bei einem Zugunglück, als er erst vier Wochen alt war. Er wuchs bei den Großeltern in Aschersleben auf.

Von 1981 bis 1986 studierte Rauch an der Leipziger Hochschule für Grafik und Buchkunst bei Prof. Arno Rink und Prof. Bernhard Heisig, dessen Meisterschüler er von 1986 bis 1990 war. Nach der Wende, von 1993 bis 1998, arbeitete er als Assistent von Arno Rink und Sighard Gille an der Leipziger Hochschule für Grafik und Buchkunst. Im August 2005 folgte Rauch seinem ehemaligen Lehrer Arno Rink als Professor nach. 2009 trat Neo Rauch eine Honorarprofessur an der Hochschule für Grafik und Buchkunst Leipzig an. Zusammen mit seiner Frau, der erfolgreichen Malerin Rosa Loy, mit der er seit 1985 verheiratet ist, lebt und arbeitet Neo Rauch in einer ehemaligen Fabrikanlage in der Nähe von Leipzig. Er selbst sagt: „Es ist ein Ort der Konzentration und der Inspiration. Mir wachsen hier die besten Einfälle zu."

Neo Rauch gilt als einer der führenden Vertreter der „Leipziger Schule" und gehört zu den erfolgreichsten Malern der Gegenwart. Sogar das Museum of Modern Art in New York und das Guggenheim Museum Berlin haben Werke von ihm angekauft. Seine Bilder sind schon vor der Fertigstellung verkauft – für sechsstellige Summen. Die Wartezeiten für ein neues Bild sind enorm, deswegen schlagen viele Einkäufer, fasziniert vom Mythos des Labels „New Leipzig School", bereits zu, bevor auch nur ein Tropfen Farbe die Leinwand berührt hat. Verkaufsausstellungen seines Galeristen und Entdeckers Gerd Harry Lybke sind grundsätzlich nach wenigen Minuten leer gekauft.

Neo Rauch trug den Namen der „Neuen Leipziger Schule" in die Welt hinaus. Die „Neue Leipziger Schule" bezeichnet eine Strömung der modernen gegenständlichen Malerei. Sie entstand in den 90er-Jahren in Leipzig. Die „Leipziger Schule" geht auf große Maler wie Werner Tübke, Wolfgang Mattheuer und Bernhard Heisig zurück. Deren Schüler, die Leipziger Malereiprofessoren Sighard Gille und Arno Rink, können als die zweite Generation der Leipziger Schule angesehen werden. Die dritte Generation wird als „Neue Leipziger Schule" bezeichnet. Ihre Arbeiten sind ebenfalls gegenständlich, vermitteln aber keine Botschaften, zumindest keine vordergründigen, wie das noch für die beiden vorangegangenen Leipziger Maler-Generationen charakteristisch ist.

Die beiden prominentesten Vertreter der „Neuen" sind Neo Rauch und seine Ehefrau Rosa Loy. In den Gemälden von Neo Rauch verbinden sich Elemente der Werbegrafik, des Sozialistischen Realismus und des Comics. Seine Motive kann man der Tradition des Surrealismus zuordnen. Rauchs zumeist großformatige Werke sind surreal erstarrte Alltagsszenen. Sie sind reich an Motiven. Das zwingt den Betrachter, Rauchs Gemälde genauer wahrzunehmen.

Neo Rauch mit seiner Frau Rosa Loy

www   Mehr Informationen zu Neo Rauch.

Sammeln Sie Informationen über Persönlichkeiten aus dem In- und Ausland, die für das Thema „Kunst und Kultur" interessant sind, und stellen Sie sie im Kurs vor. Sie können dazu die Vorlage „Porträt" im Anhang verwenden.

Beispiele aus dem deutschsprachigen Bereich: Max Pechstein – Christine Nöstlinger – Andreas Gursky – Meret Oppenheim – Peter Zumthor – Sasha Waltz

Grammatik-Rückschau

1 Textzusammenhang

Funktion	Beispiele
Artikelwörter … machen deutlich, ob ein Wort im Text bereits genannt wurde. Possessivartikel verweisen auf andere Nomen.	bestimmter Artikel: *der, das, die …* Demonstrativartikel: *dieser, dieses, diese …* Possessivartikel: *sein, sein, seine …*
Pronomen … verweisen auf Nomen, Satzteile oder ganze Sätze.	Personalpronomen: *er, es, sie …* Possessivpronomen: *seiner, seines, seine …* Relativpronomen: *der, das, die …* Indefinitpronomen: *man, niemand, jemand …* Demonstrativpronomen: *dieser, dieses, diese …*
Orts- und Zeitangaben … machen Zeitbezüge deutlich und ordnen die Ereignisse räumlich ein.	Temporaladverbien: *damals, heute …* Verbindungsadverbien: *zuerst, dann …* andere Zeitangaben: *im selben Moment, im 18. Jahrhundert …* Lokaladverbien: *hier, dort …*
Konnektoren … geben Gründe, Gegengründe, Bedingungen, Folgen, Zusammenhänge usw. wieder.	*weil, doch, deshalb, obwohl, trotzdem, nachdem, sowohl … als auch, nicht nur …, sondern …*
Präpositionaladverbien … stehen für Sätze und Satzteile.	*darüber, daran, darauf …* *worüber, woran, worauf …*
Synonyme und Umschreibungen … vermeiden Monotonie und machen den Text interessanter.	*das Schloss Schönbrunn – die Hauptattraktion der Stadt Wien – das imposante Bauwerk – der Palast*

2 Modalsätze

Mit Modalsätzen wird die Art und Weise ausgedrückt, wie etwas geschieht.

Der Konnektor **dadurch, dass** hat zwei Teile: *dadurch* steht im Hauptsatz, *dass* leitet den Nebensatz ein.

*Sprachen sterben **dadurch, dass** eine Muttersprache nicht an die Kinder weitergegeben wird.*
      Hauptsatz   Nebensatz

Dadurch, dass *Samuel Taylor starb, starb auch seine Sprache.*
Hauptsatz   Nebensatz   Hauptsatz

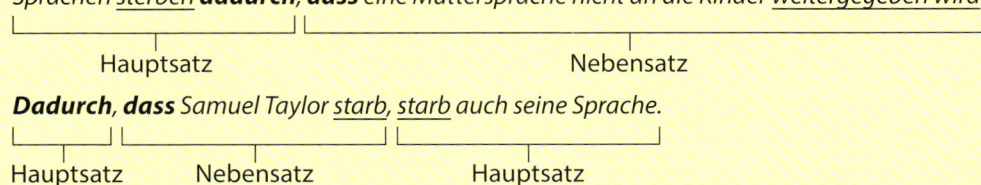

Oft hat der Konnektor *dadurch, dass* auch eine kausale Bedeutung und entspricht einem Nebensatz mit *weil*:
Dadurch, dass *Samuel Taylor starb, starb auch seine Sprache.*
= **Weil** *Samuel Taylor starb, starb auch seine Sprache.*

Der Konnektor **indem** leitet einen modalen Nebensatz ein und beschreibt oft das Instrument oder Mittel einer Handlung.
*Oft schafft man eine genaue Übersetzung auch nicht, **indem** man ein Wörterbuch benutzt.*

Der modale Konnektor *indem* wird immer zusammengeschrieben und sollte nicht mit Relativsätzen mit der Präposition *in* verwechselt werden:
Die Übersetzung schafft man nur mit einem Wörterbuch, in dem alle Bedeutungen der Wörter aufgelistet sind.

Kunstwerke auf ehemaligen Abraumhalden

1a Was ist typisch für Industriegebiete? Was wird dort produziert oder abgebaut? Welche Vor- und Nachteile hat es, in einer Industrieregion zu leben? Sammeln Sie in Gruppen.

b Beschreiben Sie die Fotos. Wie wirken sie auf Sie?

Zeche Consolidation in Gelsenkirchen

Industriegebiet in Duisburg

c Lesen Sie den Text über das Ruhrgebiet und fassen Sie die Entwicklung der Region in ein bis zwei Sätzen zusammen.

Wer das Wort *Ruhrgebiet* hört, denkt auch heute noch oft an Industrie und Bergbau. Die Region, zu der unter anderem die Städte Dortmund, Duisburg und Essen gehören, ist mit über 5 Millionen Einwohnern eine der am dichtesten besiedelten Gegenden Deutschlands und eines der bedeutendsten Industriegebiete Europas.
Im Ruhrgebiet wurde über lange Zeit vor allem Steinkohle abgebaut und Eisen zu Stahl verarbeitet. Zu Beginn der 1960er Jahre wurde der Kohlebergbau immer unrentabler. Die Region stürzte in eine Krise. Viele Bergwerke – auch Zechen genannt – mussten schließen und die Bergleute verloren ihren Arbeitsplatz.
Erst nach und nach setzte ein Strukturwandel ein: Universitäten wurden gegründet, neue Firmen ließen sich nieder, ehemalige Industrieanlagen wurden zu Kultureinrichtungen umfunktioniert. Viele Halden – künstliche Hügel, die durch den Abfall des Bergbaus entstanden waren –, bieten mittlerweile unterschiedlichste Freizeitmöglichkeiten. Heute lockt die *Metropole Ruhr* Besucher mit einem breiten kulturellen Angebot, bekannten Theatern, Museen und Musicals an. Seit 2001 gehört das Kulturzentrum *Zeche Zollverein* in Essen zum UNESCO-Weltkulturerbe; 2010 war die Stadt Essen stellvertretend für das Ruhrgebiet Kulturhauptstadt Europas.

2 Sehen Sie den Film. Um welche Aspekte geht es? Kreuzen Sie an und vergleichen Sie zu zweit.

☐ Kunst ☐ Veränderung ☐ Wirtschaft ☐ Geschichte ☐ Literatur
☐ Sport ☐ Zukunft ☐ Industrie ☐ Umweltschutz ☐ Sprache
☐ Klimawandel ☐ Abfall ☐ Arbeitsbedingungen ☐ Vergangenheit ☐ Theater
☐ Bergbau ☐ Natur ☐ Freizeitmöglichkeiten

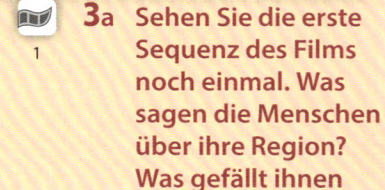

3a Sehen Sie die erste Sequenz des Films noch einmal. Was sagen die Menschen über ihre Region? Was gefällt ihnen daran?

A

B

C

sehen | nachdenken | diskutieren | ...

7

b Alles falsch. Sehen Sie die zweite Filmsequenz noch einmal und korrigieren Sie die Aussagen.

1. Im Ruhrgebiet gibt es ca. 30 Halden.
2. Die Natur war im Ruhrgebiet immer genauso wichtig wie die Industrie.
3. Viele Menschen im Ruhrgebiet stören sich heute an den Halden.
4. Ab 2018 wird in Deutschland nur noch in der Zeche Prosper-Haniel Kohle gefördert.

4a Im Film werden verschiedene Kunstwerke gezeigt. Welches gefällt Ihnen am besten, welches gar nicht? Warum?

A

B

C

b Sehen Sie den Film noch einmal. Was erfahren Sie über die Kunstwerke? Arbeiten Sie zu dritt. Jeder wählt ein Kunstwerk.

	Name	Künstler	Ort	Bedeutung	Material
A		-	Halde Rhein-Elbe	-	
B					
C					

c Beschreiben Sie eine Skulptur, ein Kunstwerk oder ein bekanntes Gebäude möglichst genau. Die anderen raten.

Das Kunstwerk hängt in Paris. Man sieht eine Frau, die geheimnisvoll lächelt. Sie ...

5 Kennen Sie andere Regionen, in denen es in den letzten Jahren oder Jahrzehnten zu großen Veränderungen gekommen ist? Wie war es früher dort? Wie ist es heute?

39

Das macht(e) Geschichte

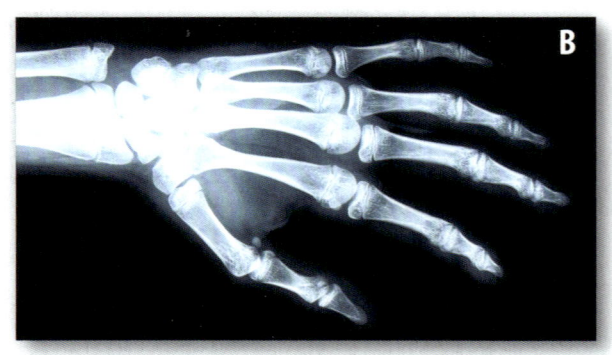

Sie lernen

Modul 1 | Einen Text zum Thema „Gelebte Geschichte" verstehen

Modul 2 | Informationen aus unterschiedlichen Quellen in einer Kurzpräsentation zusammenfassen

Modul 3 | Irrtümer der Geschichte kennenlernen und darüber berichten

Modul 4 | Informationen über die Teilung Deutschlands kommentiert zusammenfassen

Modul 4 | Zeitzeugenaussagen und eine Chronik zum Tag des Mauerfalls verstehen

Grammatik

Modul 1 | Nomen, Verben und Adjektive mit Präpositionen

Modul 3 | Indirekte Rede mit Konjunktiv I

40

8

▶ AB Wortschatz

1 Sehen Sie die Bilder an. Welche Themen aus der Geschichte werden angesprochen?

2a Hören Sie das Radiofeature. Zu welchen Bildern passen die Texte?

3.2–9

b Sammeln Sie zum Thema eines Fotos Wörter und erstellen Sie ein Wörternetz.

die Forschung — die Entwicklung

Foto B: Erfindungen

der Ingenieur — erfinden

3 Berichten Sie kurz von einem wichtigen Ereignis aus Ihrem Land oder aus der Weltgeschichte.

41

Geschichte erleben

1a Sie dürfen eine Zeitreise machen. In welche Zeit würden Sie gerne reisen? Was wissen Sie darüber oder was möchten Sie erfahren? Sprechen Sie in Gruppen.

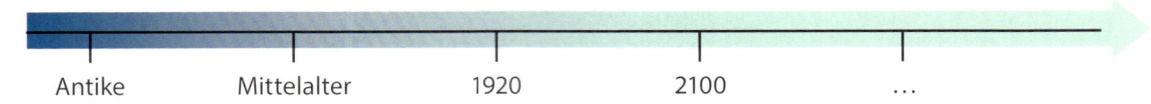

▶ Ü 1   Antike   Mittelalter   1920   2100   …

b Reise ins Mittelalter. Klären Sie zuerst unbekannte Wörter. Ordnen Sie die Nomen dann in thematische Gruppen. Es gibt mehrere Möglichkeiten.

| Burg | Stadt | Bauer | Krieger | Armut | Ritter | Handwerker | Kampf |
| Musikant | Kälte | Waffe | Dorf | Knecht | Krankheit | Magd | Burgdame | Turnier |

c Lesen Sie den Artikel und ergänzen Sie die Aussagen.

1. Das Mittelalter ist ein beliebtes Thema für …
2. Dass diese Epoche so viele Menschen fasziniert, ist erstaunlich, denn …
3. Der Rollentausch auf Zeit ist unproblematisch, weil …

Zurück ins Mittelalter?!

Zeitreisen sind wieder „in" und das Mittelalter ist ein beliebtes Ziel: Schulklassen freuen sich auf ihre Teilnahme an der Themen-Tour auf eine Burg, Familien machen Ferien in Mittelalter-Camps und manche begeistern sich für mittelalterliche Feste, wo sie für ein paar Tage wie damals leben. Andere wundern sich über das neue Interesse für Geschichte.

Aber was macht die Faszination für diese Zeit zwischen dem 6. und dem 15. Jahrhundert aus? Glauben wir der Geschichte, dann lebten die Menschen damals vor allem in Angst vor Krankheit und Tod, in Unfreiheit, in Dunkelheit, Kälte und mit wenig Bildung. Aber das Interesse für diese Zeit ist dennoch groß. Viele historische Romane der Bestseller-Listen, unzählige Filme mit Schauplatz im Mittelalter und Musik auf mittelalterlichen Instrumenten halten die Erinnerung an diese Epoche wach.

Forscher glauben, dass der Gegensatz zu unserer Zeit heute den Reiz ausmacht. Die Rollen der Menschen damals waren klar definiert. Sie hingen vom Beruf, vom Stand in der Gesellschaft und von der Religion ab. Ein Handwerker hatte beispielsweise großes Ansehen, weil er einen nützlichen und wertvollen Beitrag zur Gesellschaft leistete. Die Arbeit war hart, aber meist durch ein sichtbares Ergebnis gekennzeichnet. Im Gegensatz zu heute war soziale Isolation selten. Die Gemeinschaft war bei Schwierigkeiten die größte Hilfe. Jeder wusste, worüber man sich freute oder wovor man Angst haben sollte.

Diese Vorstellung vom Mittelalter macht die Leute heute neugierig auf die damalige Zeit. Viele suchen Antworten auf die Frage, wie man sich fühlt, wenn man für kurze Zeit in eine andere Rolle schlüpft. Wer möchte nicht für ein paar Stunden wilder Krieger sein, ohne Blut zu vergießen, oder Burgdame, ohne im Winter zu frieren? Nicht wenige übernehmen auch die Rollen von Bauer oder Schmied und das, ohne dass sich ihre Söhne wie damals automatisch auch für diese Berufe entscheiden müssen.

Viele Rollenspieler suchen nach sozialer Nähe in einer Gruppe. Aber am Ende kommen sie doch wieder zurück – in unsere Welt voller Medien, medizinischer Versorgung und mit einem gewissen Maß an sozialer Sicherheit.

Modul 1

2a Suchen Sie im Artikel Nomen mit festen Präpositionen und tragen Sie sie in die Tabelle ein. Ergänzen Sie dann im Kurs weitere Beispiele.

Nomen	Präposition	Nomen	Präposition
die Teilnahme	an + D.		

b Bilden Sie, wenn möglich, Verben zu den Nomen in 2a. Mit welcher Präposition werden die Verben verwendet? Schreiben Sie Lernkarten und vergleichen Sie Ihre Ergebnisse im Kurs.

die Teilnahme ⎫
teilnehmen ⎭ an + D.   ▶ Ü 2

c Arbeiten Sie zu zweit: Welche dieser Nomen und Verben können auch ein Adjektiv bilden? Welche Präposition hat das Adjektiv? Schreiben Sie drei Lernkarten wie im Beispiel.

abhängen von – die Antwort auf – das Interesse an/für – die Neugier auf – die Hilfe bei – sich entscheiden für – suchen nach – sich wundern über

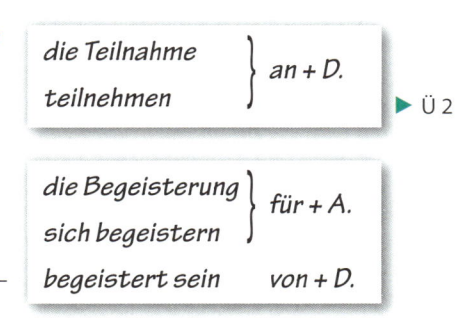

die Begeisterung ⎫
sich begeistern ⎭ für + A.

begeistert sein   von + D.

d Arbeiten Sie zu zweit. Fragen Sie sich gegenseitig mithilfe Ihrer Lernkarten ab.   ▶ Ü 3-4

3a Was motiviert Menschen, an mittelalterlichen Treffen teilzunehmen? Arbeiten Sie zu dritt. Jeder wählt eine Person und berichtet den anderen von seinem Text.

Mich fasziniert die Kampfkunst und alles, was mit Rittern zu tun hat. Dazu gehört ja auch, dass die Ritter nach festen Regeln gelebt haben, viele Rechte hatten und sich regelmäßig auf Turnieren trafen. Und in den Rüstungen zu kämpfen ist ein echter Sport. Die wiegen bis zu 30 Kilo. Da ist Kämpfen und Reiten eine Kunst.
(Heiner aus Köln)

Normalerweise arbeite ich als Rechtsanwältin. Ich muss viel mit dem Kopf arbeiten. Hier kann ich etwas mit den Händen schaffen. Ich habe ein richtiges Handwerk erlernt und verkaufe auf den Märkten meine Produkte. Wir Handwerker sind sogar als Gruppe organisiert. Das war im Mittelalter nicht anders.
(Jutta aus Mannheim)

Was soll ich sagen? Musik mache ich immer. Ich spiele Klavier und E-Gitarre. Beides gab es im Mittelalter noch nicht, aber dafür die Laute wie hier auf dem Foto. Im Mittelalter konnte man von Musik gut leben und die Leute haben sich darüber gefreut. Heute verdienen nur wenige Musiker genug zum Leben.
(Lorenz aus Erfurt)

b Können Sie sich vorstellen, ein Wochenende lang Ritter, Bauer, Burgdame oder Magd zu sein? Diskutieren Sie im Kurs.

c Überzeugen Sie Leute aus der Zukunft, in unsere Zeit heute zu reisen.

Keine Angst vor …   *In … können Sie sich von … erholen.*   *Sie werden begeistert von … sein.*

26.10. – Ein Tag in der Geschichte

1a Was passierte am 26. Oktober? Lesen Sie die Meldungen und Informationen. Ordnen Sie dann die Überschriften zu.

Hilfe aus aller Welt   Machtwechsel in Deutschland

Ausgezeichnete Band

Eine Republik feiert   Durchbruch in der Kommunikation

1

Bonn – Bei der Bundestagswahl 1998 erreicht die SPD mit ihrem Kandidaten Gerhard Schröder das erste Mal seit 1972 ihr Ziel, stärkste Bundestagsfraktion zu werden. Am 26. Oktober 1998 wird der bisherige Bundeskanzler Helmut Kohl aus seinem Amt entlassen. Kohl war bis dahin 16 Jahre lang Bundeskanzler. Kurz darauf bildet die SPD zusammen mit Bündnis 90 / Die Grünen eine Rot-Grüne Koalition.

2

Ein großer Tag in der Geschichte der populären Musik

Im feierlichen Rahmen zeichnet Königin Elisabeth II. die Beatles am 26. 10. 1965 mit dem Orden *Member of the British Empire* aus.

Jahre später gibt John Lennon den Orden jedoch wieder zurück. Mit dieser Protestaktion will sich Lennon von der Beteiligung Großbritanniens am Biafra-Krieg distanzieren.

3

Österreich   26. Oktober
Der Ehrentag des unabhängigen Landes Österreich wurde bereits seit 1955 gefeiert. Allerdings gilt der 26. Oktober erst seit 1965 als Nationalfeiertag und somit als gesetzlicher Staatsfeiertag. Er ist arbeitsfrei. Der Anlass für diesen Feiertag war ein Gesetz von 1955 über die „immerwährende Neutralität Österreichs".

4

Am 26. Oktober 1863 beginnt die internationale Konferenz sozial engagierter Gruppen in Genf. Henri Dunant initiiert die Gründung einer internationalen Hilfsorganisation, die später die Basis für das Rote Kreuz und den Roten Halbmond bilden wird.

5

Am Physikalischen Verein zu Frankfurt am Main stellte Johann Philipp Reis vor zahlreichem Publikum am heutigen 26. Oktober 1861 ein Fernsprechgerät vor. Dieses „Telefon" ermögliche es, über weite Entfernungen Gespräche zu führen, so der Physiker, der am Institut Garnier in Friedrichsdorf lehrt. Die Fachwelt ist begeistert. Eine Sensation!

8

Modul 2

b Lesen Sie die Meldungen noch einmal. Über welche Ereignisse am 26. Oktober wird berichtet? Notieren Sie Informationen und fassen Sie eine Nachricht zusammen.

Wann?	Wo?	Wer?	Was?
1965	Österreich	alle Österreicher/innen	Nationalfeiertag
1998			

2 Sie hören nun eine Nachrichtensendung vom 26. Oktober. Dazu sollen Sie fünf Aufgaben lösen. Sie hören die Nachrichtensendung nur einmal. Entscheiden Sie beim Hören, ob die Aussagen 1–5 richtig oder falsch sind.

TELC 3.10

	richtig	falsch
1. Auch wenn die Lokführer nicht überall streiken, müssen sich die Reisenden auf Behinderungen einstellen.	☐	☐
2. Die Zahl der Menschen, die aus Deutschland auswandern, nimmt weiter zu.	☐	☐
3. EU und afrikanische Länder beraten erneut über die Einfuhr von Getreide und Textilien.	☐	☐
4. Die New Yorker Börse bestätigt, dass die Preise für Immobilien in den ersten sechs Monaten gesunken sind.	☐	☐
5. Die Bevölkerung von Sizilien wurde über Schutzmaßnahmen wegen des Vulkanausbruchs benachrichtigt.	☐	☐

3a Hören Sie eine kurze Präsentation zu Ereignissen vom 26. Oktober. Welche Informationen sind neu?

3.11

b Recherchieren Sie: Was passierte an einem für Sie wichtigen Tag, z. B. Ihrem Geburtstag, einem Feiertag …?

c Wählen Sie ein oder zwei Ereignisse Ihrer Recherche aus und bereiten Sie eine Präsentation vor. Sie sollte maximal drei Minuten dauern. Verwenden Sie die folgenden Redemittel.

PRÄSENTATION EINLEITEN	HISTORISCHE DATEN NENNEN
Ich werde von … berichten.	Im Jahr … / Am …
Ich stelle heute … vor.	Vor 50/100/… Jahren …
Ich habe … ausgesucht, weil …	… Jahre früher/davor/vorher …
Ich fand … besonders interessant, deshalb …	… Jahre später/danach …
Eigentlich finde ich das Thema Geschichte nicht so interessant, aber …	… begann/endete / ereignete sich …
	Das erste/zweite Ereignis passierte …

d Üben Sie Ihre Präsentation mit einem Partner / einer Partnerin. Arbeiten Sie gemeinsam an Verständlichkeit, Tempo und Lautstärke.

e Halten Sie Ihre Präsentation im Kurs.

▶ Ü 1

45

Irrtümer der Geschichte

1a Lesen Sie die Äußerungen zur Geschichte. Was glauben Sie: Welche Aussagen sind richtig?

1. Der berühmte Salzburger Musiker Mozart heißt mit Vornamen …
   - a Wolfgang Amadeus.
   - b Johannes Sebastian Wolfgang.
   - c Johannes Chrysostomus Wolfgangus Theophilus.

2. Im Mittelalter …
   - a war man mit 40 Jahren ein sehr alter Mensch.
   - b konnten die Menschen genauso alt werden wie heute.
   - c wurden die Menschen älter als heute.

3. Der Buchdruck wurde …
   - a im alten Ägypten erfunden.
   - b von Johannes Gutenberg erfunden.
   - c in China erfunden.

4. Das erste Kaffeehaus Europas stand …
   - a in Venedig.
   - b in Barcelona.
   - c in Wien.

SPRACHE IM ALLTAG

Überraschung ausdrücken

Das gibt's doch gar nicht!
Das ist ja ein Ding!
So eine Überraschung!
Das kann doch nicht wahr sein!
Das hätte ich nicht gedacht!

b Lesen Sie den Text über Irrtümer in der Geschichte. Haben Sie's gewusst? Was überrascht Sie besonders?

„Das ist doch ganz klar!" – Oder nicht? Wie oft denken wir, dass wir etwas ganz genau wissen, z. B. zum Thema Geschichte. Aber wer genauer hinsieht, entdeckt überraschend viele Irrtümer.

Bei einer Umfrage darüber, wie Mozart mit Vornamen hieß, würden wohl weit über 90 % der Befragten antworten, das wisse doch jedes Kind: natürlich Wolfgang Amadeus. Weit gefehlt: Das wohl berühmteste Salzburger Musikgenie wurde auf den Namen Johannes Chrysostomus Wolfgangus Theophilus getauft. Der Vorname Wolfgang Amadeus setzte sich erst im 20. Jahrhundert durch, nachdem Rundfunkanstalten und Plattenfirmen ihn ständig verwendeten.

Die meisten Menschen sind auch der Überzeugung, dass die Lebenserwartung im Mittelalter nicht sehr hoch gewesen sei und man bereits mit 40 Jahren ein alter Mensch gewesen sei. Es ist zwar richtig, dass die durchschnittliche Lebenserwartung in dieser Zeit ca. 35 Jahre betrug, das bedeutet aber nicht, dass das biologisch mögliche Alter niedriger war als heute. Die statistischen Zahlen ergeben sich zum einen aus einer deutlich höheren Säuglingssterblichkeit und zum anderen daraus, dass z. B. in Zeiten der Pest viele Menschen starben. Wer aber gesund blieb, hatte ebenso gute Chancen, so alt zu werden wie die Menschen heute.

Auch was berühmte Erfinder angeht, finden wir selbst in einigen Schulbüchern häufig bekannte Irrtümer. Da liest man zum Beispiel, Johannes Gutenberg habe den Buchdruck erfunden, was so nicht korrekt ist. Gutenberg war im europäischen Raum zwar der Erste, der auf die Idee kam, nicht für jede Buchseite eine komplette Holzplatte zu schnitzen, sondern einzelne Buchstaben für den Druck zusammenzusetzen, die man dann natürlich wieder verwenden konnte. In China aber waren zu diesem Zeitpunkt einzelne Drucktafeln für jedes Schriftzeichen bereits seit Langem bekannt.

Schließlich sind nicht nur viele Wiener davon überzeugt, dass das erste europäische Kaffeehaus in Wien stehe – aber auch hier irrt die Geschichte: Bereits 1647 konnte man in Venedig Kaffee genießen, der durch die Handelsbeziehungen zum Orient dort bekannt geworden war.

Sie sehen, ein genauer Blick in die Geschichte lohnt sich, denn man entdeckt immer wieder überraschende Irrtümer.

2a Mit welchen Ausdrücken werden im Text die Aussagen aus 1a eingeleitet? Markieren Sie und sammeln Sie weitere Verben und Ausdrücke, mit denen man Aussagen einleiten kann.

▶ Ü 1   *antworten, meinen …*

Modul 3

b Wie werden im Text die Sätze der direkten Rede in indirekter Rede wiedergegeben? Ergänzen Sie und vergleichen Sie die Verbformen.

direkte Rede	indirekte Rede
	Über 90 % der Befragen antworten,
1. „Das weiß doch jedes Kind."	*das wisse doch jedes Kind.*
	Die meisten Menschen sind der Überzeugung,
2. „Die Lebenserwartung ist nicht hoch gewesen."	_____
	Sie denken,
3. „Mit 40 ist man ein alter Mensch gewesen."	_____
	In Schulbüchern liest man,
4. „Gutenberg hat den Buchdruck erfunden."	_____

c Ergänzen Sie die Regel zur Bildung des Konjunktiv I in der 3. Person Singular.

Konjunktiv I	
Gegenwart	Infinitivstamm + _____
	3. Person Singular von *sein*: _____
	3. Person Singular von *haben*: _____
Vergangenheit	Konjunktiv I von _____ oder _____ + _____

d Indirekte Rede: Ergänzen Sie die Regel.

Konjunktiv I   anderen   Indikativ

Indirekte Rede
In der indirekten Rede verwendet man den _____, um deutlich zu machen, dass man die Worte eines _____ wiedergibt und nicht seine eigene Meinung ausdrückt. Sie wird vor allem in der Wissenschaftssprache, in Zeitungsartikeln und in Nachrichtensendungen verwendet. In der gesprochenen Sprache benutzt man in der indirekten Rede häufig den _____.

3 Lesen Sie die Beispielsätze und erklären Sie, wann man in der indirekten Rede den Konjunktiv II oder *würde* + Infinitiv verwendet.

Direkte Rede	Indirekte Rede	
Indikativ	**Konjunktiv I**	**Konjunktiv II**
	(Er sagte, …)	Er sagte, …
„Die ersten Kaffeehäuser **stehen** in Venedig."	die ersten Kaffeehäuser **stehen** in Venedig.	die ersten Kaffeehäuser **würden** in Venedig **stehen**.
„Die Wiener **haben** das Kaffeehaus **erfunden**."	die Wiener **haben** das Kaffeehaus **erfunden**.)	die Wiener **hätten** das Kaffeehaus **erfunden**.

▶ Ü 2-4

4 Geben Sie die folgenden Irrtümer in der indirekten Rede wieder. Nutzen Sie dazu die Ausdrücke aus 2a. Wissen Sie, wie/wer es wirklich war? Vergleichen Sie mit der Lösung auf Seite 170.

„Wilhelm Tell ist der wichtigste Freiheitskämpfer der Schweiz."
„Charles Lindbergh flog als erster Mensch über den Atlantik."
„Der Treibstoff ‚Benzin' ist nach Carl Benz, dem Pionier der Autoindustrie, benannt."

▶ Ü 5-6

47

Grenzen überwinden

1a Foto A zeigt die Grenze zwischen der Bundesrepublik Deutschland (BRD) und der Deutschen Demokratischen Republik (DDR) in Berlin im Jahr 1989. Bild B zeigt denselben Ort im Jahr 2005. Vergleichen Sie die beiden Fotos. Was hat sich verändert?

A

B

b Was wissen Sie über die Teilung Deutschlands von 1949–1990? Sammeln Sie im Kurs.

2a 1961–1989: Eine Mauer mitten durch Berlin. Lesen Sie den Artikel und ordnen Sie den Stichworten die passenden Textstellen zu.

1. weiterer Ausbau der Grenze	Z. 54–64
2. Schließung der Grenze und Bau der Mauer	_____
3. Gründung zweier deutscher Staaten	_____
4. komfortableres Leben im Westen von Deutschland	_____
5. Teilung der Hauptstadt	_____
6. Unterteilung Deutschlands in Zonen: wirtschaftliche Verwaltung durch vier verschiedene Länder	_____
7. viele Menschen verlassen die DDR	_____
8. strenge Ein- und Ausreisekontrollen	_____

Als 1945 der Zweite Weltkrieg zu Ende war, trafen sich Vertreter Großbritanniens, der USA, der Sowjetunion und Frankreichs, um zu besprechen,
5 was mit Deutschland geschehen sollte. Sie legten vier Besatzungszonen fest, die wirtschaftlich jeweils einem der vier Länder zugeordnet waren. Diese Aufteilung in die sogenannten Wirt-
10 schaftssektoren ermöglichte eine relativ unkomplizierte Verwaltung und führte später zur Teilung Deutschlands. 1949 wurde im Westen die Bundesrepublik Deutschland (BRD) aus dem britischen,
15 amerikanischen und französischen Wirtschaftssektor gegründet und im Osten die Deutsche Demokratische Republik (DDR) aus dem Wirtschaftssektor der Sowjetunion. Die ehemalige Hauptstadt Berlin lag nun wie eine Insel mitten im Gebiet der DDR.
20 Die Stadt wurde geteilt: in einen westlichen Teil, der zur BRD gehörte, und einen östlichen, der gleichzeitig die Hauptstadt der DDR blieb. Im Westen war von 1949 bis 1990 Bonn die Hauptstadt.
25 In den ersten zehn Jahren nach der Teilung Deutschlands konnten die Menschen in Berlin ungehindert zwischen dem Ost-Teil und dem West-Teil der Stadt hin- und herfah-
30 ren. Was man im östlichen Teil nicht kaufen konnte (z. B. bestimmte Lebensmittel), bekam man meist problemlos im Westen. Die unterschiedlichen Lebensbedingungen in den
35 beiden Teilen Berlins und Deutschlands führten dazu, dass über 2,7 Millionen Menschen, darunter viele junge Leute unter 25 Jahren, die DDR endgültig verließen. Allein 1960 wanderten etwa 200.000 Menschen in den Westen aus. Die
40 DDR stand kurz vor dem Zusammenbruch.
Am Morgen des 13. August 1961 errichteten Bauarbeiter im Ost-Teil Berlins Absperrungen an der Gren-

ze zum West-Teil. Dann begann – für die Bevölkerung völlig überraschend – unter strenger Bewachung durch DDR-Grenzsoldaten der Bau der Berliner Mauer. Wenige Monate später war West-Berlin komplett von dieser Mauer eingeschlossen.

Es gab Straßen, deren Gehwege in West-Berlin lagen, die Häuser selber gehörten aber schon zu Ost-Berlin. Fenster in den Erdgeschossen und die Haustüren von solchen Häusern wurden rücksichtslos zugemauert. Die Bewohner konnten ihre Häuser nur noch über die Hinterhöfe betreten.

Die Absperrungen und Kontrollsysteme wurden in den folgenden Jahren immer weiter ausgebaut und perfektioniert. Am Ende hatte die Mauer, die Ost- und West-Berlin trennte, eine Länge von 43,1 Kilometern. Die Absperrungen, die West-Berlin von der übrigen DDR abriegelten, waren insgesamt 111,9 Kilometer lang. Auch die anderen Grenzgebiete zwischen den beiden Teilen Deutschlands wurden streng überwacht. Sie waren großteils mit Zäunen abgegrenzt und wurden von Wachtürmen aus kontrolliert. Die Bewohner der DDR konnten nur noch selten und mit besonderer Genehmigung in die BRD reisen. Westdeutsche durften nur mit Visum und unter genauester Grenzkontrolle die DDR betreten.

b Sehen Sie einen Ausschnitt aus dem U- und S-Bahn-Netz des geteilten Berlins. Er zeigt den Verlauf der Mauer, die Ost- und West-Berlin teilte. Beantworten Sie die Fragen.

- In welchem Teil Berlins lag der Bahnhof Friedrichstraße?
- Was ist das Besondere an diesem Bahnhof?
- Vermuten Sie: Wer durfte den Bahnhof wozu benutzen?

c Lesen Sie den Bericht und machen Sie Notizen zur damaligen Situation am Bahnhof Friedrichstraße. Vergleichen Sie mit Ihren Überlegungen in 2b.

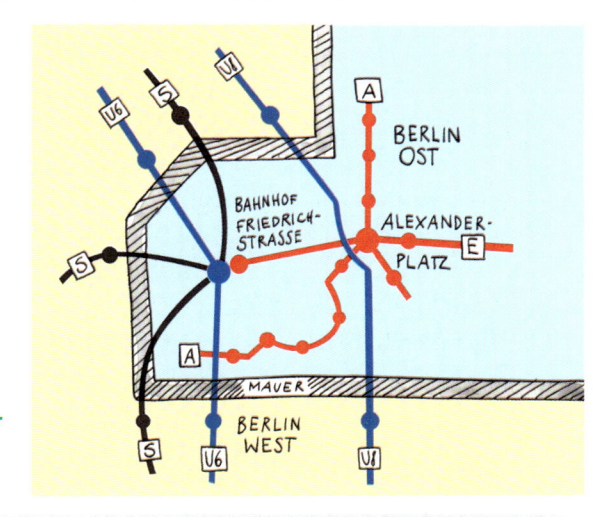

Bahnhof Friedrichstraße 1961–1989
Als Bürger Westdeutschlands konnte man sich am Bahnhof Friedrichstraße frei bewegen. Ohne kontrolliert zu werden, konnte man zwischen den westlichen U- und S-Bahn-Linien umsteigen. Eine Ausnahme gab es jedoch: Man durfte den Bahnhof niemals verlassen, ohne strenge Kontrollen über sich ergehen zu lassen. Außerdem musste man einige Verhaltensregeln befolgen, zum Beispiel durfte man nicht fotografieren. Der Bahnhof war für Westbürger also ein Umsteigebahnhof, man konnte von einer S- oder U-Bahn-Linie zur nächsten wechseln, aber Bürgern aus dem Osten begegnete man dabei nicht. Auch Ostbürger nutzten den Bahnhof als Umsteigebahnhof – strikt getrennt von den Umsteigewegen der Westbürger. Die Ausgänge waren streng bewacht.
Viele West-Berliner und Touristen nahmen den Bahnhof Friedrichstaße als Ausgangspunkt für Tagesausflüge in den Osten oder für Familienbesuche, denn viele Familien waren durch den Bau der Mauer auseinandergerissen worden. Die Einreise in die DDR war nur mit Visum und nach langwierigen und sehr strengen Kontrollen möglich.
Der Bahnhof war dafür bekannt, dass hier emotionale Abschiedsszenen zum Alltag gehörten. Die Verabschiedungshalle im Ost-Teil wurde deshalb auch „Tränenpalast" genannt, denn hier verabschiedeten sich Ostdeutsche von ihren Familien und Freunden aus Westdeutschland, von denen sie immer nur kurz und unter strengen Kontrollen besucht wurden. Bei jeder Verabschiedung war ungewiss, wann der nächste Besuch möglich sein würde.

d Arbeiten Sie zu zweit. Jeder notiert vier Fragen zur deutschen Teilung aus den Texten in 2a und c. Beantworten Sie dann gegenseitig Ihre Fragen.

Grenzen überwinden

3a Was wissen Sie über den Fall der Berliner Mauer und die Öffnung der Grenze?

b Lesen Sie den Auszug aus einem Lexikonartikel zur Wiedervereinigung. Welche Ereignisse trugen dazu bei, dass die DDR die Grenze zur Bundesrepublik öffnete?

> Im Sommer 1989 wurden die Botschaften der Bundesrepublik Deutschland in Prag, Budapest, Warschau und die Ständige Vertretung der Bundesrepublik
> 5 Deutschland in Ost-Berlin von DDR-Flüchtlingen besetzt, die so ihre Ausreise aus der DDR erzwingen wollten. Die vom sowjetischen Partei- und Staatsführer Michail Gorbatschow ausgehende Politik der Öffnung und die dadurch möglichen politischen Veränderungen in Ungarn führten dazu, dass Ungarn für die DDR-Flüchtlinge die Grenze nach Österreich öffnete. Die Öffnung führte zu einer Massenflucht in die Bundesrepublik. Nach dem Einlenken der DDR konnten auch die Flüchtlinge aus
> 10 den Botschaften in Prag und Warschau in den Westen ausreisen. Noch im September 1989 reisten 15.000 DDR-Bürger in die Bundesrepublik ein.
> Anfang Oktober 1989 setzten Massenproteste auf den Straßen in der ganzen DDR ein: Die friedliche Revolution begann. Besonders bekannt wurden die Montagsdemonstrationen in Leipzig. Die politische Führung sah keinen anderen Ausweg, als die Grenzen zu öffnen.

c Der Tag des Mauerfalls: Hören Sie, was am 9. November 1989 passierte. Ergänzen Sie dann die Notizen.

| ~~sofort~~ | ~~Grenze~~ | ~~Reisen~~ | feiern | Westen | ~~Zukunft~~ |

- Ostberlin, früher Nachmittag: Johannes Rau (ein Ministerpräsident der BRD) ist zu Besuch bei Egon Krenz (Staatschef der DDR). Krenz spricht über die _Zukunft_ der DDR.
- Berlin, 19:00 Uhr: In einer Pressekonferenz im DDR-Fernsehen wird gesagt, dass ab sofort _Reisen_ ins Ausland ohne besondere Voraussetzungen beantragt werden können. Diese Regelung gilt ab _sofort_.
- Nach einiger Zeit wird klar, was das bedeutet: Die _Grenze_ ist nach 28 Jahren offen.
- Berlin, 21:30 Uhr: Erste DDR-Bürger stürmen in den _Westen_; Menschen aus Ost und West _feiern_ gemeinsam.

Pressesprecher Günter Schabowski

d Hören Sie die Chronik zum 9. November noch einmal zur Kontrolle.

Fertigkeitstraining

8

Modul 4

4a Hören Sie die Aussagen von vier Zeitzeugen des Mauerfalls und machen Sie Notizen. Wo haben die Leute davon erfahren? Was waren ihre Gefühle und Gedanken? Sagen sie etwas dazu, was sie heute darüber denken?

b Wann und wie haben Sie vom Mauerfall erfahren?

Ich bin jetzt 20 Jahre alt. Als die Mauer fiel, war ich noch gar nicht auf der Welt. Ich habe davon zum ersten Mal in der Schule gehört.

5a Ordnen Sie alle Informationen, die Sie bisher in diesem Modul erhalten haben.

STRATEGIE — **Informationen aus mehreren Texten zusammentragen**
Fassen Sie Informationen aus (auch komplexen) Texten mithilfe grafischer Elemente – zum Beispiel einem Zeitstrahl, einer Tabelle, Farben usw. – und Stichwörtern übersichtlich zusammen. So können Sie die Hauptaussagen leichter erfassen.

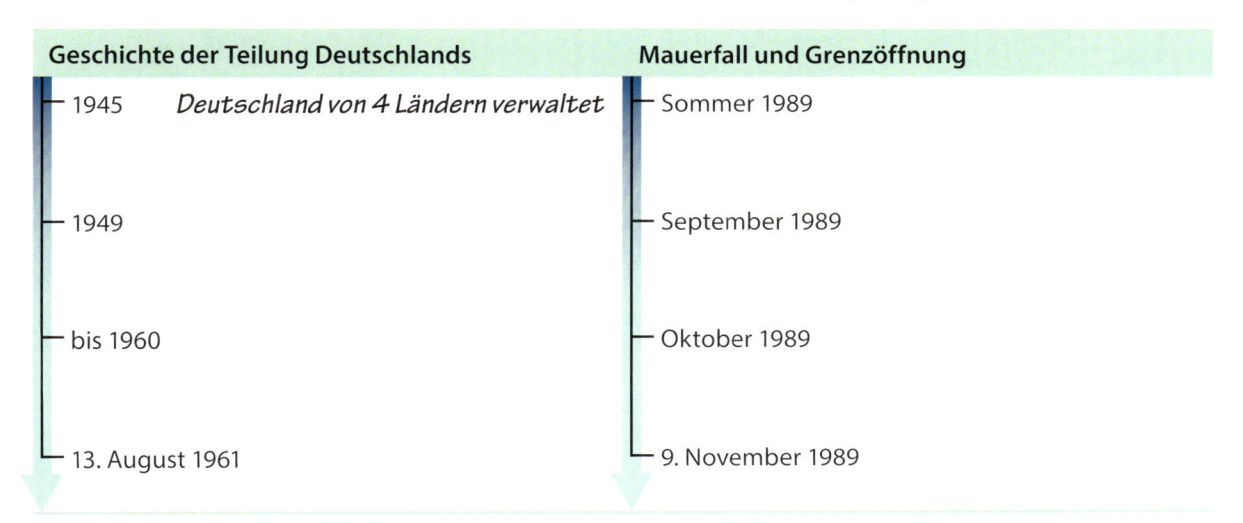

Geschichte der Teilung Deutschlands		Mauerfall und Grenzöffnung
1945	Deutschland von 4 Ländern verwaltet	Sommer 1989
1949		September 1989
bis 1960		Oktober 1989
13. August 1961		9. November 1989

b Wählen Sie aus 5a die für Sie wichtigsten Informationen und fassen Sie sie in einem Text zusammen. Kommentieren Sie auch, wie interessant oder wichtig Sie persönlich die Ereignisse um den 9. November 1989 finden.

ÜBER VERGANGENE ZEITEN BERICHTEN	VON EINEM HISTORISCHEN EREIGNIS BERICHTEN	EIN EREIGNIS KOMMENTIEREN
Damals war es so, dass …	Es begann damit, dass …	Meines Erachtens war besonders erstaunlich/überraschend, dass …
Anders als heute …	Die Ereignisse führten dazu, dass …	
Wenn man früher … wollte, musste man …	Nachdem … bekannt gegeben worden war, …	Ich denke, … ist auch für … interessant/wichtig, weil …
Häufig/Meistens war es normal, dass …	Dank … kam es (nicht) zu …	Die Ereignisse zeigen, wie …
In dieser Zeit …	Zunächst meldete … noch, dass …, aber …	Für mich persönlich hat … keine besondere Bedeutung, denn …

Deutschland war lange ein geteiltes Land: Im Westen war die Bundesrepublik Deutschland (BRD) und im Osten die Deutsche Demokratische Republik (DDR). Anders als heute verlief eine Grenze …

▶ Ü 1-2

Porträt

Angela Merkel (*17. Juli 1954)
Physikerin – Politikerin

Angela Merkel wird am 17. Juli 1954 als Angela Dorothea Kasner in Hamburg als erstes Kind – von insgesamt drei – des Theologiestudenten Horst Kasner und der Lehrerin Herlind Kasner geboren.

Über ihr Privatleben spricht Angela Merkel nur selten. Aus ihrer Jugend ist aber zum Beispiel bekannt, dass sie als Schülerin zwar oft Klassenbeste ist, aber ausgerechnet in Physik auch mal eine Fünf bekommt. In ihrer Jugendzeit tritt sie den DDR-treuen Organisationen „Junge Pioniere" bei sowie später der FDJ. Als Teenager in der DDR hört sie die Beatles, reist nach Moskau und trägt gerne auch mal West-Kleidung. Bei der Großmutter, die in Ost-Berlin lebt, sieht sie im Westfernsehen heimlich politische Sendungen.

1973 legt Angela in Templin ihr Abitur ab und beginnt ein Physikstudium an der Universität Leipzig, das sie 1978 erfolgreich beendet. Mit 23 heiratet sie den Physikstudenten Ulrich Merkel, aber die Ehe dauert nur vier Jahre. 1986 promoviert sie zum Dr. rer. nat.

Den Mauerfall erlebt Angela Merkel vor dem Fernseher. Sie ruft zunächst ihre Mutter an, rechnet jedoch noch nicht mit der Öffnung der Grenze am gleichen Tag. 1989 tritt Angela Merkel in die Partei Demokratischer Aufbruch (DA) ein, womit ihre politische Laufbahn beginnt. Schon 1990 wird sie Pressesprecherin des DA, der später mit der CDU fusioniert. Am 18. März wird die CDU stärkste Partei bei den ersten freien Wahlen der DDR. Merkel wird stellvertretende Regierungssprecherin und noch im selben Jahr in den Bundestag gewählt. Am 18. Januar 1991 wird sie zur Bundesministerin für Frauen und Jugend in der Regierung unter Helmut Kohl ernannt. Im Dezember 1991 wird Merkel zur stellvertretenden Parteivorsitzenden der CDU gewählt, neun Jahre später übernimmt sie den Parteivorsitz.

Als sie 2005 als Kanzlerkandidatin antritt, erreicht sie zwar keine absolute Mehrheit, wird aber vom Bundestag in einer Koalition von SPD und CDU/CSU mit 397 zu 611 Stimmen zur Kanzlerin gewählt. Angela Merkel ist die erste

Angela Merkel auf Staatsbesuch in den USA

Bundeskanzlerin Deutschlands und mit 51 Jahren die bis dahin jüngste Amtsinhaberin. In den Bundestagswahlen von 2009 und 2013 wird sie in ihrem Amt bestätigt.

Als vielbeschäftigte Politikerin fährt Angela Merkel am Wochenende gern ins Grüne. Ihre Zeit ist knapp, denn selbst an Samstagen und Sonntagen hat sie oft wichtige Sitzungen, muss Entscheidungen treffen und Termine vorbereiten. Doch den Samstagabend versucht sie sich möglichst immer freizuhalten. Häufig kocht sie dann für ihren zweiten Mann, den Berliner Chemieprofessor Joachim Sauer, mit dem sie seit 1998 verheiratet ist. Das Essen mag sie am liebsten rustikal: Kartoffelsuppe, Schnitzel oder Forelle. Hin und wieder gehen Angela Merkel und ihr Mann mit Freunden ins Konzert. Zu den kulturellen Höhepunkten zählt jedes Jahr der Besuch der Bayreuther Festspiele. Ein ausgesprochener Stadtmensch ist Angela Merkel jedoch nicht: „Nur in der Stadt leben, das könnte ich nicht." Sobald der Terminkalender es zulässt, geht sie in den Garten zum eigenen kleinen Gemüsebeet, ins Grüne zum Wandern oder im Winter in die Berge zum Langlaufen.

www Mehr Informationen zu Angela Merkel.

Sammeln Sie Informationen über Persönlichkeiten aus dem In- und Ausland, die für das Thema „Geschichte" interessant sind, und stellen Sie sie im Kurs vor. Sie können dazu die Vorlage „Porträt" im Anhang verwenden.

Beispiele aus dem deutschsprachigen Bereich: Willi Brandt – Sophie Scholl – Joschka Fischer – Ruth Dreifuss – Hannah Arendt – Hans-Dietrich Genscher – Antonia Rados – Winfried Kretschmann

Grammatik-Rückschau

1 Nomen, Verben und Adjektive mit Präpositionen

Viele Nomen, Verben und Adjektive haben dieselbe Präposition. Manchmal gibt es nur ein Nomen und ein Verb mit derselben Präposition, manchmal nur ein Nomen und ein Adjektiv mit derselben Präposition.

Verb	Nomen	Adjektiv	Präposition
abhängen	die Abhängigkeit	abhängig	von + D.
sich freuen	die Freude	erfreut	über + A.
helfen	die Hilfe	hilfreich	bei + D.
sich sorgen	die Sorge	besorgt	um + A.

Verb	Nomen	Präposition	Verb	Nomen	Präposition
sich ängstigen	die Angst	vor + D.	sich erinnern	die Erinnerung	an + A.
antworten	die Antwort	auf + A.	sich interessieren	das Interesse	für + A.
sich begeistern	die Begeisterung	für + A.	suchen	die Suche	nach + D.
bitten	die Bitte	um + A.	teilnehmen	die Teilnahme	an + D.

Nomen	Adjektiv	Präposition	Nomen	Adjektiv	Präposition
die Bekanntschaft	bekannt	mit + D.	die Neugier	neugierig	auf + A.
die Eifersucht	eifersüchtig	auf + A.	die Wut	wütend	auf + A.
der Neid	neidisch	auf + A.	die Verwandtschaft	verwandt	mit + D.

Nomen, Verben und Adjektive können auch mit Präpositionaladverbien verwendet werden.

Sache/Ereignis ○ **Worauf** bist du stolz?   ● Auf mein Examen.
○ Bist du stolz auf deine Leistung?   ● Nein. Wieso sollte ich **darauf** stolz sein?

Eine Übersicht über Verben, Nomen und Adjektive mit Präpositionen finden Sie im Anhang.

2 Indirekte Rede

In der indirekten Rede verwendet man den Konjunktiv I, um deutlich zu machen, dass man die Worte eines anderen wiedergibt und nicht seine eigene Meinung ausdrückt. Sie wird vor allem in der Wissenschaftssprache, in Zeitungsartikeln und in Nachrichtensendungen verwendet.
In der gesprochenen Sprache benutzt man in der indirekten Rede häufig den Indikativ.

Bildung des Konjunktiv I: Infinitivstamm + Endung

	sein	*haben*	Modalverben	andere Verben
ich	sei	habe → hätte	könne	sehe → würde sehen
du*	sei(e)st	habest	könnest	sehest
er/es/sie	sei	habe	könne	sehe
wir	seien	haben → hätten	können → könnten	sehen → würden sehen
ihr*	sei(e)t	habet	könnet	sehet
sie/Sie	seien	haben → hätten	können → könnten	sehen → würden sehen

* Die Formen in der 2. Person sind sehr ungebräuchlich. Hier wird meist der Konjunktiv II verwendet.

Der Konjunktiv I wird meist in der 3. Person verwendet. Entspricht der Konjunktiv I dem Indikativ, wird der Konjunktiv II oder *würde* + Infinitiv verwendet: *Er sagt, sie haben keine Zeit.* → *Er sagt, sie hätten keine Zeit.*

Bildung des Konjunktiv I der Vergangenheit
Konjunktiv I von *haben/sein* + Partizip II: *Man sagt, Gutenberg* **habe** *den Buchdruck* **erfunden** *und mit 40 Jahren* **sei** *man im Mittelalter sehr alt* **gewesen**.

53

Ein Traum wird wahr

1 Deutsche Nachkriegsgeschichte: Ordnen Sie die Jahreszahlen zu.

| November 1989 | ~~Mai 1949~~ | August 1961 | Oktober 1949 | Oktober 1990 |

Mai 1949 _____ Gründung der Bundesrepublik Deutschland
_____ Vereinigung von DDR und BRD
_____ Bau der Berliner Mauer
_____ Gründung der Deutschen Demokratischen Republik
_____ Öffnung der Berliner Mauer für alle DDR-Bürger

2a Sehen Sie eine Reportage über den Bau der Berliner Mauer 1961. Machen Sie Notizen zu den Fragen und berichten Sie dann im Kurs.

– Was machen Militär und Polizei?
– Warum fliehen einige Menschen?
– Die Menschen rufen „Volksabstimmung". Was wollen sie damit erreichen?

b Wie kann man die Atmosphäre beschreiben? Was haben die Menschen damals wohl gedacht und gefühlt?

3 Sehen Sie nun eine Reportage aus dem Jahr 1989, als die Berliner Mauer geöffnet wurde. Lesen Sie vorher die Sätze auf dieser und der nächsten Seite. Wer sagt was?

Person ____: Das muss alles weg hier, alles! Die Leute sollen hin und her gehen, dann ist es gut.

Person ____: Ich geh auf jeden Fall zurück, weil ich an dieses Land glaube.

Person ____: Ich habe erlebt, wie die Mauer gebaut worden ist, und will sehen, wie sie wieder abkommt.

sehen | nachdenken | diskutieren | … 8

Person _____ : In zwei Jahren haben wir die Wiedervereinigung.

Person _____ : Wer jetzt schläft, der ist tot.

Person _____ : Wir sind so tief bewegt gewesen, dass wir wieder aus dem Bett aufgestanden und hierhergekommen sind.

4a Welche Stimmung war am 9. November 1989 auf den Straßen? Was haben die Menschen gemacht? Was hat sie bewegt?

b Was finden Sie besonders beeindruckend, merkwürdig, schockierend …?

5 Am 3. Oktober 1990 kam es zur Wiedervereinigung der beiden deutschen Staaten. Sehen und hören Sie noch einmal einige Äußerungen der Leute am Tag der Maueröffnung. Was haben die Personen damals über die Wiedervereinigung gedacht?

6 Welches historische Ereignis der letzten Jahrzehnte war für Sie besonders beeindruckend oder überraschend? Erzählen Sie im Kurs.

Mit viel Gefühl ...

A

Die Zeit ist hin

Die Zeit ist hin; du löst dich unbewusst
Und leise mehr und mehr von meiner Brust;
Ich suche dich mit sanftem Druck zu fassen,
Doch fühl ich wohl, ich muss dich gehen lassen.

So lass mich denn, bevor du weit von mir
Im Leben gehst, noch einmal danken dir;
Und magst du nie, was rettungslos vergangen,
In schlummerlosen Nächten heimverlangen.

Hier steh ich nun und schaue bang zurück;
Vorüber rinnt auch dieser Augenblick,
Und wie viel Stunden dir und mir gegeben,
Wir werden keine mehr zusammenleben.

Theodor Storm, 1817–1888

B Gib jedem Tag die Chance, der schönste deines Lebens zu werden.

Mark Twain, 1835–1910

C Wenn du denkst, es geht nicht mehr, kommt irgendwo ein Lichtlein her.

Sprichwort

D Dem Vogel ist ein einfacher Zweig lieber als ein goldener Käfig.

Sprichwort

E Mit dem Wissen wächst der Zweifel.

Johann Wolfgang von Goethe, 1749–1832

Sie lernen
Modul 1 | Notizen zu einem Artikel über Musik machen
Modul 2 | Zu Texten über die Wirkung von Farben Stellung nehmen
Modul 3 | Dialoge verstehen und Aussagen emotional verstärken
Modul 4 | Einen komplexen Vortrag zum Thema „Angst" verstehen
Modul 4 | Eine E-Mail mit Tipps zur Entscheidungsfindung schreiben

Grammatik
Modul 1 | Nominalisierung von Verben
Modul 3 | Modalpartikeln

F *Es darf so mancher Talentlose von dem Werk so manches Talentvollen sagen:
Wenn ich das machen könnte, würde ich es besser machen.*

Marie Freifrau von Ebner-Eschenbach, 1830–1916

Im wunderschönen Monat Mai

Im wunderschönen Monat Mai
Als alle Knospen sprangen,
Da ist in meinem Herzen
Die Liebe aufgegangen.

Im wunderschönen Monat Mai,
Als alle Vögel sangen,
Da hab ich ihr gestanden
Mein Sehnen und Verlangen.

Heinrich Heine, 1797–1856 **G**

H *Spruch in der Silvesternacht*

*Man soll das Jahr nicht mit Programmen
beladen wie ein krankes Pferd.
Wenn man es allzu sehr beschwert,
bricht es zu guter Letzt zusammen.*

*Je üppiger die Pläne blühen,
umso verzwickter wird die Tat.
Man nimmt sich vor, sich schrecklich zu bemühen,
und schließlich hat man den Salat.*

*Es nützt nicht viel, sich rotzuschämen.
Es nützt nicht, und es schadet bloß,
sich tausend Dinge vorzunehmen.
Laßt das Programm, und bessert euch drauflos!*

Erich Kästner, 1899–1974

1a Welche Gefühle oder Themen werden in den Texten ausgedrückt?

b Welcher Text gefällt Ihnen am besten? Begründen Sie.

c Welche anderen Gefühle kennen Sie? Sammeln Sie im Kurs.

2 Kennen Sie Lieder, Gedichte oder Sprüche aus Ihrem Land zum Thema „Gefühle"? Stellen Sie sie im Kurs vor.

Mit Musik geht alles besser

1 Welche Rolle spielt Musik in Ihrem Leben? Wann hören Sie welche Musik?

▶ Ü 1-2

2a Lesen Sie den Artikel. Welche Auswirkungen hat Musik auf den Körper? Sammeln Sie zu zweit.

Die Macht der Musik

1 Was wäre die Welt ohne Musik? Niemand möchte sich das vorstellen, denn Musik ist Teil unserer Kultur. Wir Menschen verfügen über die Fähigkeit, Töne zu erzeugen und zu erkennen. Viele Wissenschaftler gehen davon aus, dass den Menschen diese Fähigkeit angeboren ist. Sie glauben, Musik sei noch vor der Sprache entstanden, dass Musik sozusagen die Mutter der Sprache ist. Andere vermuten, Musik und Sprache hätten sich parallel entwickelt. Was Wissenschaftler aber heute sicher erkannt haben: Musik und Sprache werden in unterschiedlichen Regionen unseres Gehirns verarbeitet. Trotzdem laufen in unserem Gehirn gemeinsame Prozesse ab, wenn wir Musik und Sprache wahrnehmen.

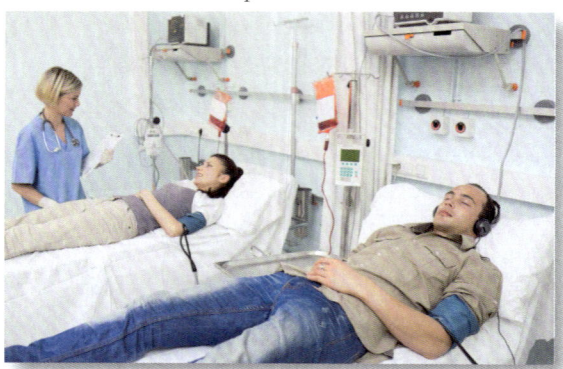

2 Musik nehmen wir meist passiv wahr. Auch wenn wir gar nicht darauf achten, dass wir Musik hören, reagiert unser Körper darauf. Mit Musik vertreiben wir uns nicht nur die Zeit und bauen Stress ab, Musik kann noch viel mehr: Sie beeinflusst unser Befinden enorm, da sie auf unseren Körper wirkt wie z. B. auf die Herzfrequenz und den Pulsschlag. Dadurch steuert Musik unseren Blutdruck und folglich auch die Gehirnaktivität. Auch Atmung, Stoffwechsel, Schmerzempfinden und Sauerstoffverbrauch reagieren auf musikalische Reize. Deshalb nutzt die moderne Medizin die Kraft der Musik bereits vielfach.

3 So kann Musik das Schmerzempfinden von Patienten senken. Denn wer bewusst Musik hört, ist vom Schmerz abgelenkt. Der Schmerz-Stress-Kreislauf wird unterbrochen. Diese schmerzlindernde Wirkung wurde bei älteren Menschen mit chronischen Gelenkschmerzen eindeutig nachgewiesen. Musik kann aber auch bei Hirnschäden die Therapie von Bewegungs- und Sprachstörungen unterstützen, z. B. nach einem Schlaganfall. Manche Menschen lernen sogar, wieder zu sprechen. Bei Patienten, die zunehmend Probleme mit dem Gedächtnis haben – etwa durch Alzheimer und Demenz –, setzen Musiktherapeuten Musik ein, um an noch vorhandene Gedächtnisinhalte anzuknüpfen. Dazu wählen sie Lieder oder Melodien, die die Patienten schon aus ihrer Jugend kennen, und reaktivieren so Erinnerungen und Gefühle der Betroffenen.

4 Musik kann auch die Konzentration und den Lernerfolg positiv beeinflussen. So wie die Werbung die Möglichkeiten der Musik nutzt, um ihre Botschaften besser in den Köpfen der Konsumenten zu verankern, können auch bestimmte Lerninhalte mit Musik besser behalten werden. Das gilt besonders für Lernstoff, der reproduziert werden soll. Muss man z. B. Vokabeln auswendig lernen, ist es durchaus sinnvoll, sie im Takt einer bestimmten Musik mehrfach zu wiederholen. Weil der Rhythmus der Musik mit den Vokabeln verbunden wird, ist der Lerneffekt oft größer.

Egal, um welchen Bereich es in unserem Leben geht, Musik kann eine wohltuende, beruhigende und gesundheitsfördernde Rolle spielen.

9
Modul 1

b Lesen Sie den Artikel noch einmal. Notieren Sie, in welchem Abschnitt die Aussagen stehen.

1. Unser Körper reagiert unbewusst auf Musik. __2__
2. Mit Musik kann man sich bestimmte Dinge besser einprägen. ____
3. Es gibt unterschiedliche Theorien über die Entstehung von Sprache und Musik. ____
4. Mit Hilfe von Musik können Erinnerungen zurückkehren. ____
5. Die Verarbeitung von Musik und Sprache erfolgt im Gehirn getrennt. ____
6. Musik macht Schmerzen erträglicher. ____

3a Nominalisierungen helfen beim Notieren. Sehen Sie sich die Notizen zu Abschnitt 1 des Artikels an. Was hat sich im Vergleich zum Text verändert?

> Abschnitt 1
> – Musik = Teil unserer Kultur
> – angeborene Fähigkeit zur Erzeugung / zum Erkennen von Tönen
> – Entstehung von Musik:
>   a) vor Sprache
>   b) parallel zu Sprache
> – sichere Erkenntnis zu Sprache und Musik:
>   a) Verarbeitung in unterschiedlichen Gehirnregionen
>   b) gemeinsame Prozesse bei der Wahrnehmung

b Aus den Notizen in 3a kennen Sie Nomen, die von Verben abgeleitet sind. Ergänzen Sie diese und weitere Beispiele in der Regel.

Nominalisierung von Verben

Es gibt viele Möglichkeiten, ein Verb zu nominalisieren. Häufige Endungen und Veränderungen sind:

Verb ohne Endung (mit/ohne Vokaländerung)	abbauen	→ _der Abbau_
	wählen	→ die Wahl
das + Infinitiv	erkennen	→ _____
die + *-ung*	entstehen	→ _____
	wahrnehmen	→ _____
der + *-er*	lernen	→ _____
die/der + *-e* (mit/ohne Vokaländerung)	folgen	→ _____
	helfen	→ die Hilfe
die/das + *-(t)nis*	erkennen	→ _____
	erleben	→ das Erlebnis
die + *-(t)ion*	reagieren	→ _____

Umformung der Akkusativergänzung
mit Artikelwort: Musik **verändert** den Blutdruck. → die **Veränderung** <u>des</u> Blutdrucks (G.) durch Musik
ohne Artikelwort: Musik **baut** Stress **ab**. → der **Abbau** <u>von</u> Stress (von + D.) durch Musik

▶ Ü 3-4

c Formen Sie die Sätze aus Abschnitt 2 des Artikels um.

1. Der Körper reagiert auf Musik.
2. Musik beeinflusst unser Befinden.
3. Musik wirkt auf den Körper.
4. Musik steuert unseren Blutdruck.
5. Die Medizin nutzt Musik.

▶ Ü 5

4 Machen Sie zu dritt Notizen zu Abschnitt 3 und 4 des Artikels. Nutzen Sie auch Nominalisierungen. Vergleichen Sie anschließend Ihre Notizen im Kurs.

Farbenfroh

1a Welche Farbe ist Ihre Lieblingsfarbe? Warum gerade diese Farbe?

Ich trage am liebsten die Farbe …

In meiner Wohnung mag ich …

b Mit welchen Begriffen verbinden Sie die Farben? Notieren Sie die Nomen mit Artikel.

| Wut | Hoffnung | Gesundheit | Ärger | Sorge | Gefahr | Geld | ~~Liebe~~ | Reinheit |
| Pessimismus | Krankheit | Ruhe | Verzweiflung | Trauer | Neid | Jugend | Wahrheit | Kraft | Tod |

Neid — *envidia*
Trauer — *tristeza*

rot	gelb	weiß	grün	blau	schwarz
die Liebe, der Ärger, die Gefahr, der Neid, die Kraft	das Geld	die Verzweiflung	die Hoffnung, die Ruhe	Gesundheit, die Jugend	die Sorge, der Tod, der ?, die Trauer

▶ Ü 1

c Vergleichen Sie im Kurs. Welche Unterschiede und Gemeinsamkeiten gibt es?

2a (3.17) Hören Sie das Farbenrätsel aus einer Radiosendung. Notieren Sie die Farben und die Informationen, die Ihnen beim Lösen geholfen haben.

Farbe 1: __Rot__   Farbe 2: __Gelb__   Farbe 3: __Grün / Blau__

b (3.18) Hören Sie die Beschreibungen noch einmal. Ergänzen Sie Bedeutung und Wirkung der Farben.

Farbe 1: Bedeutung: _____
Wirkung: _____
Farbe 2: Bedeutung: _____
Wirkung: _____
Farbe 3: Bedeutung: _____
Wirkung: _____

60

9
Modul 2

c Recherchieren Sie im Internet nach einer anderen Farbe. Stellen Sie sie im Kurs als Rätsel vor. Die anderen raten.
- Wo kommt die Farbe vor?
- Was bedeutet sie?
- Wie wirkt sie auf Menschen?

(Handschriftliche Notizen: veo todo negro)

SPRACHE IM ALLTAG
Farben werden in Redewendungen oft benutzt, um Gefühle oder Emotionen auszudrücken oder zu verstärken:
- gelb vor Neid werden
- im grünen Bereich sein
- alles Grau in Grau sehen
- jmd. das Blaue vom Himmel versprechen
- rot sehen
- sich schwarzärgern
- eine weiße Weste haben

(Handschriftliche Notizen: ich ärgere mich schwarz = ganz stark verärgern; rot sehen = veo todo mal; eine weiße Weste haben = tener las manos limpias; prometer la luna; die Weste = chaleco)

3 Einen Kurzvortrag halten

a Arbeiten Sie zu zweit. Wählen Sie A oder B und lesen Sie die Aufgabe. Machen Sie Notizen zu den drei Fragen.

A
Farben fördern Emotionen
Wer eine Wohnung einrichtet, sollte auf Farben achten. Gelb schafft eine positive Stimmung. Grün hat eine beruhigende Wirkung. Dunkle Farben sollte man sparsam einsetzen, weil sie depressiv wirken. Vorsicht bei Rot: Es kann aktivieren, aber auch aggressiv machen. Weiß dagegen ist neutral, kann aber für eine kalte Atmosphäre sorgen.

Präsentieren Sie Ihrem Gesprächspartner / Ihrer Gesprächspartnerin Thema und Inhalt des Textes. Nehmen Sie kurz persönlich Stellung:
- Welche Aussage enthält die Meldung?
- Welche Beispiele fallen Ihnen dazu ein?
- Welche Meinung haben Sie dazu?

Sprechen Sie ca. 3 Minuten.

B
Essen Sie bunt, dann bleiben Sie gesund
Nicht nur der Geschmack von Lebensmitteln spielt beim Essen eine Rolle, sondern auch deren Farbe. Mit „leckeren" Farben den Tag bunt gestalten und sich dabei wohlfühlen, ist das Prinzip einer ausgewogenen Ernährung. Essen Sie nach dem Ampelprinzip täglich eine Mischung aus rotem, gelbem, grünem Gemüse und Obst.

Präsentieren Sie Ihrem Gesprächspartner / Ihrer Gesprächspartnerin Thema und Inhalt des Textes. Nehmen Sie kurz persönlich Stellung:
- Welche Aussage enthält die Meldung?
- Welche Beispiele fallen Ihnen dazu ein?
- Welche Meinung haben Sie dazu?

Sprechen Sie ca. 3 Minuten.

b Ordnen Sie die Redemittel den drei Fragen in 3a zu.

A Aussagen wiedergeben   B Beispiele nennen   C Äußerungen bewerten

___ In diesem Text geht es um …
___ Ich halte diese Meinung für richtig/falsch, weil …
___ Dazu fällt mir folgendes Beispiel ein: …
___ Die Hauptaussage des Textes ist: …
___ Ich bin anderer Meinung, denn …
___ Mir fällt als Beispiel sofort … ein.
___ Im Text wird behauptet, dass …
___ Ich möchte folgendes Beispiel anführen: …
___ Meiner Meinung nach …
___ Ich kann dem Text (nicht) zustimmen, weil …

c Sammeln Sie Redemittel für die Einleitung und den Schluss.

Ich habe zum Thema … einen Text erhalten.
Abschließend möchte ich zu diesem Thema sagen, dass …

d Halten Sie nun Ihren Kurzvortrag.

▶ Ü 2

Sprache und Gefühl

1a Kleine Wörter – große Wirkung. Hören und lesen Sie ein Gespräch in zwei Varianten. Was unterscheidet Variante 2 von Variante 1? Kreuzen Sie an.

1. Die kleinen Wörter machen das Gespräch … ☐ lebendiger. ☐ lustiger. ☐ freundlicher.
2. Die Betonung der Äußerungen ist in Variante 2 … ☐ stärker. ☐ schwächer. ☐ gleich.

Variante 1
○ Hey Maike. Du bist auch hier?
● Hallo Anna, das ist schön, dass ich dich treffe. Wir haben uns lange nicht gesehen.
○ Du siehst gut aus. Schönes Kleid!
● Oh, danke. Setz dich zu mir.
○ Gern.
● Was gibt's Neues bei dir?

Variante 2
○ Hey Maike. Du bist auch hier?
● Hallo Anna, das ist **aber** schön, dass ich dich treffe. Wir haben uns **ja** lange nicht gesehen.
○ Du siehst **aber** gut aus. Schönes Kleid!
● Oh, danke. Setz dich **doch** zu mir.
○ **Aber** gern …
● Was gibt's **denn** Neues bei dir?

b Hören Sie noch einmal Sätze aus Variante 2 und sprechen Sie sie nach.

c Hören und lesen Sie die Dialoge A–G. Welche Bedeutung verstärken die Modalpartikeln in den Dialogen? Ordnen Sie zu.

| Aufforderung/Befehl | Freundlichkeit/Interesse | Überraschung |
| Vorschlag/Ermunterung | | Empörung |

A
○ Komm **doch** mit ins Kino!
● Heute nicht, keine Zeit.
_____

B
○ Das ist unser neuer Chef.
● Unser Chef? Der sieht **aber** sympathisch aus!
_____

C
○ Das ist **ja** nett, dass du mir hilfst.
● Das mache ich **doch** gerne.
_____

D
○ Felix!
● Ja? Was ist?
○ Hilf mir **mal** die Tüten tragen.
_____

E
○ Das müssen wir bis morgen lernen.
● Das alles? Das ist **doch** unmöglich!
_____

F
○ Ich treffe mich heute mit Sabrina.
● Ach ja? Sprecht ihr **denn** wieder miteinander?
_____

G
○ Da hinten steht **ja** Robert!
● Was? Ich dachte, der ist in Berlin.
_____

▶ Ü 1 **d** Sprechen Sie die Dialoge aus 1c zu zweit.

Modul 3

2a Bedeutung der Modalpartikeln. Arbeiten Sie zu zweit. Ergänzen Sie die Bedeutungen und Beispielsätze aus 1c.

Satzart	Partikel	Bedeutung	Beispiel
Aussagen und Ausrufe	*aber*	Freundlichkeit	*Das ist aber schön, dich zu sehen.*
			Der sieht aber sympathisch aus!
	doch		*Das mache ich doch gerne.*
		Empörung	
		Vorschlag/Ermunterung	
	ja	Freundlichkeit	
		Überraschung	*Du bist ja auch hier!*
		Empörung	*Das ist ja gemein!*
Aufforderungen, Aussagen, Fragen	*mal*	Aufforderung/Befehl	
Fragen	*denn*	Freundlichkeit/Interesse	*Wie geht´s dir denn?*
			Sprecht ihr denn wieder miteinander?

b Ergänzen Sie die Regel.

| verstärken | Betonung | Kontext | mündliche | Verb |

Modalpartikeln

Modalpartikeln sind typisch für die _____ Sprache. Man benutzt sie, um seine Ansichten,

Absichten und Gefühle zu _____ oder abzuschwächen.

In Aussagesätzen stehen die Modalpartikeln meist hinter dem _____.

Die Bedeutung ist vom _____ und von der _____ des Satzes abhängig.

▶ Ü 2-3

3a Ergänzen Sie passende Modalpartikeln in den Sätzen. Es gibt mehrere Möglichkeiten.

1. Das kannst du _____ nicht machen! (Empörung)
2. Du kommst mit? Hast du _____ Zeit? (Überraschung)
3. Eure Wohnung ist _____ sehr schön. (Freundlichkeit)
4. Los! Mach _____ mit! (Vorschlag)
5. Das ist _____ toll, wie Sie sich für die Firma engagieren. (Freundlichkeit)
6. Was machst du _____ heute? (Interesse)
7. Ich kann das nicht alleine. Hilf mir _____! (Aufforderung)
8. Ist das dein Sohn? Der ist _____ groß geworden! (Überraschung)

b Wählen Sie zu zweit vier Sätze aus 3a und schreiben Sie Mini-Dialoge. Lesen Sie die Dialoge laut.

● *Tut mir leid, ich lasse niemanden im Test abschreiben.*
○ *Was? Das kannst du doch nicht machen!*

63

Gemischte Gefühle

1a Lieder und Gefühle. Welche Gefühle können Lieder auslösen? Sammeln Sie im Kurs.

Immer wenn ich … höre, dann bekomme ich eine Gänsehaut / gute Laune / …
Bei … werde ich immer ganz melancholisch/aggressiv/…

▶ Ü 1

b Hören Sie das Lied „Auf uns" von Andreas Bourani und beantworten Sie die Fragen.

3.29

1. Welche Gefühle und Eigenschaften werden im Lied angesprochen?
2. Wie ist die Stimmung im Lied? Was bedeutet „Ein Hoch auf …"?
3. Wer könnte mit „uns" gemeint sein?

Wer friert uns diesen Moment ein?
Besser kann es nicht sein.
Denkt an die Tage, die hinter uns liegen,
Wie lang wir Freude und Tränen schon teilen.
5 Hier geht jeder für jeden durchs Feuer,
Im Regen stehen wir niemals allein
Und solange unsere Herzen uns steuern,
Wird das auch immer so sein.

Ein Hoch auf das, was vor uns liegt,
10 Dass es das Beste für uns gibt,
Ein Hoch auf das, was uns vereint,
Auf diese Zeit (Auf diese Zeit).
Ein Hoch auf uns (uns),
Auf dieses Leben,
15 Auf den Moment,
Der immer bleibt.
Ein Hoch auf uns (uns),
Auf jetzt und ewig,
Auf einen Tag
20 Unendlichkeit.

Wir haben Flügel, schwör'n uns ewige Treue,
Vergolden uns diesen Tag.
Ein Leben lang ohne Reue
Vom ersten Schritt bis ins Grab.
25 Ein Hoch auf das, was vor uns liegt, …

Ein Feuerwerk aus Endorphinen.
Ein Feuerwerk zieht durch die Nacht.
So viele Lichter sind geblieben,
Ein Augenblick, der uns unsterblich macht,
30 Unsterblich macht.

Ein Hoch auf das, was vor uns liegt, …

Ein Hoch auf uns,
Ein Feuerwerk aus Endorphinen.
Ein Hoch auf uns,
35 Ein Feuerwerk zieht durch die Nacht.
Ein Hoch auf uns,
So viele Lichter sind geblieben.
Auf uns.

c Wie würde jemand, der gute Freunde hat, folgende Sätze ergänzen?

1. Gemeinschaft bedeutet …
2. Freude ist für mich …
3. Angst ist ein Gefühl, das ich …
4. Ich sehe meine Zukunft …

d Was begeistert oder freut Sie im Leben? Schreiben Sie in Gruppen einen eigenen Refrain und tragen/singen Sie ihn vor.

Ein Hoch auf das, was …
Auf …
Ein Hoch auf uns.
Auf …
Auf …
…

2 Nicht jeder Mensch ist optimistisch. Welche Aspekte fehlen pessimistischen oder ängstlichen Menschen im Lied?

Fertigkeitstraining

9
Modul 4

3a Lesen Sie die Mitschrift eines Vortrags zum Thema „Angst", in der einige Informationen nicht gespeichert wurden. Hören Sie dann den Vortrag und folgen Sie der Mitschrift.

1. **Definition „Angst"**
   a) keine Krankheit, sondern Zustand der _____ und des _____
   b) eine der ältesten Emotionen
   c) normale _____

2. **Nutzen der Angst**
   a) Vor Gefahr fliehen (Typ 1)
   b) Gefahr _____ (Typ 2)

3. **Körperliche Reaktionen**

   Typ 1
   Herz: _____
   Augen: _____
   Muskeln: bereit zum Weglaufen

   Typ 2
   Körper: _____
   Herz: schlägt langsamer
   Muskeln: _____

4. **Sehr starke Angst =** _____
   Angst wandert in Kopf: _____ = ruhige Überlegungen nicht möglich

5. **Beispiele für Angstreaktionen**
   1) _____   2) _____   3) unbekannter Badesee

6. **Rolle der Vorsicht**
   a) Mensch kann vorausdenken und Handeln planen
   b) ohne Vorsicht: mehr _____

7. **Objekte der Angst**
   a) Kinder: _____
   b) Erwachsene:
      jünger: _____ + Ziele nicht erreichen
      älter: _____ + Verluste
   c) alte Menschen: _____

   ↓ Veränderung

8. **Notwendigkeit von Behandlung**
   a) immer Angst ohne sichtbaren Grund
   b) _____
   c) generell Angst vor _____

b Hören Sie noch einmal und ergänzen Sie die Mitschrift.

STRATEGIE | **Strukturiert mitschreiben**
Bei Mitschriften notiert man die wichtigsten Gedankenschritte, Informationen und Argumente aus einem Vortrag oder aus einem Lesetext. Die Informationen werden kurz und in Stichworten notiert. Grafische Mittel (Aufzählungen, Pfeile, Symbole ...) unterstützen die Struktur. Eine strukturierte Mitschrift hilft, den Text später zusammenzufassen und sich an die Informationen leichter zu erinnern.

c Stellen Sie sich gegenseitig Fragen zum Vortrag und antworten Sie mithilfe der Mitschrift.

● *Wozu brauchen wir Angst?*   ○ *Angst brauchen wir einerseits, um ...*   ▶ Ü 2–4

Gemischte Gefühle

4a Angst vor Entscheidungen. Stellen Sie sich vor, Sie müssen eine wichtige Entscheidung treffen. Entscheiden Sie mehr nach Gefühl oder mit dem Verstand?

b Lesen Sie den Zeitschriftenartikel. Welche Tipps finden Sie zum Thema „Entscheidungen"? Markieren Sie.

Soll ich? Oder soll ich nicht?

Bei der Arbeit, in Beziehungen oder einfach nur beim Shopping – manche Menschen können nur schwer Entscheidungen treffen.

Gründe gibt es dafür viele. Experten sehen ein besonderes Problem darin, dass wir heute einfach zu viele Möglichkeiten haben, zwischen denen wir wählen können. Damit laufen wir immer Gefahr, die schlechtere Variante gewählt zu haben. Dabei wollten wir doch das Beste. Wenn wir einkaufen gehen, dann wissen die Firmen und Geschäfte natürlich um unser Dilemma und sie versuchen, unsere Entscheidungen zu beeinflussen. Sie machen uns mit Schnäppchen oder limitierten Angeboten Druck. Dann ist schnell gekauft, was wir eigentlich gar nicht brauchen oder suchen. Hier gibt es jedoch schnelle Hilfe: Nehmen Sie den Druck weg. Suchen Sie nur nach dem, was Sie auch wirklich brauchen und haben möchten. Es zahlt sich am Ende aus, sich vorher zu überlegen, was man sich wünscht und was man will. So können Sie Ihre Entscheidungen viel selbstsicherer fällen und in Ihrem Interesse beeinflussen.

Viel größere Sorgen machen uns die großen Entscheidungen: Habe ich die richtige Ausbildung gewählt? Ist mein Geld gut in diese Wohnung investiert? Natürlich möchte man gerade hier die beste Entscheidung treffen und viele entwickeln große Angst vor möglichen Fehlentscheidungen. Denn, wer Fehler macht, der muss Kritik einstecken. Hier helfen vor allem zwei Dinge: Wissen und Selbstbewusstsein. Holen Sie alle nötigen Informationen vor wichtigen Entscheidungen ein. Das gilt für den Beruf und für größere Investitionen gleichermaßen. Lesen Sie entsprechende Bücher, recherchieren Sie im Internet, fragen Sie Experten und Freunde nach deren Rat.

Wenn Sie danach immer noch zweifeln, hilft Ihnen vielleicht die Erkenntnis, dass kaum eine Entscheidung in unserem Leben endgültig sein muss. Berufe kann man wechseln, Wohnungen lassen sich wieder verkaufen und die meisten Verträge können gekündigt werden. Fehler können dazu führen, sich bewusst zu machen, was man wirklich will und kann. Und mit diesem Selbstbewusstsein lassen sich neue, bessere Entscheidungen treffen.

Aber nicht nur unser Geist, sondern auch unser Gefühl beeinflusst unser Urteilsvermögen. Und diese Gefühle sollte man nicht ignorieren. So wie Ihnen die Schmetterlinge im Bauch zeigen, dass eine andere Person vielleicht der oder die Richtige sein könnte, so sagt Ihnen auch der berühmte Stein im Magen, dass eine Entscheidung für Sie persönlich nicht gut oder richtig ist – selbst, wenn sie vom Kopf her vernünftig wäre.

Wie auch immer Ihre Entscheidungen ausfallen: Am Ende zählt, dass Sie sie nach bestem Wissen und Gewissen gefällt haben.

▶ Ü 5

c Welche weiteren Tipps könnte man Menschen geben, die sich schwer entscheiden können?

5a Lesen Sie die E-Mail einer Freundin. Wozu möchte sie Ihren Rat?

Liebe/r ...,
ich hoffe, bei dir ist alles okay. Heute brauche ich mal deinen Rat.
Wie du weißt, bin ich mit meinem Job nicht mehr so richtig zufrieden und neulich hatte ich endlich ein sehr positives Vorstellungsgespräch bei einer anderen Firma. Die Bezahlung ist zwar nicht so gut, aber sie haben sehr interessante Projekte. Dabei wird viel Eigeninitiative und Kreativität gefordert. Die Ansprüche sind hoch, aber mir gefällt das. Es ist das komplette Gegenteil von meinem momentanen Job. Die Leute hier sind zwar nett und das Gehalt stimmt, aber die Arbeit ist einfach nur Routine. Ich lerne nichts Neues mehr. Natürlich wäre ein Jobwechsel nicht so leicht. Die neue Firma ist in Tübingen, was also eine Wochenendbeziehung mit Tim und drei Stunden Fahrt zu Freunden und Familie bedeutet. Soll ich den Job wechseln? Was meinst du?
Liebe Grüße
Susan

Fertigkeitstraining

9

Modul 4

b Schreiben Sie eine Antwort und geben Sie Susan einen Rat, wie sie zu einer Entscheidung kommen kann.

VERSTÄNDNIS ZEIGEN	SITUATIONEN EINSCHÄTZEN	TIPPS GEBEN
Ich kann gut verstehen, dass …	Welches Gefühl hast du, wenn du an … denkst?	Ich rate dir, …
Ich finde es ganz normal, dass …	Wie geht es dir bei dem Gedanken, …?	Du solltest …
Es ist verständlich, dass …	Was sagt … zu …?	Ich würde dir empfehlen, dass du …
	Wie würde … reagieren, wenn …?	Wie wäre es, wenn du …?
		Hast du schon mal über … nachgedacht?
		An deiner Stelle würde ich …

▶ Ü 6

6a Entscheiden mit dem Entscheidungsbaum. Was ziehen Sie am Ende an?

Sie stehen mal wieder vor dem Kleiderschrank und wissen nicht, was Sie anziehen sollen? Greifen Sie nicht einfach nach Lust und Laune zu, denn der Entscheidungsbaum hilft bei wichtigen Entscheidungen im Leben. Starten Sie mit der Frage „Musst du heute zur Arbeit?", entscheiden Sie immer mit Ja oder Nein.

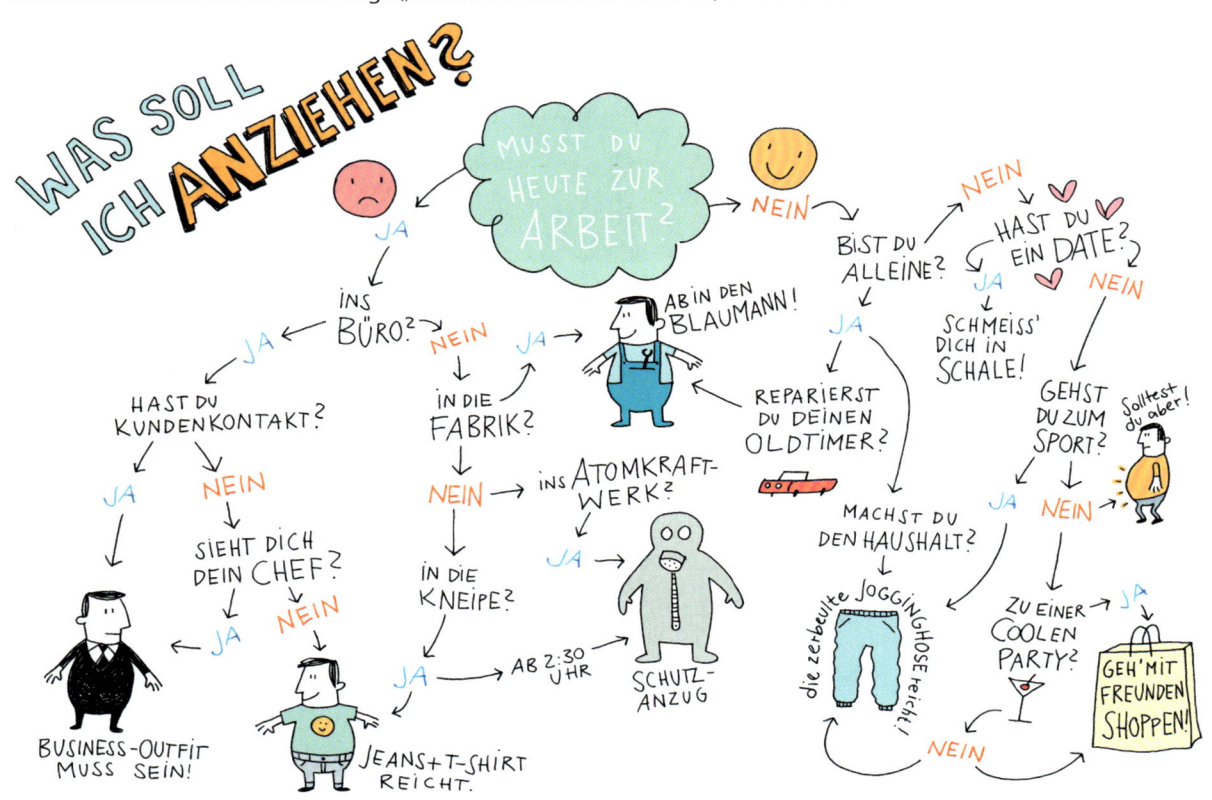

b Suchen Sie sich jetzt in Gruppen eine eigene Frage aus und schreiben, malen, basteln Sie gemeinsam einen Entscheidungsbaum auf einem Plakat.

Was soll ich zu Essen/Trinken bestellen?
Welches Hobby passt zu mir?

Wohin soll ich in den Urlaub fahren?
…

c Hängen Sie die Plakate auf. Welcher Baum gefällt Ihnen am besten?

Porträt

Heinrich Heine *(13. Dezember 1797–17. Februar 1856)*

Der „entlaufene Romantiker"

Christian Johann Heinrich Heine, als Harry Heine in Düsseldorf geboren, war einer der bedeutendsten deutschen Dichter und Journalisten des 19. Jahrhunderts. Heine verpackte Alltagssprache in Gedichte und gestaltete mit dem Feuilleton und dem Reisebericht eine für damalige Zeiten neue Kunstform. Als kritischer, politisch engagierter Journalist, Essayist und Satiriker hatte Heine viele Bewunderer, aber auch Feinde. Seine jüdische Herkunft und seine politischen Ansichten trugen zu seiner Rolle als Außenseiter in seiner Zeit bei.

Heinrich Heines Lebenslauf ist durch stetige Erfolge und Niederlagen gekennzeichnet: Nach dem Besuch einer Handelsschule und einem Volontariat in der Bank seines Onkels ermöglicht ihm dieser, ein Geschäft mit Stoffen zu führen. Doch schon bald ist dieses bankrott. Heine studiert daraufhin Rechtswissenschaften in Bonn, Göttingen und Berlin, was sein Interesse an Gesellschaft und Literatur weckt. Er lernt den romantischen Autor August Schlegel kennen oder hört Vorlesungen des Philosophen Georg Friedrich Wilhelm Hegel. Schließlich promoviert Heine 1824 in Göttingen, obwohl seine Studienzeit – auch wegen seiner jüdischen Herkunft – nicht immer einfach war. Um seine Arbeitschancen zu erhöhen, lässt er sich 1825 taufen und nennt sich danach Heinrich Heine. Vorteile bringt ihm dies jedoch nicht.

Heines Werk kann man in drei Phasen gliedern:
In seiner Jugend befasst er sich vor allem mit Lyrik. Seine Gedichte haben in dieser Phase deutliche Bezüge zur Deutschen Romantik. 1827 schreibt Heine das „Buch der Lieder", dessen Gedichte besonders populär wurden, weil sie Volksliedern ähnelten. Vertont wurden sie später von Robert Schumann und Franz Schubert. Liebe, die ungehört und unerfüllt bleibt, ist dabei immer wieder ein Thema. Zu viel Gefühl lehnt Heine aber ab und parodiert emotionale Übertreibung. Damit zieht er eine Grenze zur Romantik. Sich selbst bezeichnet er als den „entlaufenen Romantiker".

In der zweiten Phase seines Werks, in den 1830er- und 1840er-Jahren, widmet sich Heine vor allem Fragen zur Gesellschaft und ihrer Entwicklung. Er fordert, dass eine neue Zeit eine neue Literatur braucht. Schriftsteller sollten politisch Stellung nehmen. Er selbst schreibt Artikel, die die Leser begeistern, die Politiker aber verärgern, denn nach der französischen Julirevolution 1830 melden sich auch im Deutschen Bund immer mehr Stimmen, die mehr Liberalität und Gesetzesreformen fordern. 1835 wird das bisherige und zukünftige Werk von Heinrich Heine in den Ländern des Deutschen Bundes verboten. In dieser Zeit entsteht eine Vielzahl von satirischen Texten und Gedichten, die wegen der strengen Zensur oft nur verdeckt Gesellschaftskritik enthalten, darunter 1844 „Deutschland. Ein Wintermärchen".

Die dritte Schaffensperiode Heines ist überschattet von Krankheit und der Einnahme von starken Schmerzmitteln. Er liegt acht Jahre lang im Bett. Mythologische und historische Stoffe, aber auch die Beschäftigung mit Gott prägen sein Werk.

Heine stirbt 1856 in Paris und wird auf dem Friedhof Montmartre beerdigt. Er hinterlässt keine Kinder, jedoch seine Witwe Mathilde, die ihn um 25 Jahre überlebt. Kaum ein anderer Autor hat so viele Emotionen ausgelöst wie Heinrich Heine. Seine Leser hat er begeistert und verärgert, seine Heimat mit Liebe und Spott beschrieben.

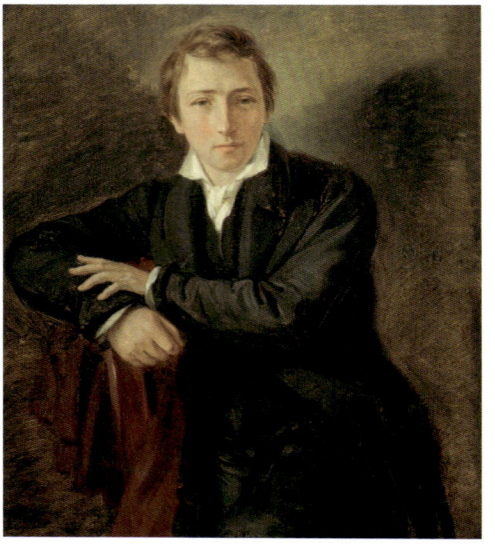

www Mehr Informationen zu Heinrich Heine.

Sammeln Sie Informationen über Persönlichkeiten aus dem In- und Ausland, die für das Thema „Emotionen und Gefühle" interessant sind, und stellen Sie sie im Kurs vor. Sie können dazu die Vorlage „Porträt" im Anhang verwenden.

Beispiele aus dem deutschsprachigen Bereich: Hermann Hesse – Anna Freud – André Heller – Erich Fried – Oskar Kokoschka – Andreas Bourani

Grammatik-Rückschau

1 Nominalisierung von Verben

Endung/Veränderung	Verb	Nomen
Verb ohne Endung (mit/ohne Vokaländerung)	abbauen wählen	der Abbau die Wahl
das + **Infinitiv**	erkennen	das Erkennen
die + **-ung**	entstehen wahrnehmen	die Entstehung die Wahrnehmung
der + **-er**	lernen	der Lerner
die/der + **-e** (mit/ohne Vokaländerung)	folgen helfen glauben	die Folge die Hilfe der Glaube
die/das + **-(t)nis**	erkennen erleben	die Erkenntnis das Erlebnis
die + **-(t)ion**	reagieren	die Reaktion

Der Körper **reagiert** auf Musik. → die **Reaktion** des Körpers auf Musik
Nominativ   Genitiv

Bei Verben mit Akkusativ wird die Akkusativergänzung auf zwei Arten umgeformt:
mit Artikelwort: *Musik **verändert** den Blutdruck.* → *die **Veränderung** des Blutdrucks durch Musik*
                          Nominativ   Akkusativ   Genitiv   durch + Akkusativ

ohne Artikelwort: *Musik **baut** Stress **ab**.*   → *der **Abbau** von Stress durch Musik*
                          Nominativ   Akkusativ   von + Dativ   durch + Akkusativ

2 Modalpartikeln

Modalpartikeln sind typisch für die mündliche Sprache. Man benutzt sie, um seine Ansichten, Absichten und Gefühle zu verstärken oder abzuschwächen. In Aussagesätzen stehen die Modalpartikeln meist hinter dem Verb. Die Bedeutung ist vom Kontext und von der Betonung des Satzes abhängig.

Satzart	Partikel	Bedeutung	Beispiel
Aussagen und Ausrufe	*aber*	Freundlichkeit	*Das ist aber schön, dich zu sehen.*
		Überraschung	*Der sieht aber sympathisch aus!*
	doch	Freundlichkeit	*Das mache ich doch gerne.*
		Empörung	*Das ist doch unmöglich!*
		Vorschlag/Ermunterung	*Komm doch mit ins Kino!*
	ja	Freundlichkeit	*Das ist ja nett.*
		Überraschung	*Du bist ja auch hier!*
		Empörung	*Das ist ja gemein!*
Aufforderungen, Aussagen, Fragen	*mal*	Aufforderung/Befehl	*Hilf mir mal!*
Fragen	*denn*	Freundlichkeit/Interesse	*Wie geht's dir denn?*
		Überraschung	*Sprecht ihr denn wieder miteinander?*

Manche Modalpartikeln haben eine ähnliche Bedeutung: *Dein Kleid ist **aber/ja** sehr schön!*

Musik macht klug

1 a Sammeln Sie in Gruppen alle Wörter, die Ihnen zum Thema „Musik" einfallen.

der Klang — Musik — der Musikstil
melodisch — entspannen

b Schreiben Sie die Sätze zu Ende und vergleichen Sie im Kurs.

> Meine Lieblingsmusik ist ...
> Ohne Musik ...
> Wenn ich Musik höre, ...
> Ich höre gern Musik, wenn ...

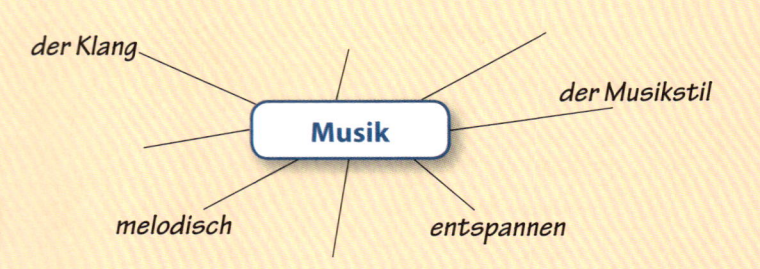

c Spielen Sie ein Instrument? Welches? Wann und wie haben Sie das Instrument erlernt? Falls Sie kein Instrument spielen: Welche Instrumente mögen Sie? Welches Instrument würden Sie gern spielen? Warum? Sprechen Sie zu zweit.

2 a Sehen Sie den Film. Um welche Themen geht es? Kreuzen Sie an.

Im Film geht es darum, ...
- ☐ 1. ... ab welchem Alter Kinder Klänge wahrnehmen.
- ☐ 2. ... wie man Musikpädagogin wird.
- ☐ 3. ... was Musikalität bedeutet.
- ☐ 4. ... was man durch Musik lernen kann.
- ☐ 5. ... wie Musik in der Schule unterrichtet wird.
- ☐ 6. ... wann Kinder ein Instrument erlernen sollten.
- ☐ 7. ... wie Eltern und Kinder zusammen Musik machen können.

Dorothée Kreusch-Jacob

b Ersetzen Sie die markierten Teile in den Sätzen durch die Wörter und Ausdrücke aus dem Film.

| in die Wiege gelegt | ausgereift | unbekümmert | begabend wirken | ganz Ohr sein |

1. Der Gehörsinn ist beim Menschen schon sehr früh vollständig entwickelt.
2. Ich mag klassische Musik und höre dann immer aufmerksam zu.
3. Musik macht nicht nur Spaß, sondern fördert auch andere Fähigkeiten.
4. Mein Sohn macht Musik spielerisch und ohne sich darüber Gedanken zu machen.
5. Manchen Menschen ist eine besonders große musikalische Begabung angeboren.

70

sehen | nachdenken | diskutieren | spielen | ...   **9**

3a Sehen Sie die erste Filmsequenz noch einmal. Korrigieren Sie die Aussagen.

1. Experten sagen, dass nicht alle Kinder Musik mögen.
2. Kinder sind erst ab einem gewissen Alter musikalisch.
3. Der Gehörsinn ist mit fünfzehn Monaten ausgereift.
4. Es ist wichtig, dass Kinder von Anfang an über Musik nachdenken.
5. Nur wenn man den richtigen Ton trifft, ist man musikalisch.

b Sehen Sie die zweite Filmsequenz noch einmal und machen Sie Notizen zu den folgenden Fragen.

- Was machen die Kinder im Film?
- Was kann man mit und durch Musik lernen?
- Wann ist der richtige Zeitpunkt, um ein Instrument zu erlernen?

c Wie wichtig finden Sie es, dass Kinder musikalisch gefördert werden? Kennen Sie ähnliche Angebote?

---

4 Arbeiten Sie zu zweit. Wählen Sie eine Situation. Sammeln Sie Argumente für Ihre Rolle. Spielen Sie dann den Dialog.

A Vater – Sohn (16)
Ihr Sohn hat viele Jahre lang Geige gespielt. Jetzt hat er andere Interessen, möchte lieber Sport machen, seine Freunde treffen und er spielt viel am Computer. Sie finden das sehr schade und versuchen ihn zu überzeugen, nicht mit der Musik aufzuhören.

B Mutter – Leiterin vom Kindergarten
Sie finden es sehr wichtig, dass Ihr Kind von klein auf musikalisch gefördert wird. Im Kindergarten Ihres Kindes wird aber fast nur Sport und sehr wenig Musik angeboten. Versuchen Sie, die Leiterin zu überzeugen, dass mehr für die musikalische Förderung der Kinder getan wird.

C Nachbar 1 – Nachbar 2
Sie wohnen in einer Wohnung in der Stadt. Die Kinder Ihres Nachbarn haben Klavierunterricht und üben sehr oft. Sie mögen Musik, aber das häufige Üben der Nachbarskinder stört Sie. Sprechen Sie mit Ihrem Nachbarn.

5 Welche Rolle spielt Musik in Ihrem Land? Zu welchen Gelegenheiten hört man Musik? Gibt es ein typisches Instrument oder eine besonders beliebte Musikrichtung? Erzählen Sie.

Ein Blick in die Zukunft

Sie lernen

Modul 1 | Über die Rolle und den Nutzen von Robotern in der Zukunft sprechen
Modul 2 | Einen Artikel über Zukunftsideen für den Gesundheitsmarkt zusammenfassen
Modul 3 | Ein Interview über „Berufe der Zukunft" analysieren
Modul 4 | Einen Beschwerdebrief schreiben
Modul 4 | Über Zukunftsszenarien in Büchern, Theater und Film sprechen

Grammatik

Modul 1 | Partizipien als Adjektive
Modul 3 | Konnektor *während*, Präpositionen mit Genitiv

1a Hören Sie das Hörspiel und ordnen Sie die Bilder in die richtige Reihenfolge.

b Erzählen Sie, was im Hörspiel passiert.

2 Wie sieht ein normaler Montagmorgen in der Zukunft aus? Schreiben Sie in Gruppen eine kurze Geschichte.

Roboterwelt

1 Beschreiben Sie die Bilder. Welche Aufgaben übernehmen die Roboter?

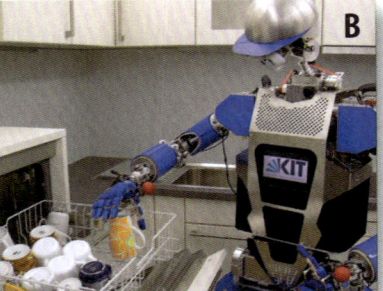

2a Arbeiten Sie zu zweit. Lesen Sie die Texte und formulieren Sie passende Überschriften.

1 _____
Prognosen zufolge wird in der Zukunft jeder zweite Job wegfallen, weil Menschen durch Roboter und Computer ersetzt werden. So können laut Experten viele Tätigkeiten von Robotern genauer und besser ausgeführt werden als von Menschen. Betroffen sind alle Branchen. Schwer zu ersetzen sind Berufe, bei denen Empathie, Verhandlungsgeschick oder Überzeugungskraft wichtig sind.

2 _Eine sichere Zukunft_
In einigen Jahren sind auf unseren Straßen selbstfahrende Autos unterwegs. Fast alle führenden Technikkonzerne arbeiten an Roboter-Autos. Allerdings können sich die meisten Autofahrer noch nicht vorstellen, die Kontrolle abzugeben. Ein einleuchtendes Argument für die neue Technologie ist aber die Sicherheit. Roboter lassen sich nicht ablenken, werden nicht müde und haben eine bessere Reaktionszeit.

3 _____
Mit dem Schweizer Projekt „Avatar Kids" wird Kindern geholfen, die aufgrund eines langen Krankenhausaufenthalts nicht in die Schule gehen können. Die Kinder werden durch einen Roboter vertreten, der mit seinen Augen den Unterricht auf ein Tablet überträgt. Die von den Robotern unterstützten Kinder nehmen so am Unterricht teil. Mit dem Tablet kann der Roboter auch gesteuert werden, sodass die kranken Kinder mit ihren Lehrern und Mitschülern interagieren können.

4 _____
Forscher glauben, dass im intelligenten Haus der Zukunft vermehrt Roboter eingesetzt werden. Ein selbstständig denkender und arbeitender Roboter hilft dann im Haushalt. Er räumt die Spül- und Waschmaschine ein und aus, kocht Kaffee und wärmt Essen auf und kann so besonders für ältere Menschen von Vorteil sein. Die Roboter können auch einen Notruf senden, wenn ein Bewohner zum Beispiel gefallen ist. Ein schnell ausgelöster Notruf kann so Menschenleben retten.

▶ Ü 1

b Wie beurteilen Sie die Einsatzmöglichkeiten der Roboter? Arbeiten Sie zu zweit und sammeln Sie Vor- und Nachteile für jeden Robotertyp aus 2a.

c Suchen Sie sich einen neuen Partner / eine neue Partnerin und sprechen Sie über Ihre Argumente aus 2b. Welchen Roboter finden Sie am besten?

ARGUMENTE AUSTAUSCHEN

Das stimmt zwar, aber …	Man darf aber nicht vergessen, dass …
Ich finde, ein weiterer Vorteil/Nachteil ist …	Vielleicht ist das so, aber …
Es gibt noch den Aspekt, dass …	Wie meinst du das genau?
Ein anderes Argument dafür/dagegen ist …	Deine/Ihre Argumente finde ich einleuchtend.
… ist sicherlich sinnvoll, da …	Das kann man zwar sagen, doch …
Man muss auch daran denken, dass …	Ich stimme dir/Ihnen zu, dass …

▶ Ü 2

Modul 1

3a Partizip I und II als Adjektiv. Verbinden Sie und ergänzen Sie die Regel.

1. In einigen Jahren sind auf unseren Straßen <u>selbstfahrende</u> Autos unterwegs.
2. Die von Robotern <u>unterstützten</u> Kinder nehmen am Unterricht teil.   Partizip I
3. Ein selbstständig <u>denkender und arbeitender</u> Roboter hilft im Haushalt.   Partizip II
4. Ein schnell <u>ausgelöster</u> Notruf kann Menschenleben retten.

> Partizipien können als _____ gebraucht werden. Wenn sie vor Nomen stehen, brauchen sie eine _____.

b Partizipien kann man durch Relativsätze wiedergeben. Lesen Sie die Beispiele und schreiben Sie sie um.

> **Bedeutung Partizip I**
>
> Aktive Handlungen oder Vorgänge, die gleichzeitig mit der Haupthandlung des Satzes passieren:
>
> 1. *In einigen Jahren sind auf unseren Straßen **selbstfahrende** Autos unterwegs.*
>
>   → *In einigen Jahren sind auf unseren Straßen Autos, **die selbst fahren**, unterwegs.*
>
> 2. *Ein selbstständig **denkender** und **arbeitender** Roboter hilft älteren Menschen.*
>
>   → *Ein Roboter, _____, hilft älteren Menschen.*
>
> **Bedeutung Partizip II**
>
> Meist passive Handlungen oder Vorgänge, die gleichzeitig mit oder vor der Haupthandlung des Satzes passieren:
>
> 3. *Ein schnell **ausgelöster** Notruf kann Menschenleben retten.*
>
>   → *Ein Notruf, **der** schnell **ausgelöst wird**, kann Menschenleben retten.*
>
> 4. *Die von Robotern **unterstützten** Kinder nehmen am Unterricht teil.*
>
>   → *Die Kinder, _____, nehmen am Unterricht teil.*
>
> 5. *Der auf der Messe **vorgestellte** Roboter wird in einigen Haushalten ausprobiert.*
>
>   → *Der Roboter, **der** auf der Messe **vorgestellt worden ist**, wird in einigen Haushalten ausprobiert.*
>
> 6. *Die gestern **eröffnete** Messe dauert noch drei Wochen.*
>
>   → *Die Messe, _____, dauert noch drei Wochen.*

▶ Ü 3

c Formen Sie die Relativsätze in Partizipialkonstruktionen um.

1. Roboter, die Emotionen zeigen, faszinieren viele Menschen.
2. Ein Roboter-Auto, das lange geplant worden ist, soll bald auf den Markt kommen.
3. Geräte, die von Robotern gebaut werden, haben oft weniger Defekte.
4. Forscher wollen Roboter, die eigenständig denken, entwickeln.

d Vor Partizipien können Erweiterungen stehen. Erweitern Sie die Partizipialkonstruktionen.

1. der sprechende Roboter
2. ein gebautes Auto
3. das präsentierte Modell
4. ein spielender Roboter

1. der sprechende Roboter – der drei Sprachen sprechende Roboter – der fließend drei Sprachen sprechende Roboter

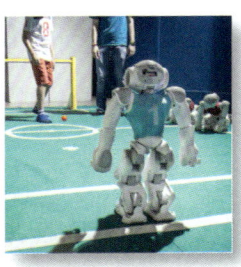

4 Was für einen Roboter würden Sie gern entwickeln? Was sollte er können? Was sollte er Ihnen abnehmen? Erzählen Sie.

Dr. Ich

1a Wozu braucht man diese Geräte? Erklären Sie.

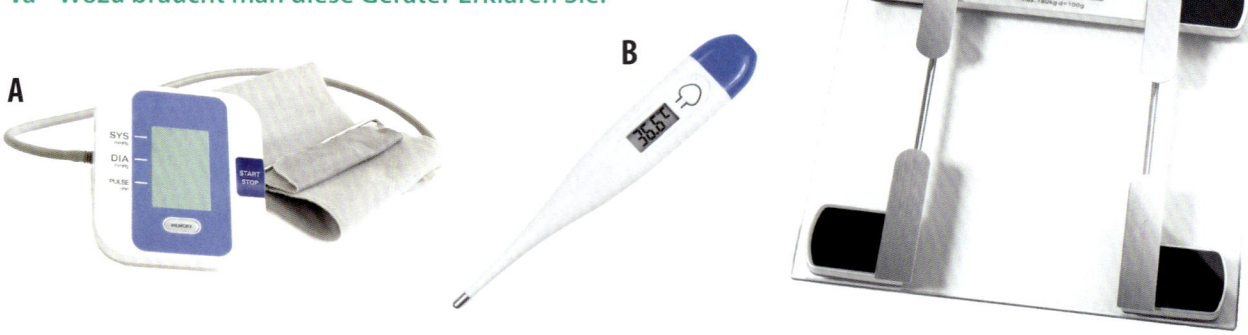

A B C

den Puls nehmen/messen	Körpertemperatur/Fieber anzeigen	etwas analysieren
eine Diagnose stellen	Blutdruck kontrollieren	wiegen	etwas diagnostizieren
steigenden/sinkenden Puls anzeigen	Werte anzeigen	Gewicht anzeigen

b Lesen Sie den ersten Abschnitt des Artikels. Wer ist „Dr. Ich" und was meint der Autor mit diesem Begriff?

Dr. Ich

Fast jeder kennt seine Körpergröße und sein Gewicht. Bei dem einen übertreiben, bei dem anderen untertreiben wir. Aber was wissen wir sonst über unseren Körper? Richtig. Fast nichts.
5 Die meisten Menschen haben nur ein medizinisches Gerät zu Hause. Es ist eine Erfindung von 1867: das Fieberthermometer. Wenn es um die Gesundheit geht, hinkt die Digitalisierung hinterher. Einige Unternehmen wollen das ändern, sie haben den Körper 10 als Geschäftsmodell entdeckt. Sie entwickeln Apps und Geräte, mit denen wir unsere Körper so einfach und regelmäßig checken sollen wie unsere E-Mails. Dahinter stehen zwei Gedanken. Erstens: Wer sein Leben vermisst, optimiert 15 es. Zweitens: Der Patient wird so mehr und mehr zu seinem eigenen Arzt. Wie weit ist diese Entwicklung schon?

2a Arbeiten Sie in drei Gruppen. Jede Gruppe wählt einen Abschnitt und notiert die wichtigsten Informationen.

BALD

20 Die Zukunft der Medizin ist aus weißem Kunststoff, hat einen Durchmesser von fünf Zentimetern und die Form 25 eines Eishockey-Pucks. *Scanadu Scout* heißt das Gerät, das die Technik eines Krankenhauses und das Wissen eines Arztes in einem Computer bün-
30 deln soll – so klein, dass er in die Hosentasche passt.

De Brouwer, Erfinder des Gerätes, behauptet, der *Scanadu Scout* könne die wichtigsten Körperdaten analysieren und an jedes Smartphone schicken. Man müsse ihn dafür nur zehn Sekunden lang auf die Stirn 35 richten. Ein Lichtsensor misst, wie viel Sauerstoff man einatmet. Der Beschleunigungssensor, wie weit sich der Brustkorb beim Atmen hebt, und eine kleine elektrische Platte unter den Daumen nimmt den Puls. Noch sind De Brouwer und sein Team nicht so 40 weit, aber eines Tages soll der Eishockey-Puck auch Diagnosen stellen können.

Modul 2

IN DREI BIS FÜNF JAHREN

Telemedizin – Für Dr. Heinrich Körtke ist sie ein Versprechen. Er glaubt, dass die Telemedizin helfen könnte, den Ärztemangel in Deutschland zu lindern.

Körtke leitet das Institut für angewandte Telemedizin (IFAT) in Bad Oeynhausen. Er hat ein Verfahren entwickelt, an dem in den vergangenen Jahren 8500 Patienten aus Ostwestfalen teilgenommen haben. Es ist simpel und vielleicht gerade deshalb so umstritten: Körtkes Patienten untersuchen sich selbst. Die Patienten prüfen regelmäßig ihre Werte und schicken sie an das Institut. Sie wählen dafür eine Nummer und halten ihre Messgeräte ans Telefon, die Daten werden dann automatisch gesendet. Die Ärzte an Körtkes Institut sind rund um die Uhr erreichbar. Sie sehen, wenn der Puls ihrer Patienten steigt oder der Sauerstoffanteil sinkt, und können dann die Medikamente besser einstellen oder den Hausarzt benachrichtigen.

In Deutschland verschreiben Ärzte noch keine telemedizinischen Therapien, weil die Krankenkassen nicht dafür aufkommen. Vor allem Hausärzte sträuben sich. Sie befürchten, die Telemedizin könnte ihnen die Wartezimmer leeren. Körtke sagt, er wolle die Ärzte nicht ersetzen. Er wolle ihnen helfen und die elektronischen Krankenakten der Patienten pflegen.

IN FÜNF BIS ZEHN JAHREN

Kämme, die unsere Haare zählen. Windeln, die melden, wenn sie voll sind. Die Frage ist nicht, ob diese Erfindungen auf den Markt kommen werden, sondern wann. Der Markt für »mHealth«, also für mobile Gesundheitsgeräte, wächst rasant. Glaubt man der Marktforschungsfirma Research and Markets, wurden 2013 bereits 4,8 Milliarden Euro für solche Geräte ausgegeben, 2018 sollen es mehr als 14 Milliarden Euro sein.

Dem Erfindungsreichtum der Forscher sind kaum Grenzen gesetzt. Schon jetzt gibt es Kontaktlinsen, die anhand der Tränenflüssigkeit den Blutzucker messen. Und Zahnbürsten, die sich über Bluetooth mit dem Smartphone verbinden und die Putzgewohnheiten auswerten.

Laut einer Umfrage des Branchenverbands Bitkom kann sich jeder fünfte Deutsche sogar vorstellen, sich einen Chip einpflanzen zu lassen, der seine Gesundheit überwacht. Wir müssten dann nicht mehr zum Arzt gehen – der Arzt würde sich bei uns melden, sobald er sieht, dass es uns schlecht geht.

---

b Arbeiten Sie zu dritt. Suchen Sie sich je einen Partner / eine Partnerin aus den beiden anderen Gruppen. Tauschen Sie Ihre Informationen aus 2a aus. Wenn etwas unklar ist, fragen Sie nach.

c Fassen Sie nun zu dritt den Artikel mithilfe Ihrer Notizen schriftlich zusammen.

STRATEGIE: Notizen für Zusammenfassungen nutzen
Machen Sie das Buch zu. Fassen Sie den Text mithilfe Ihrer Notizen mit Ihren eigenen Worten zusammen. Schreiben Sie nicht aus dem Text ab!

ZUSAMMENFASSUNGEN EINLEITEN	INFORMATIONEN WIEDERGEBEN	ZUSAMMENFASSUNGEN ABSCHLIESSEN
Der Text handelt von …	Im ersten/zweiten/nächsten Abschnitt geht es um …	Zusammenfassend kann man sagen, dass …
Das Thema des Textes ist …	Anschließend/Danach / Im Anschluss daran wird … beschrieben/dargestellt / darauf eingegangen, dass …	Als Hauptaussage lässt sich festhalten, dass …
Der Text behandelt die Frage, …	Ein wesentlicher Aspekt / Eine wichtige Aussage ist …	
	Der Text nennt folgende Beispiele: …	

▶ Ü 2

3 Was halten Sie von den angesprochenen Neuerungen aus dem Artikel? Welche Vor- und Nachteile sehen Sie? Diskutieren Sie im Kurs.

▶ Ü 3-4

Berufe der Zukunft

1a Welche Berufe kennen Sie, die es vor 30 Jahren noch nicht gab? In welchen Bereichen wird es in 30 Jahren vermutlich neue Berufe geben?

b Lesen Sie die Programmankündigung. Worum geht es in dem Radiointerview?

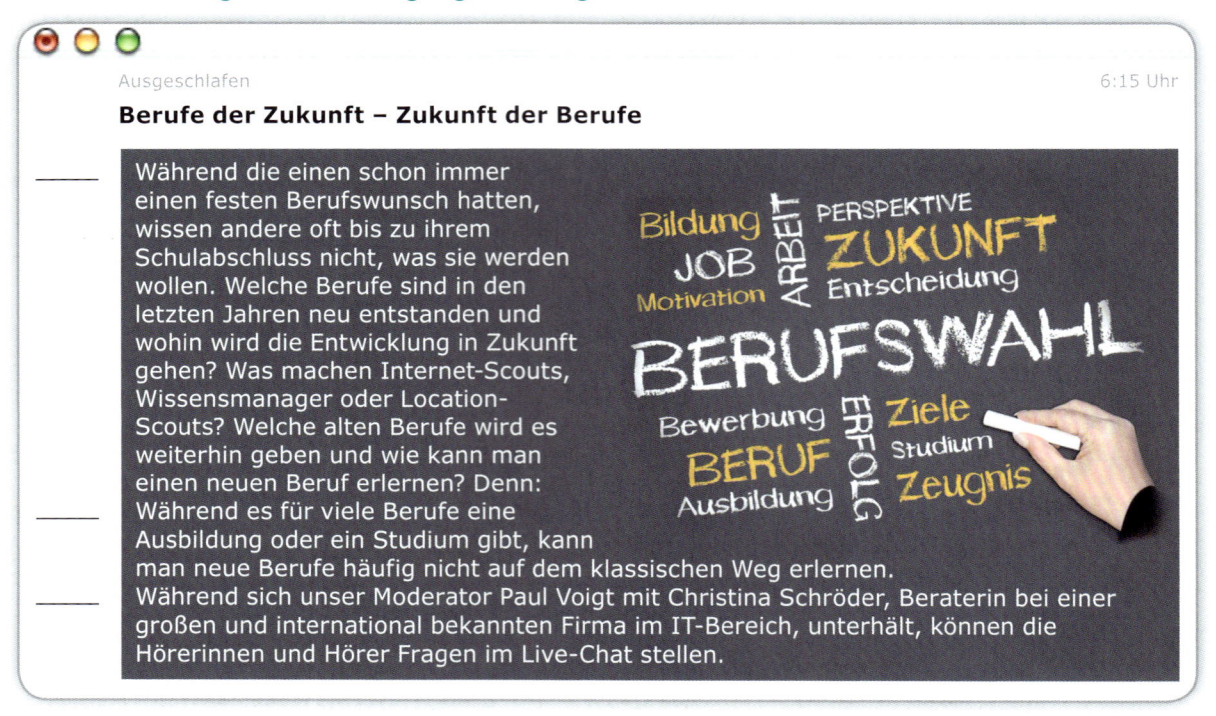

Ausgeschlafen   6:15 Uhr

Berufe der Zukunft – Zukunft der Berufe

_____ Während die einen schon immer einen festen Berufswunsch hatten, wissen andere oft bis zu ihrem Schulabschluss nicht, was sie werden wollen. Welche Berufe sind in den letzten Jahren neu entstanden und wohin wird die Entwicklung in Zukunft gehen? Was machen Internet-Scouts, Wissensmanager oder Location-Scouts? Welche alten Berufe wird es weiterhin geben und wie kann man einen neuen Beruf erlernen? Denn:
_____ Während es für viele Berufe eine Ausbildung oder ein Studium gibt, kann man neue Berufe häufig nicht auf dem klassischen Weg erlernen.
_____ Während sich unser Moderator Paul Voigt mit Christina Schröder, Beraterin bei einer großen und international bekannten Firma im IT-Bereich, unterhält, können die Hörerinnen und Hörer Fragen im Live-Chat stellen.

c Welche Bedeutung hat der Konnektor *während* im Text? Notieren Sie *t* für temporal (Zeit) oder *a* für adversativ (Gegensatz) am Rand.

d Bilden Sie für beide Bedeutungen von *während* Beispielsätze.
1. Während ich einen klassischen Beruf gelernt habe, …
2. Während ich in der Arbeit bin, …
3. Während meine Feunde für die Prüfung lernen, …

▶ Ü 1

🔊 3.32

2a Hören Sie nun den ersten Teil des Radiointerviews. Kreuzen Sie an.

1. Womit beschäftigt sich die Firma, in der Frau Schröder arbeitet?
   - [a] Mit der Entwicklung von Computern.
   - [b] Mit Kommunikationsmöglichkeiten.
2. Warum kann Frau Schröder Auskunft über aktuelle Entwicklungen auf dem Arbeitsmarkt geben?
   - [a] Sie ist für die Ausbildung von Studenten zuständig.
   - [b] In ihrem Arbeitsgebiet erfährt sie schnell von Änderungen im Berufsbereich.
3. Welche Probleme gibt es bei der Berufsausbildung?
   - [a] Neue Berufe entstehen so schnell, dass es dafür noch keine richtige Ausbildung gibt.
   - [b] Die Universitäten wollen ihre Studenten nicht auf die neuen Berufe vorbereiten.
4. Womit befassen sich viele neue Berufe?
   - [a] Mit Informationsbeschaffung.
   - [b] Mit Internetmanagement.

Modul 3

b Hören Sie den zweiten Teil des Interviews. Machen Sie Notizen zu den drei Berufen.

3.33

Internet-Scout	Wissensmanager	Location-Scout

c Kreuzen Sie an: Welche Aussagen geben Informationen aus dem Interview wieder?

☐ 1. Dank ihres Berufs ist Frau Schröder immer über die neuesten Entwicklungen informiert.
☐ 2. Innerhalb kürzester Zeit hat sich die Situation auf dem Arbeitsmarkt stark verändert.
☐ 3. Aufgrund der wachsenden Nachfrage haben neue Berufe oft mit Wissensbeschaffung zu tun.
☐ 4. Hochschulen konnten Studenten während der letzten Jahre gut auf neue Berufe vorbereiten.
☐ 5. Auch außerhalb der Hochschulen werden Ausbildungsangebote zu neuen Berufen entwickelt.
☐ 6. Infolge ihrer Recherchen können Internet-Scouts perfekt Veranstaltungen organisieren.
☐ 7. Innerhalb großer Firmen arbeiten Personen daran, Wissen für alle Mitarbeiter zugänglich zu machen.
☐ 8. Trotz der Veränderungen auf dem Arbeitsmarkt sind klassische Berufe weiterhin wichtig.
☐ 9. Wegen der immer komplexer werdenen Berufswelt ist Flexibilität eine wichtige Eigenschaft für Berufsanfänger.

3a Markieren Sie die Präpositionen mit Genitiv in 2c und ordnen Sie sie in die Tabelle.

Zeit	Ort	Grund/Folge	Gegengrund
		dank	

▶ Ü 2-3

b Rund um den Beruf. Bilden Sie Aussagen wie im Beispiel.

1. trotz (das hohe Gehalt)
2. wegen (der nette Chef)
3. dank (eine gute Ausbildung)
4. infolge (große Belastung)
5. innerhalb (die letzten Jahre)

problemlos einen Job finden
eine neue Stelle suchen
viele Mitarbeiter krank werden
Spaß an der Arbeit haben
neue Berufe entstehen

1. *Trotz des hohen Gehalts sucht er eine neue Stelle.*

4 Welche Berufe gelten in Ihrem Land als zukunftssicher? Welche spielen keine so wichtige Rolle?

Bei uns sind Berufe im Tourismus sehr zukunftssicher, denn ...

Meine Zukunft – deine Zukunft

1a Über die Zukunft sprechen. Was gehört zusammen? Ordnen Sie zu.

____ 1. Wer eine gute Ausbildung hat,
____ 2. Er *verbaut sich die Zukunft*,
____ 3. Man könnte viel Geld verdienen,
____ 4. Manche Entscheidungen hängen davon ab,
____ 5. Projekte, die schlecht geplant werden,
____ 6. Wenn man *die Zukunft vorhersagen* könnte,
____ 7. Wir sind frisch verheiratet und

a könnte man viele Probleme vermeiden.
b wenn man *einen Blick in die Zukunft werfen* könnte.
c hoffen auf *eine rosige Zukunft*.
d *haben keine Zukunft*.
e ob sie *in naher* oder *ferner Zukunft* liegen.
f *hat gute Aussichten für die Zukunft*.
g wenn er die Schule abbricht.

b Wählen Sie drei der kursiven Formulierungen aus 1a und bilden Sie eigene Sätze.

2a Hören Sie die Umfrage. Zu welcher Person passt welche Aussage? Kreuzen Sie an.

3.34–37

A B C D

Planen Sie die Zukunft?
1. Ich glaube, vieles passiert zufällig, und ich entscheide dann lieber spontan.
2. Die ferne Zukunft kann man nicht planen, weil man sich selbst auch verändert.
3. Obwohl alles anders gelaufen ist, als ich geplant hatte, bin ich zufrieden.
4. Konkrete Ziele zu haben, ist wichtig, um erfolgreich zu sein.

b Planen Sie alles im Leben oder lassen Sie die Dinge eher auf sich zukommen? Erzählen Sie.

3 Zukunftsvisionen. In welchen Bereichen wird sich in Zukunft viel ändern? Sammeln Sie in Gruppen Ideen und vergleichen Sie.

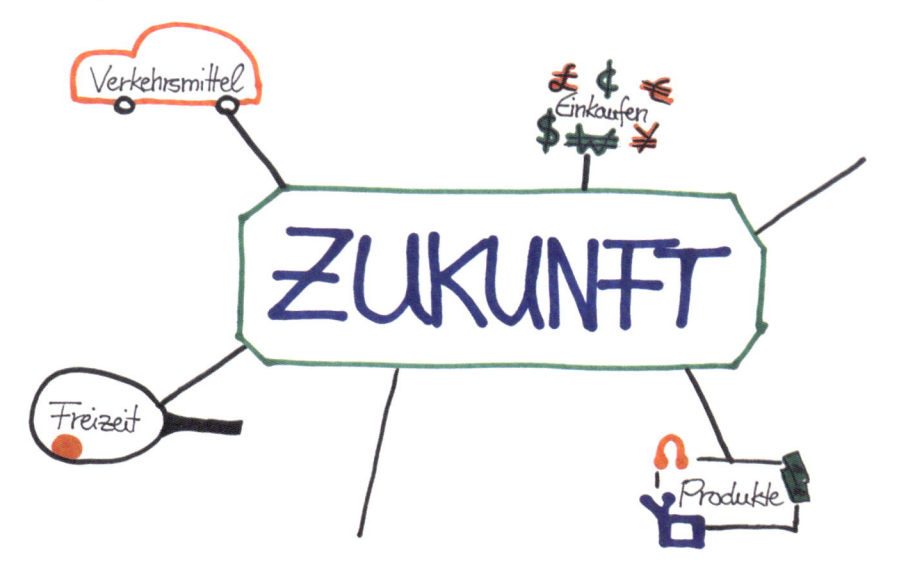

Verkehrsmittel — Einkaufen — ZUKUNFT — Freizeit — Produkte

80

Fertigkeitstraining

10

Modul 4

4a Lesen Sie die Forumsbeiträge zum Thema „Was bringt die Zukunft?". Um welche Themen geht es? Welcher Meinung stimmen Sie zu? Warum?

ichdenkmirwas.net

Forum › Zukunft

23.9. / 18:24 Uhr Bobi2025	Also, ich glaube, in der Zukunft wird sich vor allem das Lernen ändern. Wir werden hauptsächlich online lernen und nicht mehr in Schulen. Das virtuelle Klassenzimmer ist die Zukunft. Wir lernen auch nicht mehr aus Büchern, sondern beziehen unsere Informationen ausschließlich online. Der direkte Kontakt zu anderen wird fehlen. Dafür kann man dann lernen, wenn man Zeit hat und muss nicht mehr zu bestimmten Zeiten in einem Raum anwesend sein.
20.9. / 11:18 Uhr Müller089	Denke, der Arbeitsalltag wird sich noch mehr ändern. Fest angestellt werden in Zukunft nur noch wenige Menschen sein. Die meisten werden zeitlich beschränkte Verträge für bestimmte Projekte bekommen. Das wird viele Nachteile mit sich bringen, da die finanzielle Situation für viele Menschen dann sehr unsicher sein wird. Die Konkurrenz unter den Leuten wird noch stärker werden, weil man immer selbst dafür sorgen muss, dass man wieder einen Vertrag bekommt. Man muss sich also auch gut verkaufen können und das ist für viele Leute schwierig.
20.9. / 01:43 Uhr SusiSorglos	Meiner Meinung nach wird sich viel im Bereich der Verkehrsmittel ändern. In 50 oder 100 Jahren werden nur noch wenige Menschen ein Auto besitzen. Die Innenstädte werden für Privatautos gesperrt sein. Man wird nur noch mit öffentlichen Verkehrsmitteln fahren können, zu denen dann aber auch Autos, Motorräder, Fahrräder und Segways gehören. Man wird per Smartphone mit einem Klick wissen, welches Verkehrsmittel für welchen Weg das kostengünstigste, schnellste und energiesparendste ist, und dieses wird man an jeder Ecke der Stadt schnell und unkompliziert mieten können. Finde, das ist eine super Vorstellung.
17.9. / 08:59 Uhr Wiewo_:-)	Das Wohnen wird sich verändern. Einerseits wird man immer mehr moderne Häuser bauen, in denen Computer z. B. das Licht und die Raumtemperatur kontrollieren. Andererseits werden noch mehr Leute nach alternativen Wohnformen suchen, um der Anonymität der Großstädte zu entfliehen. Heißt, es wird mehr Generationenwohnprojekte und Ähnliches geben. Dort können die Leute unabhängig leben, ohne einsam zu sein.
12.9. / 16:07 Uhr Mil_lim	In der Zukunft werden wir kaum noch in Geschäfte gehen, sondern uns wirklich alles nach Hause liefern lassen, selbst die Einkäufe aus dem Supermarkt. Kann man ja jetzt schon machen, aber in ein paar Jahren wird das völlig normal sein. Da werden unsere Kühlschränke immer wissen, was wir brauchen, und es dann automatisch bestellen. Und wenn man einen Flug nach Spanien bucht, bestellt der Computer gleich die Sonnencreme und lässt sie nach Hause liefern.

SPRACHE IM ALLTAG

In SMS, E-Mails, kurzen Nachrichten oder Forumsbeiträgen lässt man oft das Subjekt weg.
Ich denke, dass ... → *Denke, dass ...*
Es kann sein, dass ... → *Kann sein, dass ...*
Ich komme auch. → *Komme auch.*

▶ Ü 1

b Schreiben Sie einen eigenen Forumsbeitrag zum Thema. Hängen Sie alle Beiträge auf und ordnen Sie sie thematisch. Oder legen Sie ein Online-Forum an. Welche Meinungen und Ideen gibt es? Diskutieren Sie.

81

Meine Zukunft – deine Zukunft

5a Lesen Sie die Werbeanzeige. Welche Erwartungen werden durch die Anzeige geweckt? Wo könnten Erwartungen enttäuscht werden?

---
2 Tage in Frankfurt
Besuchen Sie die Messe „Zukunft jetzt – Bilden, Wohnen, Arbeit, Technik"

Informieren Sie sich schon heute, was morgen aktuell ist.
1000 Aussteller aus aller Welt zeigen ihre Produkte, präsentieren ihre Ideen, informieren über neue Dienstleistungen.

Mit unserem sagenhaften Angebot haben Sie Zugang zu allen Messehallen und können alle Veranstaltungen der Messe besuchen.

Sie übernachten zwei Nächte in einem gemütlichen Hotel (mit Frühstücksbüffet) direkt am Messegelände. Am Ankunftsabend erwartet Sie außerdem ein kleiner Snack.

Buchen Sie noch heute unter
www.zukunftjetzt.biz oder *Zukunft jetzt –
Gelsenkirchener Str. 122 – 60311 Frankfurt*

Und das Ganze zum sagenhaften Preis von **350 Euro**!

---

b Ordnen Sie die Überschriften den Redemitteln zu und markieren Sie pro Rubrik eine Formulierung, die Sie in einem Beschwerdebrief verwenden würden.

eine Forderung stellen   Probleme schildern   Erwartungen beschreiben

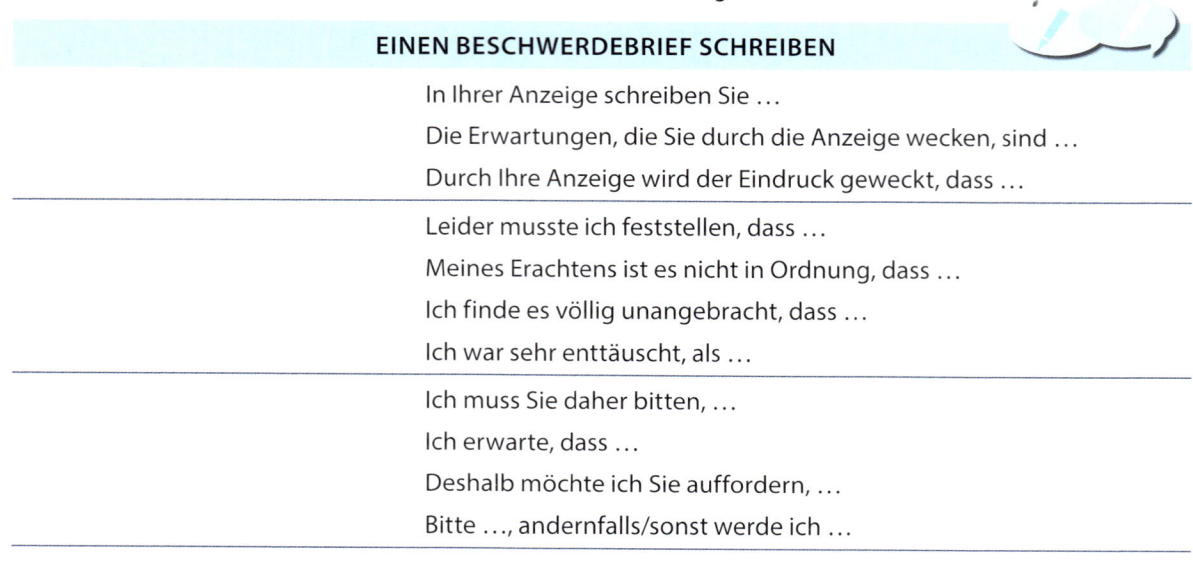

EINEN BESCHWERDEBRIEF SCHREIBEN
In Ihrer Anzeige schreiben Sie …
Die Erwartungen, die Sie durch die Anzeige wecken, sind …
Durch Ihre Anzeige wird der Eindruck geweckt, dass …
Leider musste ich feststellen, dass …
Meines Erachtens ist es nicht in Ordnung, dass …
Ich finde es völlig unangebracht, dass …
Ich war sehr enttäuscht, als …
Ich muss Sie daher bitten, …
Ich erwarte, dass …
Deshalb möchte ich Sie auffordern, …
Bitte …, andernfalls/sonst werde ich …

▶ Ü 2

P TELC

c Sie waren auf der Messe „Zukunft jetzt". Leider waren Sie überhaupt nicht zufrieden, weil vieles anders war, als in der Anzeige versprochen wurde. Schreiben Sie einen Brief an den Veranstalter, in dem Sie sich beschweren.

Behandeln Sie darin entweder
a) mindestens drei der folgenden Punkte   oder
b) mindestens zwei der folgenden Punkte und einen weiteren Aspekt Ihrer Wahl.

- Erklären Sie, was Sie nun vom Veranstalter erwarten.
- Beschreiben Sie Ihre Erwartungen nach Lektüre der Werbeanzeige.
- Beschreiben Sie, was Sie auf der Messe und im Hotel erlebt haben.
- Beschreiben Sie, was Sie tun, falls Sie keine Antwort bekommen.

Bevor Sie den Brief schreiben, überlegen Sie sich eine passende Reihenfolge der Punkte, eine passende Einleitung und einen passenden Schluss. Vergessen Sie nicht Ihren Absender, die Anschrift, Datum, Betreffzeile, Anrede und Schlussformel. Schreiben Sie mindestens 150 Wörter.

Modul 4

6a Welche Bücher, Filme oder Theaterstücke kennen Sie, die in der Zukunft spielen? Worum geht es darin? Erzählen Sie kurz.

Ihr kennt doch Star Wars, oder? Also, da geht es um …

b Arbeiten Sie zu dritt. Jeder liest einen Text. Was ist das Hauptthema? Geben Sie kurz den Inhalt Ihres Textes wieder.

Der Schwarm
Roman von Frank Schätzing

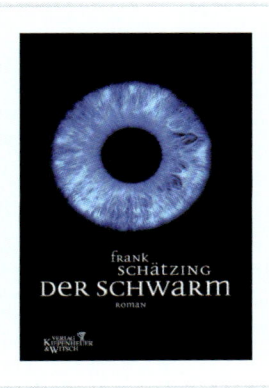

An verschiedenen Orten auf der ganzen Welt gibt es plötzlich immer mehr Angriffe aus dem Meer auf Menschen. Meerestiere zeigen ein anormales Verhalten, doch zunächst scheinen die Ereignisse ohne Zusammenhang zu sein. Schwimmer werden von Haien oder Quallen attackiert, Fischer verschwinden, Schiffe kentern, ohne dass die Ursache erkennbar ist. Die Situation gerät immer mehr außer Kontrolle. Ein Forschungsteam findet bald heraus, dass die Zwischenfälle mit einer bisher unbekannten Intelligenz aus den Meerestiefen zusammenhängen. Diese will die Menschen von den Meeren vertreiben oder vielleicht sogar ganz auslöschen. Um eine Katastrophe zu verhindern, begeben sich die Wissenschaftler auf eine Expedition.

Corpus Delicti
Theater von Juli Zeh

Die Biologin Mia Holl lebt in einer Welt, in der die Gesundheit das Wichtigste ist. Der Staat kontrolliert über einen Chip im Oberarm aller Bürger die Blutwerte; jeder muss Sport treiben, Alkohol und Rauchen sind verboten. Nur Menschen mit passendem Immunsystem dürfen heiraten. Mia, die dieses System eigentlich befürwortet, wird zum Zweifeln gebracht, als ihr Bruder wegen eines Verbrechens ins Gefängnis kommt und sich dort umbringt. Sie absolviert ihr Sportpensum nicht mehr, wird beim Rauchen erwischt und gibt ihre Ernährungsberichte nicht mehr ab. Sie muss mehrmals vor Gericht vorsprechen und schließlich kommt es zu einem Prozess, der die ganze Nation beschäftigt.

Fenster zum Sommer
Film von Hendrik Handloegten

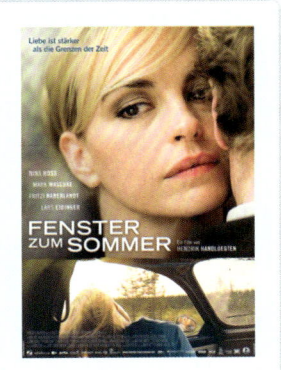

Es ist Sommer und Juliane hat gerade mit ihrer großen Liebe August ein neues Leben angefangen. Plötzlich wacht sie morgens auf und befindet sich wieder in der Vergangenheit. Es ist Februar, sie lebt unglücklich mit Philipp zusammen, von dem sie sich eigentlich schon längst getrennt hat. Die Gegenwart erlebt sie als Vergangenheit. Sie weiß immer schon vorher, was in der Zukunft passieren wird. Auch dass ihre Freundin Emily bei einem Unfall ums Leben kommen wird, weiß sie und will es verhindern. Außerdem muss sie unbedingt August wiedertreffen und die zufällig zustande gekommene Liebe ermöglichen. Was muss sie genauso machen wie vorher? Was kann sie ändern? Kann man die Zukunft überhaupt manipulieren oder ist sowieso alles Schicksal?

c Was finden Sie am interessantesten: den Roman, das Theaterstück oder den Film? Begründen Sie.

7 Entscheiden Sie sich für eine Aufgabe.

A Recherchieren Sie Informationen zu Frank Schätzing, Juli Zeh oder Hendrik Handloegten und präsentieren Sie die Person.
B Recherchieren und präsentieren Sie ein Buch, einen Film oder ein Theaterstück mit dem Thema „Zukunft".

Porträt

Die Fraunhofer-Gesellschaft

und Joseph von Fraunhofer (6. März 1787–7. Juni 1826)

Joseph von Fraunhofer, Physiker und Astronom

Die Fraunhofer-Gesellschaft

Die Fraunhofer-Gesellschaft ist in Europa die größte Organisation für anwendungsorientierte Forschung vor allem in den Bereichen Gesundheit, Sicherheit, Kommunikation, Mobilität, Energie und Umwelt.

Die Gesellschaft, die 1949 gegründet wurde, besteht aus zahlreichen Instituten. Ziel der Fraunhofer-Gesellschaft ist es, Forschung nach den Bedürfnissen der Menschen, zum direkten Nutzen für Unternehmen und zum Vorteil der Gesellschaft zu betreiben. Damit soll zu einer wirtschaftlich erfolgreichen, sozial gerechten und umweltverträglichen Entwicklung der Gesellschaft beigetragen werden. Viele Innovationen und Verfahren gehen auf Forschungen oder Entwicklungen in Fraunhofer-Instituten zurück. Eine der bekanntesten Fraunhofer-Entwicklungen ist das Audiodatenkompressionsverfahren MP3. Die Fraunhofer-Institute sind überaus aktiv. So meldete die Gesellschaft im Jahr 2013 733 neue Erfindungen, davon wurden 603 zum Patent angemeldet.

Joseph von Fraunhofer

Die Gesellschaft ist nach Joseph von Fraunhofer benannt, einem zukunftsweisenden Forscher, der am 6. März 1787 in Straubing in einfachen Verhältnissen geboren wurde. Seine Eltern starben sehr früh, sodass er schon mit zwölf Jahren Waise war. Von seinem Vormund wurde Joseph für eine Glaserlehre nach München geschickt. Dort wurde Joseph von Utzschneider (Mitinhaber des Mathematisch-Mechanischen Instituts) auf ihn aufmerksam und bot ihm einen Ausbildungsplatz in seinem Institut an.

Fraunhofers Begabung zahlte sich aus und mit nur 22 Jahren wurde er Leiter der Optischen Glashütte des Mathematisch-Mechanischen Instituts in Benediktbeuern. Nur fünf Jahre später leitete er das ganze Institut und weitere fünf Jahre später erhielt er eine Professur an der Bayerischen Akademie der Wissenschaften. Im Alter von nur 39 Jahren starb Joseph von Fraunhofer am 7. Juni 1826 an einer Lungenkrankheit. Er ging mit seinen Arbeiten als Physiker, Optiker und Astronom in die Geschichte der Naturwissenschaften ein.

www Mehr Informationen zur Fraunhofer-Gesellschaft und zu Joseph von Fraunhofer.

Sammeln Sie Informationen über Institutionen oder Persönlichkeiten aus dem In- und Ausland, die für das Thema „Zukunft" interessant sind, und stellen Sie sie im Kurs vor. Sie können dazu die Vorlage „Porträt" im Anhang verwenden.

Beispiele aus dem deutschsprachigen Bereich: Max-Planck-Institut – Lisa Kaltenegger – Thomas Südhof – Christiane Nüsslein-Volhard

Grammatik-Rückschau

1 Partizipien als Adjektive

Partizipien können als Adjektive gebraucht werden und geben dann nähere Informationen zu Nomen. Wenn sie vor Nomen stehen, brauchen sie eine Adjektivendung.

Bildung Partizip I als Adjektiv: Infinitiv + d + Adjektivendung
Bildung Partizip II als Adjektiv: Partizip II + Adjektivendung

Partizipien kann man durch Relativsätze wiedergeben:

Bedeutung	Beispiel	Umformung Relativsatz
Partizip I: aktive Handlungen oder Vorgänge, die gleichzeitig mit der Haupthandlung des Satzes passieren	In einigen Jahren sind auf unseren Straßen **selbstfahrende** Autos unterwegs.	In einigen Jahren sind auf unseren Straßen Autos, **die selbst fahren**, unterwegs.
Partizip II: meist passive Handlungen oder Vorgänge, die gleichzeitig mit oder vor der Haupthandlung des Satzes passieren	Ein schnell **ausgelöster** Notruf kann Menschenleben retten. Der auf der Messe **vorgestellte** Roboter wird in einigen Haushalten ausprobiert.	Ein Notruf, **der** schnell **ausgelöst wird**, kann Menschenleben retten. Der Roboter, **der** auf der Messe **vorgestellt worden ist**, wird in einigen Haushalten ausprobiert.

Vor Partizipien können Erweiterungen stehen:
der ausgelöste Notruf → der schnell ausgelöste Notruf → der schnell von Robotern ausgelöste Notruf

2 Konnektor *während*

Der Konnektor *während* leitet Nebensätze ein und kann zwei unterschiedliche Bedeutungen haben:

temporale Bedeutung (Zeit)	adversative Bedeutung (Gegensatz)
Während man studiert, kann man durch Praktika unterschiedliche Berufe kennenlernen.	**Während** einige schon früh einen festen Berufswunsch haben, probieren andere verschiedene Berufe aus.

3 Präpositionen mit Genitiv

Zeit	**Während** der letzten Jahre sind viele neue Berufe entstanden. **Innerhalb** kürzester Zeit hat sich der Arbeitsmarkt stark verändert. Weitere Präpositionen: *außerhalb, inmitten*
Ort	**Innerhalb** großer Firmen arbeiten meist mehrere Wissensmanager. **Außerhalb** der Hochschulen werden neue Ausbildungsangebote entwickelt. Weitere Präpositionen: *inmitten, unweit, jenseits*
Grund/Folge	**Wegen** der immer komplexer werdenden Berufswelt ist Flexibilität wichtig geworden. **Dank** einer guten Ausbildung hat er eine interessante Stelle gefunden. **Infolge** ihrer Recherchen können Location-Scouts perfekt Veranstaltungen organisieren. **Aufgrund** des großen Interesses werden Studienangebote zu neuen Berufen entwickelt. Weitere Präpositionen: *anlässlich, angesichts*
Gegengrund	**Trotz** der fehlenden Ausbildungsmöglichkeiten sind neue Berufe sehr beliebt.

Die Präpositionen *dank, trotz, während* und *wegen* werden in der gesprochenen Sprache auch mit Dativ verwendet: *wegen dem schlechten Wetter*

Vogelflug

1a Welche Tiere mögen Sie besonders gern? Erzählen Sie.

b Was ist für viele Menschen das Faszinierende an Vögeln?

2a Lesen Sie den Text. Wann fliegen die Kraniche wohin und warum?

> **Kraniche sind Zugvögel und gehen im Frühling und Herbst auf Reisen. Im Oktober/November starten sie ihren Flug nach Süden.**
>
> Die meisten Kraniche verbringen die Wintermonate in wärmeren Ländern wie Spanien oder Frankreich. Ende Februar / Anfang März kehren sie zurück in ihre Brutgebiete nach Skandinavien, Polen, in die baltischen Staaten oder nach Russland. Auf der anstrengenden Reise machen sie unter anderem Halt in Deutschland. Ein Teil der Kraniche bleibt auch zum Brüten in Deutschland.

Kranich beim Brüten

Kraniche auf ihrer Reise

b Was bedeuten die Wörter? Verbinden Sie.

1. das Zugverhalten
2. überwintern
3. zeitiger
4. das Revier
5. die Brut
6. die Vogelwarte
7. der Indikator

a das Brüten von Eiern
b eine Einrichtung zum Schutz und zur Überwachung von Vögeln
c ein festgelegter Bereich, in dem ein Tier lebt
d das Anzeichen für eine Entwicklung
e die kalte Jahreszeit in einem warmen Land verbringen
f früher
g wann Vögel auf welchen Strecken wohin fliegen

3 Sehen Sie die erste Filmsequenz und beantworten Sie die Fragen.

1. Was machen die Vogelforscher und warum?
2. Warum bleiben immer mehr Kraniche in Deutschland?
3. Worauf weist das veränderte Verhalten der Kraniche hin?

4 Sehen Sie die zweite Filmsequenz. Welche Veränderungen in der Vogelwelt werden beschrieben? Machen Sie Notizen und vergleichen Sie.

sehen | nachdenken | diskutieren | spielen | ...

10

5 Um den Wandel im Vogelverhalten nachzuweisen, müssen die Vögel genau beobachtet werden. Sehen Sie die dritte Filmsequenz und ergänzen Sie die Sätze.

> wohin die Vögel fliegen   viele Zugvögel
> der Ring wie ein Ausweis sein
> gute Indikatoren für die Klimaveränderung sein
> einen Ring mit einer Nummer bekommen

1. Forscher zählen jedes Jahr _____.
2. Wenn ein Vogel zum ersten Mal gefangen wird, _____.
3. Wenn der Vogel später wieder gefunden wird, _____.
4. So erfahren die Forscher, _____.
5. Vögel werden seit vielen Jahren beobachtet, deshalb _____.

6a Klimawandel. Was wissen Sie darüber? Was sind die Ursachen, was die Folgen? Sammeln Sie im Kurs.

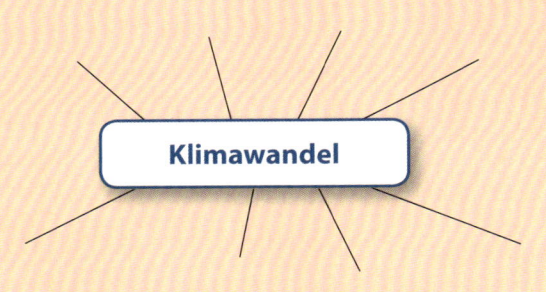

Klimawandel

b Was könnte jeder Einzelne gegen den Klimawandel tun? Bilden Sie Gruppen und recherchieren Sie Informationen. Formulieren Sie dann Vorschläge.

7 Arbeiten Sie zu zweit. Notieren Sie zuerst Argumente für Ihre Rollenkarten in Stichpunkten. Spielen Sie dann die Situation.

Person A
Sie sind der Überzeugung, dass jeder Mensch etwas gegen den Klimawandel tun kann. Wenn sich mehr Menschen umweltfreundlicher verhalten, macht das insgesamt viel aus. Je mehr Leute an die Umwelt denken, desto besser. Sie versuchen, Person B davon zu überzeugen und zu einem umweltfreundlicheren Verhalten zu bewegen.

Person B
Ihrer Meinung nach ist alles, was man als Einzelner tun kann, nicht besonders effektiv. Sie denken, die großen Unternehmen und der Staat sind für die Umwelt und den Klimawandel verantwortlich. Außerdem scheint Ihnen umweltfreundliches Verhalten sinnlos, solange in anderen Teilen der Welt gar nichts getan wird.

Fit für …

Diese Übungen bereiten Sie auf das Kapitel vor.

1a Lesen Sie die Forumsbeiträge zum Thema „Wie halten Sie sich fit?". Ergänzen Sie die Wörter.

| Leistungssport | gesünder | Fitnessprogramm | einlegen | Körper |
| Alltag | betätigen | Ernährung | abzubauen | Bedürfnisse |

Markus, 35, Redakteur

Im (1) _____ bleibt meist nicht viel Zeit, sich mit dem Thema „Fitness" zu beschäftigen. Oft stellt man die eigenen (2) _____ hinter Arbeit und Familie zurück. Wie ist das bei dir? Gehst du regelmäßig ins Fitnessstudio, um dich sportlich zu (3) _____ und auf diese Weise Stress (4) _____? Oder fordert dich dein Alltag ausreichend, sodass du kein (5) _____ mehr brauchst? Erzähl uns, wie du dich fit hältst, und erfahre, was andere dazu sagen.

Maria, 40, Büroangestellte

Ich halte mich mit Sport und gesunder (6) _____ fit. Mit Sport meine ich aber keinen (7) _____. Wenn ich manchmal im Freundeskreis höre, wie viele Kilometer man da gelaufen, geschwommen oder mit dem Rad gefahren ist, kann ich nur den Kopf schütteln. Sport – ja, aber in Maßen. Das Wichtigste ist, auf seinen (8) _____ zu hören. Man sollte lieber eine Pause mehr (9) _____ und statt 100 Prozent nur 80 geben. Das ist viel (10) _____ und macht mehr Spaß 😜.

b Schreiben Sie einen eigenen Forumsbeitrag zum Thema.

2a Lesen Sie die Begriffe. Welches Verb bzw. welche Wortgruppe passt nicht? Streichen Sie durch.

1. sich anstrengen – seine ganze Kraft aufbieten – nachlassen – alles geben
2. sich etwas aneignen – etwas lehren – etwas auswendig lernen – sich etwas einprägen
3. aktiv sein – hilfsbereit sein – unternehmungslustig sein – Sport treiben
4. trainieren – in Form bleiben – sich fit halten – sich erholen
5. etwas ausprobieren – etwas interessant finden – etwas versuchen – etwas testen
6. aufgeschlossen sein – interessiert sein – träge sein – offen sein

b Wählen Sie aus 2a fünf Verben bzw. Wortgruppen und schreiben Sie je einen Satz dazu.

Beim Joggen strenge ich mich immer besonders an, um meine Kondition zu verbessern.

_____
_____
_____
_____

3 In diesem Suchrätsel sind sieben Wörter versteckt. Ordnen Sie sie den Erklärungen zu.

W	Y	D	X	O	N	L	I	M	M	Q	C	E	A	U
I	S	I	O	D	P	Y	G	Y	C	A	Z	Q	P	G
X	O	G	A	B	L	T	G	J	K	U	N	D	H	E
P	F	C	F	X	C	Q	X	G	Y	S	W	L	L	D
M	W	E	I	T	E	R	B	I	L	D	U	N	G	Ä
W	E	T	T	B	E	W	E	R	B	A	L	P	V	C
J	F	I	N	K	D	Q	C	F	S	U	N	S	E	H
Z	M	A	E	L	H	T	X	V	E	E	C	P	A	T
D	J	O	S	Z	W	P	M	D	L	R	A	U	V	N
U	U	I	S	T	R	A	I	N	I	N	G	Z	L	I
K	O	N	K	U	R	R	E	N	Z	O	U	T	O	S

1. Das macht man, wenn man sein berufliches Wissen erweitern möchte: _ _ _ _ _ _ _ _ _ _ _ _

2. Das muss man trainieren, um nichts zu vergessen: _ _ _ _ _ _ _ _ _

3. Das ist die gute körperliche Verfassung: _ _ _ _ _ _

4. Das ist eine Veranstaltung, bei der Teilnehmende ihre Leistungen auf einem bestimmten Gebiet vergleichen: _ _ _ _ _ _ _ _ _

5. Das ist die Situation, die entsteht, wenn zwei oder mehrere Personen das gleiche Ziel erreichen wollen: _ _ _ _ _ _ _ _ _

6. Das ist das regelmäßige Absolvieren eines Sportprogramms zur Verbesserung der körperlichen Leistungsfähigkeit: _ _ _ _ _ _ _

7. Das ist die Fähigkeit, den Körper lange anzustrengen, ohne müde zu werden: _ _ _ _ _ _ _ _

4a Was ist gut für die Gesundheit, was eher nicht? Ordnen Sie zu.

Stress Fitness Alkohol Rauchen Ausdauertraining
Übergewicht Gesundheitscheck Gehirnjogging Bewegungsmangel Erholung

positiv	negativ
die Fitness	

b Ergänzen Sie ein passendes Nomen aus 4a. Es gibt mehrere Möglichkeiten.

1. mit dem _____ aufhören
2. etw. für seine _____ tun
3. _____ abbauen
4. ein _____ absolvieren
5. das _____ reduzieren
6. einen _____ machen lassen
7. unter _____ leiden
8. durch _____ das Gedächtnis trainieren

Fit für den Onlineeinkauf

1a Notieren Sie den Artikel und ergänzen Sie die Pluralendung.

1. _____ Bank, _-en___
2. _____ Kundenkonto, _____
3. _____ Ware, _____
4. _____ Zahlungsart, _____
5. _____ Versandhaus, _____
6. _____ Passwort, _____
7. _____ Überweisung, _____
8. _____ Bestellung, _____
9. _____ Rechnung, _____
10. _____ Händler, _____

b Ergänzen Sie in den Sätzen Nomen aus 1a.

1. Wenn man öfter in einem Versandhaus einkauft, lohnt sich ein _____.
2. Für den Login benötigt man ein _____.
3. Bevor man die _____ abschickt, muss man den Geschäftsbedingungen zustimmen.
4. Das Versandhaus bietet mehrere _____ an, z. B. das Bezahlen mit Kreditkarte.
5. Mit der bestellten Ware erhält man eine _____.
6. Nach Erhalt der _____ kann man den _____ bewerten.

2a Bezahlen im Internet. Ordnen Sie die Erklärungen den Bezahlarten zu.

1. _____ Vorkasse
2. _____ Nachnahme
3. _____ Kreditkarte
4. _____ Bezahlsystem-Anbieter
5. _____ Bankeinzug

A Dies ist die häufigste Form beim Einkaufen im Internet. Das liegt vor allem an der unkomplizierten Abwicklung. Der Käufer gibt bei der Bestellung die Nummer seiner Karte und die dazugehörige Sicherheitsnummer an. Der Verkäufer bucht das Geld ab und verschickt die Ware.

B Diese Bezahlmöglichkeit ist sehr bequem. Der Rechnungsbetrag wird direkt von Ihrem Bankkonto abgebucht. Sie müssen sich um die Begleichung der Rechnung nicht weiter kümmern.

C Bei dieser Bezahlmöglichkeit muss man bei der Bestellung keine Kreditkarten- oder Kontonummer angeben. Man bezahlt die Ware direkt und bar beim Postzusteller. Der Nachteil ist: Man bezahlt eine Gebühr.

D Bevor der Händler Ihre Bestellung verschickt, muss die Rechnung bezahlt werden, d. h.: zuerst das Geld, dann die Ware. Diese Art des Bezahlens ist für die Kunden die unsicherste, weil sie nicht wissen, ob die Ware nach der Bezahlung auch wirklich geliefert wird.

E Weil die Eingabe der Bank- bzw. Kreditkartendaten im Internet nicht immer sicher ist, wird man bei dieser Zahlmöglichkeit am Ende seiner Bestellung auf die Seite einer Bezahl-Firma weitergeleitet, bei der man seine Kontodaten hinterlegt hat. Diese Firma veranlasst die Abbuchung des Geldbetrags vom Konto des Käufers bzw. die Belastung der Kreditkarte.

b Erstellen Sie mithilfe der Texte eine Wortliste zum Thema „Onlineeinkauf".

> **TIPP** **Eine Wortliste erstellen**
> Schreiben Sie eine Wortliste, um wichtige Wörter und Ausdrücke eines Textes zu lernen. So können Sie vorgehen:
> 1. Welche Teilthemen spricht der Text an? Schreiben Sie diese Begriffe auf (z. B. *Kundenkonto anlegen, Bestellung aufgeben, bezahlen*).
> 2. Notieren Sie Nomen, Verben, Adjektive und Wendungen zu den Teilthemen aus dem Text (z. B. *die Ware, liefern, unsicher, ein Konto belasten*).
> 3. Notieren Sie zu diesen Wörtern grammatische Angaben (Artikel, Plural, …).

Modul 1

6

3 Online-Versand. Sehen Sie sich das Bild an. Beschreiben Sie dann die Stationen im Vorgangs- oder Zustandspassiv. Manche Wortverbindungen sind mehrfach zu verwenden.

| die bestellte Ware zusammenstellen | die Rechnung ausdrucken | die Ware kontrollieren |
| die Ware auspacken | die Ware verpacken | das Paket verschicken |

1. *Die bestellte Ware wird zusammengestellt.*
2. *Die bestellte Ware ist zusammengestellt.*
3. _____
4. _____
5. _____
6. _____
7. _____
8. _____
9. _____

91

Fit für den Onlineeinkauf — Modul 1

4 Ergänzen Sie in den Sätzen die Verben im Passiv mit *werden* oder *sein*.

Damit man beim Onlineeinkauf keine bösen Überraschungen erlebt, sollte man sich an ein paar wichtige Regeln halten:

Virenschutz

Wenn Ihr Computer nicht ausreichend (1) _____ _____ (Passiv mit *sein*), ist die Gefahr groß, dass auf Ihrem Rechner Schadprogramme (2) _____ _____ (Passiv mit *werden*). Durch diese Schadprogramme (3) _____ Passwörter und Kontodaten _____ (Passiv mit *werden*). Deshalb sollte das Virenschutzprogramm immer (4) _____ _____ (Passiv mit *sein*).

installieren   aktualisieren   schützen   kopieren

Informationen über den Händler

Wenn Sie bei einem unbekannten Händler einkaufen wollen, sollten Sie sich dessen Webseite genau ansehen:
(5) _____ der Name und die vollständige Anschrift des Händlers _____ (Passiv mit *sein*)?
Können die Allgemeinen Geschäftsbedingungen (6) _____ _____ (Passiv mit *werden*)?
Welche Informationen (7) _____ zum Datenschutz und zur Datensicherheit _____ (Passiv mit *werden*)?
Welche Angaben (8) _____ zum Widerrufsrecht _____ (Passiv mit *werden*)?

machen   angeben   einsehen   geben

Verschlüsselung der Daten

Achten Sie immer darauf, dass alle Daten verschlüsselt (9) _____ _____ (Passiv mit *werden*).
Dass die Daten (10) _____ _____ (Passiv mit *sein*), erkennen Sie daran, dass in der Adresszeile des Browsers nicht „http", sondern „https" steht.

verschlüsseln   übertragen

5 Zustandspassiv mit *sein*. Ergänzen Sie die Sätze.

1. *Die Arztpraxis* _____ ist ab 9:00 Uhr geöffnet.
2. _____ sind belegt.
3. _____ sind ausverkauft.
4. _____ ist reserviert.
5. _____ ist besetzt.

Fit am Telefon — Modul 2 — 6

1a Am Telefon. Was passt zusammen? Ordnen Sie zu. Manchmal gibt es mehrere Möglichkeiten.

1. eine Nummer	5. den Hörer	___ a auflegen	___ e warten
2. eine Nachricht	6. einen Anruf	___ b verbinden	___ f hinterlassen
3. auf einen Rückruf	7. jmd. mit einem Gesprächspartner	___ c durchstellen	___ g abhören
4. die Mailbox		___ d wählen	

b Ergänzen Sie die Ausdrücke aus 1a in der richtigen Form.

1. Frau Mai ist im Moment nicht da. Möchten Sie ihr eine _____ _____ ?

2. Ich habe ein paar Mal versucht, dich zu erreichen. Hast du denn deine _____ nicht _____ ?

3. Wir können jetzt nichts entscheiden. Wir müssen erst auf _____ von Herrn Bader _____ .

4. Ich wollte mich gerade verabschieden, aber er hatte den _____ schon _____ . Unhöflich, oder?

2 Ergänzen Sie den Dialog mit Redemitteln aus Modul 2, Aufgabe 3.

○ Firma Mühlendörfer. Mein Name ist Katrin Schmidtke. Was kann ich für Sie tun?

● (1) _____ Fiona Müller.
   (2) _____ Ihrer Anzeige im Tagblatt. Sie suchen jemanden für Büroarbeiten.

○ Ja, das ist richtig, für drei Nachmittage pro Woche. Haben Sie denn Erfahrung im Büro?

● Ja, ich habe neben dem Studium schon öfter in verschiedenen Büros gearbeitet, zuletzt bei Greinke und Co. Welche Arbeiten würden denn anfallen?

○ (3) _____ : Wir suchen jemanden für die Ablage. Aber Sie müssten auch einen Teil der Korrespondenz übernehmen. Und natürlich Telefonanrufe entgegennehmen … Was gerade so anfällt.

● Und Sie suchen jemanden für nachmittags, oder? Ginge auch mal ein Vormittag? Ich studiere ja noch und habe manchmal auch am Nachmittag Vorlesung.

○ Ja, darüber könnten wir sprechen. Das müsste eigentlich gehen.

● (4) _____ , wie es denn mit der Bezahlung aussieht?

○ Wie wäre es, wenn wir persönlich darüber sprechen? Kommen Sie doch einfach mal vorbei.

● Ja, sehr gerne. Wann würde es Ihnen denn passen?

○ Nächsten Dienstag um 15 Uhr? Melden Sie sich einfach am Empfang.

○ Schön, (5) _____ .

○ Gerne, auf Wiederhören.

● Auf Wiederhören.

93

Fit am Telefon — Modul 2

3 Am Telefon: Wie sagen Sie es höflicher? Kreuzen Sie an.

1. Jemand ruft bei Ihnen an und möchte Herrn Völkner sprechen. Bei Ihnen arbeitet kein Herr Völkner.
   - [a] Sorry, falsche Nummer!
   - [b] Da haben Sie sich leider verwählt.

2. Der Anrufer möchte Ihre Chefin sprechen, die aber gerade in einer Besprechung ist.
   - [a] Soll ich ihr was sagen?
   - [b] Kann ich ihr etwas ausrichten?

3. Jemand möchte Ihren Kollegen sprechen, der aber gerade Mittagspause macht.
   - [a] Tut mir leid. Herr Amann ist gerade nicht am Platz.
   - [b] Der ist jetzt nicht zu sprechen.

4. Sie haben zum wiederholten Mal versucht, Frau Walz zu erreichen, und sprechen schon wieder mit ihrer Sekretärin.
   - [a] Geben Sie mir mal die direkte Nummer.
   - [b] Könnten Sie mir die Durchwahl von Frau Walz geben?

5. Jemand möchte mit Herrn Peters verbunden werden, der jedoch gerade telefoniert.
   - [a] Da ist leider gerade besetzt.
   - [b] Das geht jetzt nicht.

4 Lesen Sie den folgenden Text. Leider ist der rechte Rand unleserlich. Rekonstruieren Sie den Text, indem Sie jeweils das fehlende Wort an den Rand schreiben.

Frauen telefonieren länger und häufiger

Jetzt ist es offiziell: Frauen telefonieren deutlich länger und häufiger	_als_	01
Männer. Das hat eine aktuelle Studie ergeben, die kürzlich im Auftrag	_eines_	02
großen Telefonanbieters durchgeführt	_____.	03
75 Prozent aller befragten Frauen gaben an, zwei- bis viermal täglich	_____	04
telefonieren. Gemeint sind hier allerdings nur Telefongespräche,	_____	05
zu Hause geführt wurden. Von den befragten Männern telefonieren nur		
61 Prozent so oft. Das zweite Ergebnis der Studie: Bei den Männern gibt	_____	06
deutlich mehr Wenigtelefonierer. 28 Prozent gaben an, nur zweimal	_____	07
Woche von zu Hause aus zu telefonieren.		
Als Wenigtelefonierer bezeichneten sich dagegen nur 14 Prozent	_____	08
Frauen. Auch bei der Gesprächszeit liegen die Frauen ganz klar	_____	09
Führung: Über 80 Prozent aller befragten Männer beenden ihre Gespräche	_____	10
höchstens fünf Minuten. Die befragten Frauen hingegen gaben an, dass		
64 Prozent ihrer Gespräche länger als eine halbe Stunde	_____.	11
Aus der Befragung geht allerdings nicht hervor, mit	_____	12
Frauen und Männer am häufigsten telefonieren.		

94

Fit für die Kollegen

Modul 3 — **6**

1. Bilden Sie mithilfe der Verben und Nomen vier Sätze zum Thema „Umgang miteinander am Arbeitsplatz".

| offen sein für   ~~klagen über~~ |
| die Basis sein für   sich bedanken bei |
| positive/negative Auswirkungen haben auf |
| zusammenarbeiten mit   klären   kritisieren |
| ansprechen   anerkennen   schätzen   gestalten |

| Leistung   Problem   Kollege   Arbeitsklima |
| Umgangston   neue Ideen   Tipps   Chef |
| ~~schlechte Kommunikation~~   Beziehungen |
| Firma   Beschäftigte   Zusammenarbeit |
| ~~Mitarbeiter~~   beruflicher Alltag   Vorschläge |

Oft klagen Mitarbeiter über schlechte Kommunikation am Arbeitsplatz.

2. Was hätten Sie anstelle Ihres Kollegen / Ihrer Kollegin gemacht? Was würden Sie tun? Schreiben Sie Sätze im Konjunktiv II der Gegenwart oder der Vergangenheit.

| sich zu Hause auskurieren   sich den Wecker stellen   rechtzeitig aus der Pause kommen |
| das tolle Angebot sofort annehmen   ans Meer fahren   darüber nachdenken |
| ~~den Termin in den Terminkalender eintragen~~   pünktlich Feierabend machen |

1. Mein Kollege hat einen wichtigen Besprechungstermin vergessen.
2. Meine Kollegin verlässt ihr Büro nie vor 20 Uhr.
3. Mein Kollege kommt oft zu spät, weil er verschläft.
4. Mein Chef kommt trotz Krankheit zur Arbeit.
5. Meine Kollegin hat letztes Jahr ihren Urlaub nicht genommen.
6. Meine Kollegin hat die neue Stelle abgelehnt.
7. Meine Kollegin macht ständig zu lange Mittagspause.
8. Meine Chefin hat unseren Vorschlag sofort abgelehnt.

1. *Ich hätte den Termin in den Terminkalender eingetragen.*
2. ___
3. ___
4. ___
5. ___
6. ___
7. ___
8. ___

Fit für die Kollegen

Modul 3

3 Lesen Sie die Situationen. Bilden Sie einen irrealen Vergleichssatz mit *als ob* oder mit *als*.

1. Unser Chef hat ein hohes Gehalt, aber er hat immer einen alten Anzug an.
   Er verdient zwar viel Geld, aber er ist gekleidet, … (arm sein).
2. Mein Kollege macht mir ständig Komplimente, aber er hat eine Freundin.
   Es sieht nicht so aus, … (eine glückliche Beziehung haben)
3. Meine Kollegin hat sich krank gemeldet, aber sie hat einen wichtigen Termin.
   Es scheint so, … (ernsthaft krank sein)
4. Mein Kollege will mir immer Aufgaben geben, aber er ist nicht mein Chef.
   Er tut immer so, … (etwas zu sagen haben)
5. Meine Kollegin macht ständig Fehler, aber lässt sich nicht helfen.
   Sie benimmt sich, … (keine Unterstützung brauchen)
6. Unser IT-Techniker hat den Fehler gefunden, kann ihn aber nicht beheben.
   Er tut aber so, … (alle Computerprobleme lösen können)

1. Er verdient zwar viel Geld, aber er ist gekleidet, als wäre er arm.

4 Ergänzen Sie die Sätze.

1. Du siehst heute so aus, als …
2. Nach diesem Wochenende fühle ich mich, als wenn …
3. Der Praktikant sah mich an, als ob …
4. Manchmal verhält sich Frau Braun so, als wenn …
5. Herr Klaus gibt oft so viel Geld aus, als …
6. Sie freute sich so, als ob …

5 Was bedeuten die bildhaften Vergleiche mit *als ob*? Markieren Sie das richtige Adjektiv.

1. Mein Kollege tut so, als ob er nicht bis drei zählen könnte.

   Er tut so, als ob er dumm / verrückt / verliebt wäre.

2. Mein Chef tut so, als ob er die Weisheit mit Löffeln gefressen hätte.

   Er tut so, als ob er hungrig / sehr klug / witzig wäre.

3. Meine Kollegin tut so, als ob sie kein Wässerchen trüben könnte.

   Sie tut so, also ob sie ängstlich / tapfer / unschuldig wäre.

6 Sie hören jetzt fünf kurze Texte. Dazu sollen Sie fünf Aufgaben lösen. Sie hören diese Ansagen nur einmal. Entscheiden Sie beim Hören, ob die Aussagen 1–5 richtig oder falsch sind.

	richtig	falsch
1. Der Computerservice ist täglich 24 Stunden erreichbar.	☐	☐
2. Die preiswertesten Karten kosten 49 €.	☐	☐
3. Technische Probleme soll man telefonisch klären.	☐	☐
4. Das Ticket für die Museumsnacht gilt auch für den öffentlichen Nahverkehr.	☐	☐
5. Frau Dr. Manke ist zurzeit im Urlaub.	☐	☐

Fit für die Prüfung

Modul 4

6

1a Rund um die Prüfung. Notieren Sie die Nomen mit Artikel und der Pluralendung.

| -sung | Nervo- | -stoff | Aufre- | -min | -plan | Wieder- | Lern- | -reitung | -holung | Lö- |
| nis | Leis- | Konzen- | Vorbe- | Ter- | -sität | -tung | Zeit- | -tration | Ergeb- | -gung |

der Lernstoff, -e _____

_____

_____

b Welche Wörter oder Ausdrücke bilden Gegensatzpaare? Notieren Sie.

gelassen   auf den letzten Drücker
allein   kein Wort herausbekommen
aufmerksam   vergessen   gemeinsam
durchfallen   unkonzentriert
rechtzeitig   flüssig sprechen
sich erinnern   bestehen   nervös

gelassen – nervös _____

_____

_____

c Ergänzen Sie die Sätze mit Wörtern oder Ausdrücken aus 1b.

1. Ich habe mit Freunden eine Lerngruppe gegründet, _____ lernen macht mehr Spaß!
2. _____ mit dem Lernen anzufangen, ist wichtig. Wenn man _____ _____ beginnt, kommt man nur unter Zeitdruck und wird total nervös.
3. Ich versuche, _____ zu bleiben und mir nicht selbst so viel Stress zu machen.
4. In der letzten mündlichen Prüfung war mein Freund so nervös, dass er _____ _____. Er konnte keine einzige Frage beantworten. Schrecklich, oder?
5. Wenn ich _____, mache ich die Prüfung einfach nächstes Jahr noch einmal.

2 Lesen Sie die Texte in Modul 4, Aufgabe 3b noch einmal und ergänzen Sie die Sätze.

1. Bevor man mit dem Lernen beginnt, sollte man …
2. Beim Zeitplan sollte man unbedingt beachten, dass …
3. Spätestens nach eineinhalb Stunden braucht man …
4. In den letzten Tagen vor der Prüfung …
5. Hobbys sollte man auch in der Lernphase pflegen, um …
6. Am Tag der Prüfung ist es wichtig, …
7. Die Fragen und Aufgaben sollte man …
8. Durch die mündliche Prüfung kommt man am besten, wenn man …

97

Fit für die Prüfung — Modul 4

3 Welche Redemittel passen wo? Ordnen Sie zu.

Ja, das klingt gut.   Ich würde es besser finden, wenn …   Gut, dann machen wir es so.
Dann können wir also festhalten, dass …   Aus diesem Grund würde ich vorschlagen, dass …
Wie wäre es, wenn, …?   Meinst du nicht, wir sollten lieber …   Ich würde … gut finden, weil …
Ich finde, wir sollten lieber …   Schön, dann einigen wir uns also auf …   Ich würde vorschlagen, dass …
Ich hätte einen anderen Vorschlag.   Ich könnte mir vorstellen, dass …

Vorschläge machen (und begründen)	widersprechen / einen Gegenvorschlag machen	sich einigen

Aussprache: Höflichkeit am Telefon

1 Hören Sie ein Telefonat mit dem Studenten David Meister, der sich nach einem Praktikumsplatz erkundigt. Was macht das Telefonat angenehm für die Gesprächspartner? Sammeln Sie zu zweit, was Ihnen zu Inhalt, Gesprächsverhalten und Stimme auffällt.

2a Hören und lesen Sie nun zwei weitere Telefonate. Welche Person wirkt unhöflich? Warum? Wählen Sie passende Beschreibungen aus.

A
○ Spedition Schmidt, guten Tag.
● Mein Name ist Kruse. Ich habe eine Frage zu meiner Rechnung.
○ Haben Sie die Rechnungsnummer?
● Entschuldigung … wo finde ich die denn?
○ Rechts oben auf der Rechnung.
● Ah, hier … R 1234 – U56.
○ Gut. Und was ist Ihre Frage?
● Sie haben meinen Umzug gemacht. Von Ihrer Firma waren zwei Mitarbeiter dabei. Aber hier stehen vier. Das kann doch nicht richtig sein, oder?

B
○ Bauer.
● Hallo, Herr Bauer, hier Fiedler, Ihr Vermieter.
○ Hallo, Herr Fiedler. Was gibt´s denn?
● Ich möchte mit Ihnen über Ihre Feier am Samstag sprechen.
○ Feier? Wieso?
● Es gab einige Beschwerden von den anderen Mietern …
○ Wegen Lärm? Die Musik war nicht laut.
● Naja, aber Sie haben die ganze Nacht mit 20 Leuten auf der Terrasse gesessen und …
○ Es ist doch Sommer …

1. Die Stimme wirkt gelangweilt.
2. Pausen drücken Ablehnung aus.
3. Die Person unterbricht.
4. Die Stimme wirkt aggressiv.
5. Die Stimme klingt genervt.

6. Die Person geht nicht auf den Gesprächspartner ein.
7. Die Stimme geht stark nach oben.
8. Wörter werden besonders stark betont.
9. Die Person hört nicht zu.

b Wählen Sie einen Dialog aus. Verändern Sie die Stimme und das Gesprächsverhalten so, dass die Aussagen höflicher klingen. Die Texte müssen Sie nicht ändern. Sprechen Sie dann die Dialoge zu zweit.

Selbsteinschätzung 6

So schätze ich mich nach Kapitel 6 ein: Ich kann …	+	○	−
… genaue Angaben in einer Ratgebersendung zum Thema „Onlineeinkauf" verstehen. ▶M1, A2a–c	☐	☐	☐
… in Telefondialogen beurteilen, was die Anrufer gut bzw. nicht so gut machen. ▶M2, A2a	☐	☐	☐
… in einem Radiointerview Ratschläge zum Telefonieren verstehen. ▶M2, A2b	☐	☐	☐
… kurze Stellungnahmen zum Thema „Beruf" verstehen. ▶M3, A2a	☐	☐	☐
… kurze Meldungen und Nachrichten verstehen. ▶AB M3, Ü6	☐	☐	☐
… persönliche Aussagen zum Thema „Prüfungsangst" verstehen. ▶M4, A2b	☐	☐	☐
… Informationen zu verschiedenen Bezahlmöglichkeiten verstehen. ▶AB M1, Ü2a	☐	☐	☐
… Tipps für den Umgang mit Kollegen am Arbeitsplatz verstehen. ▶M3, A1b	☐	☐	☐
… Aussagen in Texten zur Prüfungsvorbereitung verstehen. ▶M4, A3a	☐	☐	☐
… eine persönliche E-Mail verstehen. ▶M4, A4a, b	☐	☐	☐
… über Erfahrungen beim Onlineeinkauf sprechen. ▶M1, A1a, A2d	☐	☐	☐
… in Telefongesprächen Bezug auf den Gesprächspartner nehmen und sprachlich komplexe Situationen bewältigen. ▶M2, A4	☐	☐	☐
… über Prüfungsangst sprechen. ▶M4, A2c	☐	☐	☐
… in einem Gespräch einen Vorschlag begründen, dem Gesprächspartner widersprechen und zu einer gemeinsamen Entscheidung kommen. ▶M4, A5	☐	☐	☐
… detaillierte Informationen aus einem Text zur Prüfungsvorbereitung weitergeben. ▶M4, A3b	☐	☐	☐
… in einer E-Mail von eigenen Erfahrungen berichten und Tipps gegen Prüfungsangst geben. ▶M4, A4c	☐	☐	☐

Das habe ich zusätzlich zum Buch auf Deutsch gemacht (Projekte, Internet, Filme, Lesetexte, …):

Datum: _____ Aktivität: _____

Grammatik und Wortschatz weiterüben: interaktive Übungen unter www.aspekte.biz/online-uebungen2

Wortschatz

Modul 1 — Fit für den Onlineeinkauf

die Auswahl	der Preisvergleich, -e
die Bequemlichkeit	die Produktbeschreibung, -en
das Benutzerkonto, -konten	der Rechnungsbetrag, -¨e
der Datenschutz	die Versandkosten (Pl.)
der/die Konsument/in, -en/-nen	die Verschlüsselung, -en
die Kontodaten (Pl.)	das Virenschutzprogramm, -e
der Kreditkartenbetrug	das/der Virus, Viren
die Lieferzeit, -en	widerrufen (widerruft, widerrief, hat widerrufen)
der Mindestbestellwert	
das Passwort, -¨er	

Modul 2 — Fit am Telefon

ausführlich	unverbindlich
bezüglich	sich vergewissern
die Durchwahl, -en	vermeiden (vermeidet, vermied, hat vermieden)
das Hintergrundgeräusch, -e	

Modul 3 — Fit für die Kollegen

das Arbeitsklima	die Kommunikationsfähigkeit
die Auswirkung, -en	das Konfliktpotenzial, -e
befehlen (befiehlt, befahl, hat befohlen)	die Kritikfähigkeit
das Benehmen	menschlich
die Bereitschaft	schätzen
bestimmen	die Teamfähigkeit
bewirken	unangemessen
gestalten	undenkbar
hervorheben (hebt hervor, hob hervor, hat hervorgehoben)	die Wertschätzung
	wohlwollend
klagen	würdigen

Wortschatz 6

Modul 4 — Fit für die Prüfung

angeben (gibt an, gab an, hat angegeben) _____

bestehen (besteht, bestand, hat bestanden) _____

eingrenzen _____

einteilen _____

meiden (meidet, mied, hat gemieden) _____

die Prüfungsangst _____

schlimmstenfalls _____

der Stoff _____

verunsichern _____

Wichtige Wortverbindungen

einen Betrag erstatten _____

sich Mühe geben (gibt, gab, hat gegeben) _____

eine Nachricht hinterlassen (hinterlässt, hinterließ, hat hinterlassen) _____

sich eine Pause gönnen _____

etw. positiv entgegensehen (sieht entgegen, sah entgegen, hat entgegengesehen) _____

mit Problemen verbunden sein _____

durch eine Prüfung fallen (fällt, fiel, ist gefallen) _____

jmd. Respekt entgegenbringen (bringt entgegen, brachte entgegen, hat entgegengebracht) _____

einen Schaden ersetzen _____

sich einen Überblick verschaffen über _____

sich verbinden lassen mit (lässt, ließ, hat sich … lassen) _____

falsch verbunden sein _____

jmd. etw. zur Verfügung stellen _____

verloren gehen (geht, ging, ist gegangen) _____

jmd./etw. den Vorzug geben _____

Wörter, die für mich wichtig sind:

_____ _____ _____ _____
_____ _____ _____ _____
_____ _____ _____ _____
_____ _____ _____ _____

101

Kulturwelten

Diese Übungen bereiten Sie auf das Kapitel vor.

1 Welches Wort passt nicht in die Reihe?

1. Schloss – Burg – Gemälde – Villa
2. Aquarell – Ölbild – Ausstellung – Zeichnung
3. Pinsel – Bleistift – Rahmen – Spraydose
4. Roman – Filmvorführung – Konzert – Theateraufführung
5. Maler – Grafikerin – Zeichnerin – Artist

2a Wer macht was? Ordnen Sie zu. Manchmal passen die Ausdrücke zu mehreren Berufen.

auf das richtige Licht warten   ein Stück proben   den Pinsel auswaschen   ein Instrument stimmen   die Leinwand aufspannen   mit dem Computer arbeiten   Schminke auflegen   Skizzen anfertigen   Drehbücher lesen   Texte auswendig lernen   einen Text entwerfen   Motive auswählen   Farben mischen   Noten lesen   Fotos bearbeiten   sich Geschichten ausdenken   Szenen spielen

Fotograf/in	
Musiker/in	
Autor/in	
Maler/in	
Schauspieler/in	

b Wählen Sie einen Beruf aus 2a und beschreiben Sie ihn.

- Was macht man in diesem Beruf?
- Was benötigt man dazu?
- Was ist das Schöne an diesem Beruf?
- Welche Schwierigkeiten könnte es geben?

3a Ergänzen Sie die Beschreibung zu Bild A auf der Auftaktseite im Lehrbuch.

| ganz links | auf dem vorderen | hinter | unteren Drittel |
| zentrale | Hintergrund | rechten Bildrand | vor |

Die (1) _____ und wichtigste Figur ist ein Mann, der in der Größe eines Kindes dargestellt ist. Er ist auf dem Arm seines erwachsenen Sohnes, der ihn auf riesenhaften Händen trägt.

Am (2) _____ steht ein dritter Mann, der ein Foto macht.

Im (3) _____ sieht man zwei Tische, die (4) _____ dem Vater und dem Sohn stehen. (5) _____ Tisch stehen bunte Teelichter, eine Vase und zwei Schachteln. (6) _____ sieht man einen schwarzen Gegenstand. (7) _____ dem Tisch mit der Vase steht der zweite Tisch. Darauf erkennt man vier Kerzenflammen, die bei genauerem Hinsehen die Buchstaben „PARA" ergeben.

Der (8) _____ sieht aus wie eine graue Wand aus Beton.

b Finden Sie passende Ausdrücke in 3a und ergänzen Sie die Tabelle.

Ein Bild beschreiben

Wo? (Lage im Bild)	Was? (Beschreibung von Details)
im Vordergrund, im _____	schwarz-weiß, grau, _____
am oberen/unteren/_____/ linken Bildrand	… erinnert an …, … könnte man als … beschreiben, … hat die Form von …, wirkt traurig/wütend/ fröhlich …,
die Bildhälfte, das obere/untere _____	sieht man …, _____, _____
am Rand, im Zentrum	
_____, _____, über, unter, neben, rund um …	

4 Schreiben Sie eine Bildbeschreibung. Nutzen Sie auch Ausdrücke aus 3b.

Auf der Zeichnung sieht man ein Zimmer mit …

103

Weltkulturerbe

1 Bilden Sie Komposita.

1. Museums- / -museum
2. Besichtigungs- / -besichtigung
3. Denkmal- / -denkmal
4. Ausstellungs- / -ausstellung

~~Naturkunde~~	~~Nacht~~	Besuch
Schloss	Stadt	Termin
Schutz	Kultur	Natur
Räume	Kunst	Katalog

1. *das Naturkundemuseum, die Museumsnacht, …*

2 Lesen Sie den Text zum Thema „Weltkulturerbe". Kreuzen Sie an, ob die Aussagen richtig oder falsch sind.

Das Erbe der Welt

Was verbindet den Kölner Dom mit den Pyramiden Ägyptens, die tropischen Regenwälder von Sumatra mit der Namib-Wüste in Namibia oder die Inkastadt Machu Picchu in Peru mit dem Tadsch Mahal in Indien?

Sie alle sind Zeugnisse vergangener Kulturen, künstlerische Meisterwerke oder einzigartige Naturlandschaften. Ihr Untergang wäre ein
5 großer kultureller Verlust für die gesamte Weltgemeinschaft. Deshalb liegt es nicht allein in der Verantwortung einzelner Staaten, Kultur- und Naturdenkmäler zu schützen.
Diese Aufgabe hat die UNESCO (United Nations Educational, Scientific and Cultural Organization) 1972 übernommen. Die kulturelle Vielfalt
10 und das kulturelle Erbe der Welt sollen mithilfe verschiedener Programme bewahrt werden. Dazu hat das Welterbekomitee eine Liste des Welterbes erstellt. Diese Liste umfasst zurzeit ca. 1.000 Denkmäler in 161 Ländern.

Kölner Dom

Über die Aufnahme von Stätten in die Welterbeliste entscheidet allein das Komitee, das einmal jährlich zusammentrifft
15 und in dem Experten aus 21 Ländern vertreten sind. Es richtet sich dabei streng nach zehn Kriterien, die in einer Konvention festgelegt sind.
Ein Denkmal kann aus sehr unterschiedlichen Gründen zum Weltkulturerbe er-
20 nannt werden. Ein Bauwerk kann zum Beispiel aufgrund seines Baustils stellvertretend für eine bestimmte Zeit oder eine ver-
25 gangene Kultur stehen. Natürlich können auch die Architektur einer ganzen

Machu Picchu   *Namib-Wüste*

Stadt oder die Gestaltung einer Landschaft bestimmte Traditionen und Werte einer Epoche präsentieren. Wenn ein Land in der Welterbeliste vertreten ist, verpflichtet es sich dazu, die innerhalb seiner Grenzen gelegenen Welterbe-
30 stätten zu schützen und für zukünftige Generationen zu erhalten. Die anderen Mitgliedsstaaten tragen im Rahmen ihrer Möglichkeiten ebenfalls zum Schutz dieser Stätten bei.

	richtig	falsch
1. Für die bedeutenden Denkmäler sind nicht nur die jeweiligen Staaten alleine verantwortlich.	☐	☐
2. Die UNESCO fördert die Erhaltung von Denkmälern durch unterschiedliche Programme.	☐	☐
3. Die Mitgliedsstaaten der UNESCO entscheiden, welches Denkmal zum Welterbe wird.	☐	☐
4. Denkmäler müssen im Stil einer vergangenen Epoche gebaut sein.	☐	☐
5. Das in die Welterbeliste aufgenommene Land muss sich um die Erhaltung seiner Denkmäler kümmern.	☐	☐
6. Andere Mitgliedsstaaten unterstützen die Erhaltung der Denkmäler.	☐	☐

Modul 1 — **7**

3 Lesen Sie den folgenden Text und entscheiden Sie, welches Wort (a, b oder c) am besten in die Lücke passt, um einen sinnvollen Textzusammenhang herzustellen.

Welterbe Kulturlandschaft Oberes Mittelrheintal

Das obere Mittelrheintal umfasst den rund 65 km langen Abschnitt zwischen der alten Römerstadt Koblenz und den Städten Bingen und Rüdesheim. (1) _____ Gebiet entlang des Rheins repräsentiert eine (2) _____ schönsten Regionen Deutschlands. Viele Burgen, Schlösser und Festungen sind entlang des Rheinufers zu finden. Rund 40 (3) _____ Anlagen zwischen Koblenz und Bingen beweisen die strategische Bedeutung, (4) _____ der Rhein schon in früheren Jahrhunderten hatte. Schon (5) _____ war er so wichtig wie heute.

Der längste Fluss Deutschlands schlängelt sich dabei durch das Rheinische Schiefergebirge und fließt durch eine imposante Landschaft. An (6) _____ Ufern entlang des Rheintals wird Wein angebaut. Die Weinberge erstrecken sich über mehr als 100 km von Bingen bis unmittelbar vor Bonn. Am Mittelrhein herrscht ein gemäßigtes Klima. (7) _____ ist der Weinanbau möglich. Es gibt nämlich verhältnismäßig viele Sonnentage. Das Obere Mittelrheintal wurde im Jahr 2002 von der UNESCO zum Weltkulturerbe ernannt. Großartige Baudenkmäler haben sich (8) _____ in einer Fülle und Dichte erhalten, die in kaum einer anderen europäischen Kulturlandschaft zu finden sind. Mit seinen Weinanbaugebieten, seinen am Ufer zusammengedrängten Siedlungen und den vielen Burgen gilt das Rheintal in der ganzen Welt als Inbegriff einer romantischen Landschaft. Menschen aus aller Welt haben diese (9) _____ bereist. Literaten, Maler und Musiker haben sich von dieser Landschaft inspirieren lassen.

1. a) Diese
   b) Dieser
   c) Dieses

2. a) der
   b) des
   c) die

3. a) solche
   b) solcher
   c) solches

4. a) das
   b) der
   c) die

5. a) damals
   b) dann
   c) eben

6. a) seinem
   b) seinen
   c) seiner

7. a) Dadurch
   b) Damit
   c) Davon

8. a) dorthin
   b) hier
   c) hierhin

9. a) Fläche
   b) Gebiet
   c) Region

Weltkulturerbe

Modul 1

4 Formulieren Sie aus den Sätzen links einen zusammenhängenden Text. Lesen Sie dazu die Vorgaben rechts und ersetzen oder ergänzen Sie die unterstrichenen Ausdrücke links damit.

> **Die Sage von der Loreley**
> Der Sage nach saß ein blondes, langhaariges Mädchen namens Loreley auf einem Felsen am Rhein, kämmte ihr goldenes Haar und sang dabei eine wunderbare Melodie. Ihr Aussehen und ihr Gesang waren so bezaubernd, dass die Fischer auf dem Rhein zur Loreley hinaufsahen und deshalb ihre Schiffe auf die gefährlichen Riffe, Felsen und Untiefen des Rhein fuhren. Dabei kamen viele Fischer ums Leben.

Die Loreley
In der Abenddämmerung saß eine Jungfrau mit Namen Loreley auf einem Felsen am Rhein.

1. Sie sang mit einer wunderschönen Stimme, mit der sie alle verzauberte.

1. <u>Die Jungfrau</u> sang mit einer wunderschönen Stimme. <u>Mit dieser</u> <u>Stimme</u> verzauberte sie alle. — Personalpronomen / *mit* + Relativpronomen

2. Viele Fischer verunglückten mit ihrem Schiff an dem Felsen. Sie starben. <u>Sie achteten</u> nicht mehr auf ihr Schiff. — + *weil*

3. Einmal zeigte die Jungfrau einem jungen Fischer eine Stelle. <u>An dieser Stelle</u> konnte <u>der Fischer</u> viele Fische fangen. — *wo* / Demonstrativpronomen

4. Die Geschichte verbreitete sich bald im ganzen Land. Der Sohn des Grafen hörte <u>diese Geschichte</u> auch. Er wollte die wunderhübsche Jungfrau unbedingt sehen. <u>Er fuhr</u> sofort mit seinem Schiff los. — Personalpronomen / + *Aus diesem Grund*

5. Sein Schiff näherte sich dem Felsen. Auf <u>dem Felsen</u> saß die Loreley. <u>Sie kämmte</u> sich ihre langen Haare. — Relativpronomen / *und*

6. Der Grafensohn hörte ihre liebliche Stimme. <u>Ihre Stimme</u> verzauberte <u>den Grafensohn</u>. — *und* + *Gesang* / Personalpronomen

7. Er wollte deshalb an Land springen. <u>Er schaffte</u> es nicht und ertrank im Rhein. — *aber*

8. Der Graf war voller Schmerz und Zorn. <u>Der Graf</u> befahl, die Loreley zu töten. — *deshalb* + Personalpronomen

9. <u>Soldaten umstellten</u> den Felsen. Die Jungfrau sprang lachend in den Rhein. — *als*

10. <u>Die Jungfrau</u> wurde nie mehr gesehen. — Personalpronomen

106

Kunstraub — Modul 2 — 7

1 Sie hören nun eine Nachrichtensendung. Dazu sollen Sie fünf Aufgaben lösen. Sie hören die Nachrichtensendung nur einmal. Entscheiden Sie beim Hören, ob die Aussagen 1–5 richtig oder falsch sind.

	richtig	falsch
1. Nach schweren Gewittern in Hessen und Niedersachsen sind alle Schäden beseitigt.	☐	☐
2. Der Bürgermeister von Köln wird bei der nächsten Wahl nicht mehr antreten.	☐	☐
3. Ein Reisebus mit Schülern ist verunglückt.	☐	☐
4. Nigeria ist bei der Fußballweltmeisterschaft ausgeschieden.	☐	☐
5. Am Wochenende ist besonders in Süddeutschland mit vielen Staus zu rechnen.	☐	☐

2 Welche Wörter passen? Ordnen Sie zu. Manche Wörter passen mehrfach.

> der Räuber   der Gesetzesbrecher   der Schmuck   die Anwältin   der Einbruch   der Richter
> das Kunstwerk   die Spurensuche   das Urteil   der Dieb   das Gericht   der Goldbarren
> die Erpressung   die gestohlene Ware   der Hauptkommissar   die Komplizin   der Schatz
> die Strafe   ~~die Verdächtige~~   der Mandant   das Lösegeld   die Entführung   das Gemälde

Tat	Täter	Beute	Polizei/Justiz
	die Verdächtige		*die Verdächtige*

3 Schreiben Sie möglichst viele passende Nomen zu den Verben.

1. _einen Fall, ein Verbrechen, eine Tat, …_ _____ aufklären
2. _____ festnehmen
3. _____ stehlen
4. _____ erpressen

4 Spannend erzählen. Welche Alternativen passen? Ordnen Sie zu.

> (be)fürchten   brüllen   flüstern   einen Schreck bekommen   fluchen
> aufbrausen   vor sich hin nuscheln   schimpfen   schreien
> toben   verängstigt sein   murmeln   zusammenzucken   tuscheln

- wütend/verärgert sein
- leise sprechen
- erschrecken / Angst haben

107

Kunstraub

Modul 2

5a Was denken oder sagen die Leute? Ergänzen Sie den Comic.

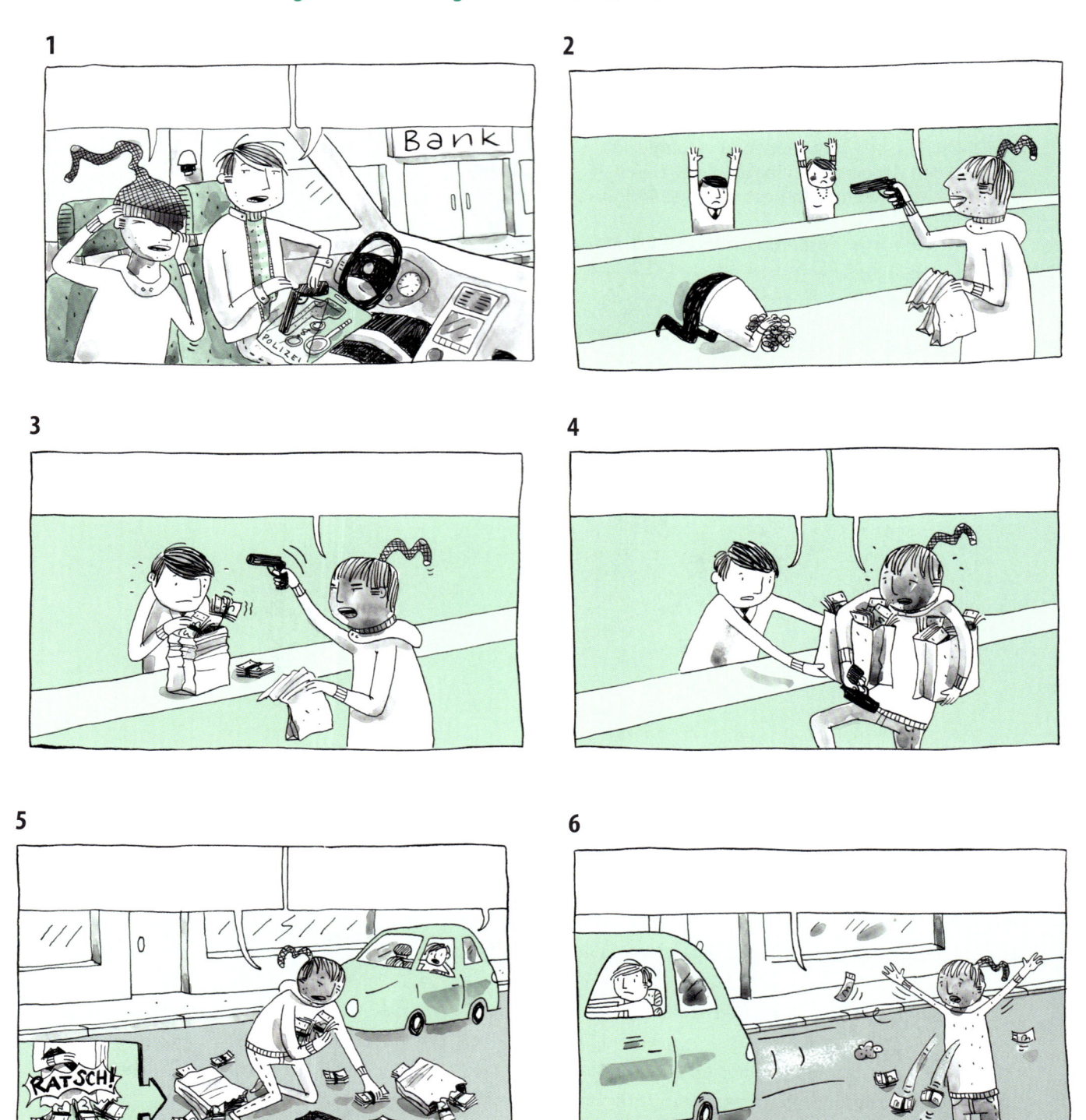

b Wird der Bankräuber gefasst oder entkommt er? Was passiert mit seinem Komplizen? Erzählen Sie die Geschichte zu Ende.

Sprachensterben

Modul 3

7

1a Fassen Sie die wichtigsten Informationen der Grafik schriftlich zusammen. Wählen Sie geeignete Redemittel aus der Übersicht..

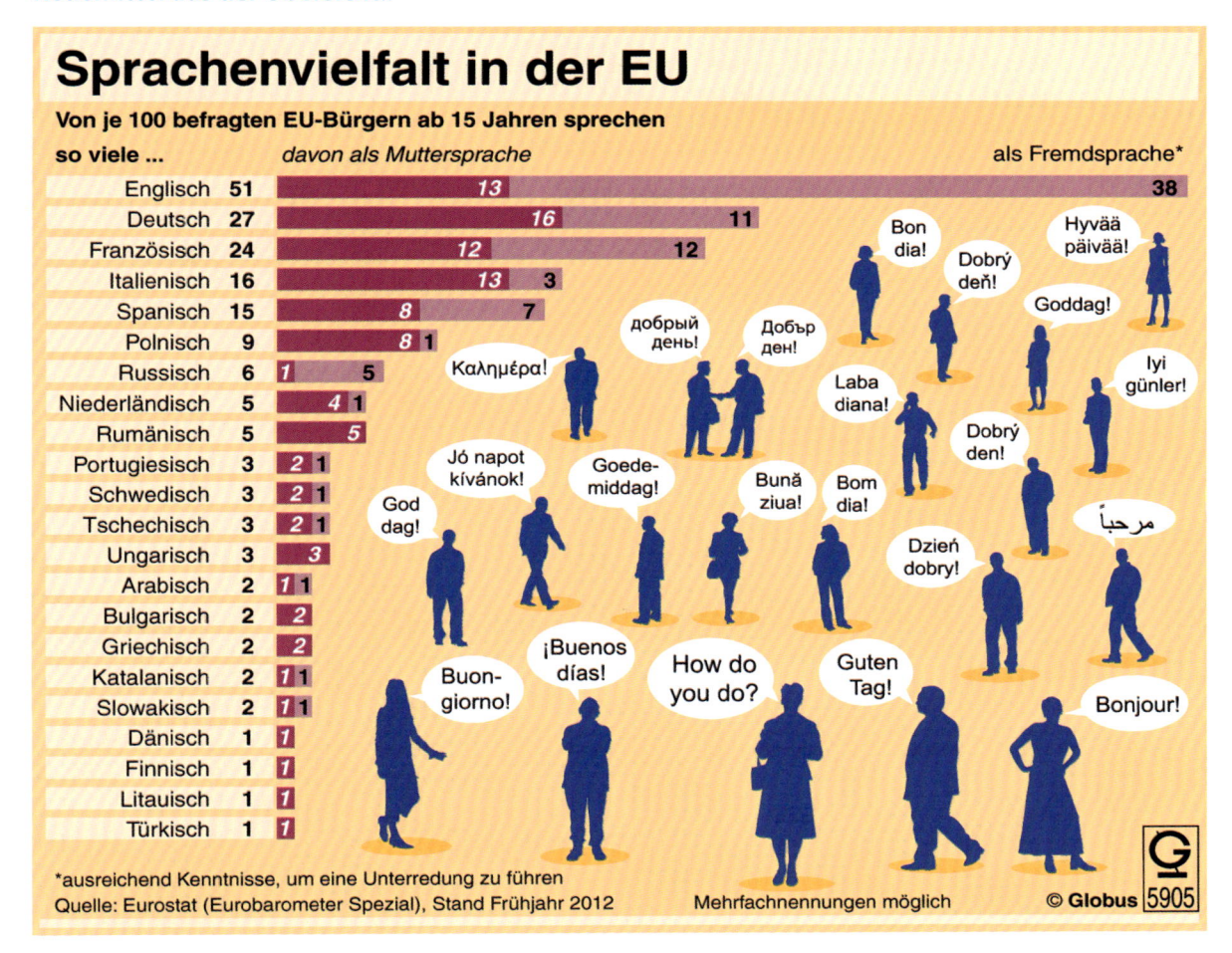

Sprachenvielfalt in der EU

Von je 100 befragten EU-Bürgern ab 15 Jahren sprechen
so viele ... davon als Muttersprache — als Fremdsprache*

Sprache	Gesamt	Muttersprache	Fremdsprache
Englisch	51	13	38
Deutsch	27	16	11
Französisch	24	12	12
Italienisch	16	13	3
Spanisch	15	8	7
Polnisch	9	8	1
Russisch	6	1	5
Niederländisch	5	4	1
Rumänisch	5	5	
Portugiesisch	3	2	1
Schwedisch	3	2	1
Tschechisch	3	2	1
Ungarisch	3	3	
Arabisch	2	1	1
Bulgarisch	2	2	
Griechisch	2	2	
Katalanisch	2	1	1
Slowakisch	2	1	1
Dänisch	1	1	
Finnisch	1	1	
Litauisch	1	1	
Türkisch	1	1	

*ausreichend Kenntnisse, um eine Unterredung zu führen
Quelle: Eurostat (Eurobarometer Spezial), Stand Frühjahr 2012
Mehrfachnennungen möglich
© Globus 5905

Eine Grafik beschreiben

Thema der Grafik ist ... / Die Grafik zeigt ...

Die Angaben werden in Prozent gemacht.

Die Grafik stammt von ... / aus dem Jahr ...

In der Grafik wird/werden ... verglichen/unterschieden.

Im Vergleich zu ... / Verglichen mit ...

Im Gegensatz/Unterschied zu ...

Die Zahl der ... ist wesentlich/erheblich höher/niedriger als die Zahl der ...

Es ist festzustellen, dass ...

Die meisten/wenigsten ...

Am meisten/wenigsten ...

An erster/letzter Stelle ... steht/stehen ...

Auffällig/Bemerkenswert/Überraschend ist, dass ...

Die Grafik zeigt, welche Sprachen in der Europäischen Union gesprochen werden.

> **TIPP** **Eine Grafik beschreiben**
> Nennen Sie Titel, Thema und die wichtigsten Daten der Grafik. Nennen Sie Extremwerte und zählen Sie nicht alle Details auf. Geben Sie die Zusammenfassung gut strukturiert wieder. Man muss die Informationen verstehen können, auch wenn die Grafik nicht vorliegt.

b Tauschen Sie Ihre Texte mit einem Partner / einer Partnerin. Vergleichen Sie, welche Inhalte und Formulierungen er/sie gewählt hat.

Sprachensterben — Modul 3

2 Bilden Sie Modalsätze mit *dadurch, dass* …

1. Sprachen entwickeln sich ständig – sie verändern sich
2. einige Sprachen verlieren an Bedeutung – weniger Menschen lernen diese Sprachen
3. Latein wird nach wie vor in den Schulen gelernt – es nimmt eine besondere Stellung ein
4. Latein spielt in der Kirche und der Medizin eine wichtige Rolle – es ist nicht vom Aussterben bedroht

1. *Dadurch, dass sich Sprachen ständig entwickeln, verändern sie sich.*
2. _____
3. _____
4. _____

3 Wie kann man eine Sprache retten? Bilden Sie Sätze mit *indem*.

1. weitergeben / Eltern / ihre Sprache / an die Kinder
2. fördern / Minderheitensprachen / der Staat
3. erhalten / Traditionen und Bräuche / in ihrem Sprachgebiet / die Leute
4. unterrichten / Kinder / in der Schule / in dieser Sprache / man
5. man / nutzen / die Sprache / auch im beruflichen Kontext
6. lesen und schreiben lernen / Kinder / zuerst / in ihrer Muttersprache

Eine Sprache kann gerettet werden, …

1. *Eine Sprache kann gerettet werden, indem Eltern ihre Sprache an die Kinder weitergeben.*
2. *…, indem der Staat …*

4 Ein Projekt gegen das Sprachensterben. Bilden Sie Modalsätze.

1. Sprachwissenschaftler haben das Projekt „Dokumentation bedrohter Sprachen" ins Leben gerufen. Sie haben den Kampf gegen das Sprachensterben aufgenommen. (dadurch, dass)
2. Ihr Ziel wollen sie realisieren. Sie dokumentieren weltweit bedrohte Sprachen. (indem)
3. Es gibt oft keine Buchstaben. Man muss zuerst das Lautsystem beschreiben. (dadurch, dass)
4. Forscher sind in der Lage, eine Sprache zu erfassen. Sie leben bei den Menschen, die diese Sprache sprechen. (indem)
5. Man erfasst zuerst wichtige Nomen und Verben. Ein Grundwortschatz wird erstellt. (dadurch, dass)
6. Viele Alltagssituationen werden festgehalten. Man filmt sie. (indem)
7. Beschreibungen bedrohter Sprachen können erstellt werden. Man wertet diese Aufnahmen aus. (indem)

1. *Dadurch dass Sprachwissenschaftler das Projekt „Dokumentation bedrohter Sprachen" ins Leben gerufen haben, haben sie den Kampf gegen das Sprachensterben aufgenommen.*
2. *Ihr Ziel wollen sie realisieren, …*

Das Haus am Meer

Modul 4 — 7

1 Lesen Sie die Bewertungen. Wie viele Sterne (1 = schlecht, 5 = sehr gut) vergeben die Kritiker? Ergänzen Sie die Sterne in den Bewertungen und markieren Sie die Wörter, die Ihnen geholfen haben.

★★★★ Von Thara Huber	Eine schöne, leichte und lockere Lektüre für den Sommer. Perfekt, um abzuschalten und auf andere Gedanken zu kommen – und dabei auch immer wieder mit Witz unterhalten zu werden. Zwischendurch ist die Story öfter mal zu unrealistisch, deshalb nicht „volle Sternzahl".
Von Gandalf	Ich muss sagen, ich kann die Begeisterung für dieses Buch nicht teilen. Übertriebene und unglaubwürdige Ereignisse und viele philosophische „Weisheiten", die ich in ihrer Banalität eher peinlich fand. Für Menschen, die schon öfter mal ein Buch in der Hand hatten, eher flach und mittelmäßig.
Von Sonny	Die Geschichte hat mich von Anfang an gefesselt und war bis zum Schluss nicht langweilig. Her mit dem nächsten Edgar Rai!
Von A. F.	Eine interessante und auch witzige Geschichte, aber nichts für meinen Geschmack. Wer allerdings gern Geschichten über seltsame Personen liest, dem wird das Buch bestimmt als Urlaubslektüre gefallen.

2a Welche Adjektive passen? Markieren Sie. Manchmal passt nur ein Adjektiv, manchmal zwei.

1. Seine Eltern haben sich sehr siegessicher/liebevoll/fürsorglich um ihn gekümmert.
2. Er war zurückhaltend/rücksichtsvoll/unsicher, ob die Entscheidung richtig ist.
3. Sie ging selbstbewusst/besorgt/rücksichtsvoll in die Prüfung.
4. Der arme Hund sah sehr verwahrlost/gepflegt/fürsorglich aus.
5. Zu Beginn des Spiels war er sehr fürsorglich/siegessicher/gepflegt, aber gegen Ende wurde er alternd/zurückhaltend/gütig.

b Wählen Sie vier Adjektive aus 2a und schreiben Sie je einen Satz.

_____
_____
_____
_____

3a Welche Umschreibung passt?

1. _____ eine Partie eröffnen
2. _____ am Zug sein
3. _____ wie aus der Pistole geschossen antworten
4. _____ jmd. (schach)matt setzen
5. _____ das Spiel beherrschen
6. _____ das Geschehen vom Rand aus verfolgen
7. _____ eine Niederlage eingestehen

A jmd. besiegen
B zuschauen
C an der Reihe sein, dran sein
D sehr schnell auf eine Frage reagieren
E zugeben, dass man verloren hat
F überlegen sein
G ein Spiel beginnen

Das Haus am Meer

Modul 4

b Schach. Ordnen Sie die Wörter zu.

| der Bauer | der König | die Dame | der Läufer | das Pferd | der Turm | das Spielbrett |

1 _____
2 _____
3 _____
4 _____
5 _____
6 _____
7 _____

Aussprache: Sprechen und Emotionen

1a Hören und lesen Sie das Dreißigwortgedicht. Welche Emotionen hören Sie? Kreuzen Sie an.

☐ Freude ☐ Unsicherheit ☐ Neid ☐ Erleichterung
☐ Glück ☐ Verzweiflung ☐ Entschlossenheit ☐ Angst

Dreißigwortgedicht

1 Siebzehn Worte schreibe ich
2 auf dies leere Blatt, _____
3 acht hab' ich bereits vertan,
4 jetzt schon sechzehn und _____
5 es hat längst mehr keinen Sinn, _____
6 ich schreibe lieber dreißig hin: _____
7 Dreißig. _____

Robert Gernhardt

b Hören Sie noch einmal und notieren Sie, wo Sie welche Emotion hören.

2a Wie werden durch Stimme und Sprechen Emotionen ausgedrückt? Sammeln Sie in der Gruppe.

die Stimme ist laut/leise/fest/hoch/tief – die Stimme zittert/piepst/brummt – mit/ohne Pause gesprochen …

Unsicherheit: Stimme ist leise und hoch. Stimme zittert. Mit Pausen gesprochen.

b Üben Sie das Gedicht zu zweit. A spricht Zeile 1, 2, 5 und 6. B spricht die Überschrift und Zeile 3, 4 und 7.

c Wie könnte man das Gedicht lustig, traurig, schlecht gelaunt oder albern sprechen? Probieren Sie Varianten in Gruppen. Sie können auch weitere Gedichte suchen und vortragen.

Selbsteinschätzung 7

So schätze ich mich nach Kapitel 7 ein: Ich kann …	+	○	−
… einen Audioguide bei einer Museumsbesichtigung verstehen. ▶M1, A2	☐	☐	☐
… eine Nachrichtenmeldung im Radio über einen Kunstraub verstehen. ▶M2, A1	☐	☐	☐
… eine Nachrichtensendung verstehen. ▶AB M2, Ü1	☐	☐	☐
… in einem Hörbuchausschnitt wichtige Details verstehen. ▶M4, A5b, c	☐	☐	☐
… Merkmale einer guten Textzusammenfassung erkennen. ▶M1, A3	☐	☐	☐
… einen Text zum Thema „Weltkulturerbe" verstehen. ▶AB M1, Ü2	☐	☐	☐
… einen Kurzkrimi verstehen. ▶M2, A2	☐	☐	☐
… in einem Artikel Gründe für das Sprachensterben verstehen. ▶M3, A2	☐	☐	☐
… eine Buchbesprechung verstehen und positive und negative Bewertungen erkennen. ▶M4, A2	☐	☐	☐
… einen Romanauszug lesen und dabei die Gesamtaussage und viele Details verstehen. ▶M4, A3, A4	☐	☐	☐
… über Sprachen und Dialekte in meinem Land sprechen. ▶M3, A6	☐	☐	☐
… eine Geschichte zu Ende erzählen. ▶AB M2, Ü4b	☐	☐	☐
… über die Beziehungen von Romanfiguren sprechen. ▶M4, A4b	☐	☐	☐
… einen Autor vorstellen. ▶M4, A7	☐	☐	☐
… ein Buch / einen Film vorstellen oder über ein Konzert, ein Sportereignis oder eine Reise berichten ▶M4, A8	☐	☐	☐
… ein Weltkulturerbe detailliert beschreiben. ▶M1, A4	☐	☐	☐
… einen Kurzkrimi schreiben. ▶M2, A3	☐	☐	☐
… die Texte zu einem Comic ergänzen. ▶AB M2, Ü4a	☐	☐	☐
… eine Grafik beschreiben. ▶AB M3, Ü1	☐	☐	☐
… ein mögliches Ende zu einer Geschichte schreiben. ▶M4, A5a	☐	☐	☐

Das habe ich zusätzlich zum Buch auf Deutsch gemacht (Projekte, Internet, Filme, Lesetexte, …):

Datum: _____ Aktivität: _____

_____ _____

Grammatik und Wortschatz weiterüben: interaktive Übungen unter www.aspekte.biz/online-uebungen2

Wortschatz

Modul 1 — Weltkulturerbe

die Anlage, -n	_____	kunsthistorisch	_____
die Architektur, -en	_____	der Palast, -¨e	_____
die Attraktion, -en	_____	die Pflanzenart, -en	_____
der Brunnen, -	_____	der Publikumsmagnet, -e	_____
die Ermordung, -en	_____	die Reform, -en	_____
errichten	_____	reformieren	_____
exotisch	_____	die Regierungszeit, -en	_____
der Familiensinn	_____	das Schloss, -¨er	_____
die Fläche, -n	_____	die Sehenswürdigkeit, -en	_____
imposant	_____	das Staatsgeschäft, -e	_____
die Klimazone, -n	_____	umgestalten	_____

Modul 2 — Kunstraub

der Albtraum, -¨e	_____	klauen (ugs.)	_____
die Aufklärung	_____	der/die Kommissar/in, -e/-nen	_____
ausrauben	_____	das Lösegeld, -er	_____
die Bande, -n	_____	der/die Mandant/in, -en/-nen	_____
der/die Detektiv/in, -e/-nen	_____	die Spur, -en	_____
der/die Dieb/in, -e/-nen	_____	die Tat, -en	_____
der Diebstahl, -¨e	_____	der/die Täter/in, -/-nen	_____
der Einbruch, -¨e	_____	der/die Verdächtige, -n	_____
die Erpressung, -en	_____	zerschneiden (zerschneidet, zerschnitt, hat zerschnitten)	_____
der Fall, -¨e	_____		
die Flucht, -en	_____		
das Gericht, -e	_____		
der/die Informant/in, -en/-nen	_____		

Modul 3 — Sprachensterben

aussterben (stirbt aus, starb aus, ist ausgestorben)	_____	die Schriftsprache, -n	_____
beherrschen	_____	das Todesurteil, -e	_____
der Beleg, -e	_____	verdrängen	_____
die Generation, -en	_____	vererben	_____
der Klang, -¨e	_____	verschwinden (verschwindet, verschwand, ist verschwunden)	_____
der Lebensraum, -¨e	_____	das Sprachensterben	_____

> **Wortschatz**

7

Modul 4 Das Haus am Meer

das Abenteuer, - _____ die Melancholie _____

die Abenteuerlust _____ die Neugier _____

begleiten _____ die Resignation _____

erben _____ der Schicksalsschlag, -"e _____

klischeehaft _____ der Zufall, -"e _____

Wichtige Wortverbindungen

vom Aussterben bedroht sein _____

ein tragisches Ende nehmen (nimmt, nahm, _____
    hat genommen)

jmd. ins Herz schließen (schließt, schloss, _____
    hat geschlossen)

auf Kosten von _____

jmd. in den Schatten stellen _____

eine Spur hinterlassen (hinterlässt, hinterließ, _____
    hat hinterlassen)

den Thron besteigen (besteigt, bestieg, _____
    hat bestiegen)

im Vordergrund stehen (steht, stand, _____
    hat gestanden)

bei Weitem _____

Wörter, die für mich wichtig sind:

_____ _____ _____ _____
_____ _____ _____ _____
_____ _____ _____ _____
_____ _____ _____ _____

115

Das macht(e) Geschichte

Diese Übungen bereiten Sie auf das Kapitel vor.

1a Sehen Sie die Fotos genau an. Was können Sie alles entdecken? Notieren Sie Wörter zu den Bildern, z. B. zu Symbolen, Gebäuden, Personen, Stimmung, Tätigkeiten, …

A

der Stacheldraht

das Baby

der Kinderwagen

B

die Fahne

warme Jacke

b Sprechen Sie zu zweit über die Fotos. Was machen die Personen? Was zeigen die Fotos?

> **TIPP** | **Lernen mit Bildern**
> Nutzen Sie Bilder und Fotos, um Ihren Wortschatz zu aktivieren und in unterschiedlichen Kontexten wieder abzurufen. Schreiben Sie Wörter zu dem Bild und nutzen Sie sie, um eine Szene oder Situation konkret zu beschreiben und zu erfassen.

2 Welche Nomen zum Thema „Zeit" sind hier versteckt?

1. Sommer 1989: Zu diesem PETZITKUN dachte keiner an den Fall der Mauer. _____
2. Der 09. 11. ist ein wichtiges MAUDT in der deutschen Geschichte. _____
3. Wenn sie das LUTTAMUMI verstreichen lassen, sind Konflikte zu befürchten. _____
4. Das Polareis schmilzt in einem kürzeren RUATZIME als angenommen. _____
5. Folgen vergangener Ereignisse sind oft noch in der NEWGETRAG präsent. _____

3 Setzen Sie die passenden Verben in die Sätze ein.

| gründen | unterzeichnen | debattieren | demonstrieren | ~~verteidigen~~ |
| streiken | wählen | zerstören | aufbauen | |

1. Im Mittelalter versuchten Städte, sich durch hohe Mauern gegen Angriffe zu _verteidigen_ .
2. Die Staatschefs _____ gestern den Vertrag.
3. Wir werden auf die Straße gehen und für unsere Rechte _____.
4. Das Rote Kreuz wurde im Jahr 1859 _____.
5. Von 8 bis 12 Uhr legen die Angestellten die Arbeit nieder und _____ für mehr Lohn.
6. Nach dem 2. Weltkrieg mussten viele Länder ihre Infrastruktur neu _____.
7. Naturkatastrophen haben schon ganze Regionen _____.
8. Im Bundestag _____ die Politiker oft stundenlang über ein Thema.
9. In Deutschland wird in der Regel alle vier Jahre das Parlament neu _____.

4a Suchen Sie drei thematische Oberbegriffe und ordnen Sie die Nomen zu.

die Politik   der Klimawandel   der Konzern   der/die Abgeordnete   die Wahl   die Dürre   die Wirtschaft   der/die Manager/in   der Sturm   die Firma   der Bundestag   die Aktie   der Artenschutz   die Mehrheit   die Hitzewelle   die Finanzkrise   die Koalition   die Verkaufszahlen   die Überschwemmung   die Partei   der Aufschwung   der Wassermangel   die Natur   die Umwelt   der Profit   die Opposition

1	2	3

b Schreiben Sie drei weitere Begriffe zu jedem Oberbegriff.

c Wählen Sie einen weiteren Oberbegriff (*Technik, Medien, …*) und ergänzen Sie passende Wörter.

Geschichte erleben

1 Reden über Zeit. Welches Wort passt nicht in die Reihe? Streichen Sie durch.

1. jetzt – aktuell – bald – im Moment
2. Prognose – Vorschau – Erinnerung – Vision
3. Vergangenheit – Geschichte – Gegenwart – Historie
4. erinnern – gedenken – voraussagen – vergessen

2a Zeitreise. Ergänzen Sie die Präpositionen im Text.

| an | auf | auf | für | gegen | mit | über | zu |

Die spinnen, die Römer

Im August geht es wieder los: im bayrischen Ort Eining treffen sich Römer (1) _____ Germanen und Gladiatoren. Handwerker und Händler sind auch mit dabei. Mit dem Projekt „Römer auf Zeit" werden
5 die Besucher (2) _____ einer aufregenden Zeitreise eingeladen.

Dabei können Familien und Gruppen, die sich (3) _____ die Antike interessieren, viel Neues (4) _____ das römische Leben in einem Lager
10 erfahren. Wie? Ganz einfach: Sie werden selber Römer. Die Teilnehmer tauschen Jeans, Pullover und Smartphone (5) _____ authentische Kleidung und typische Gegenstände. Sie verlassen das Hier und Heute und erleben ein Wochenende in der Römerzeit:
15 Kochen am offenen Feuer, Übernachten im Zelt, Kontrollgänge der Soldaten und ähnliche Aktivitäten aus dem römischen Alltag. Die Teilnehmer reagieren unterschiedlich (6) _____ die Erfahrungen: Nicht alle können sich (7) _____ die einfache oder
20 schwere Kleidung gewöhnen; anderen fällt es leicht, sich (8) _____ das harte, aber aufregende Leben einzustellen. Die Meisten sind aber begeistert und kommen jedes Jahr wieder.

b Bilden Sie zu den Verben mit Präpositionen in 2a die Nomen. Wie heißen die passenden Präpositionen? Ergänzen Sie die Tabelle.

Verb	Präposition	Nomen	Präposition
1. sich treffen	mit	das Treffen	mit
2. einladen			

c Welche Nomen passen zu den Präpositionen? Kreuzen Sie an.

1. ☐ die Diskussion	☐ die Erholung	☐ die Beschwerde	☐ der Ärger	+ über
2. ☐ die Antwort	☐ die Freude	☐ die Beschäftigung	☐ der Hinweis	+ auf
3. ☐ die Abhängigkeit	☐ die Trennung	☐ die Rede	☐ der Glaube	+ von
4. ☐ die Wirkung	☐ die Bewerbung	☐ die Bitte	☐ die Sorge	+ um
5. ☐ die Verabredung	☐ die Freundschaft	☐ die Verwandtschaft	☐ die Reaktion	+ mit
6. ☐ die Anpassung	☐ der Geschmack	☐ der Gedanke	☐ die Erinnerung	+ an

Modul 1 **8**

d Schreiben Sie die passenden Präpositionen zu den Nomen, die Sie in 2c nicht angekreuzt haben.

3a Mein Geschichtslehrer … Gar nicht historisch! Ergänzen Sie die Adjektive im Text.

skeptisch   neidisch   neugierig   informiert   hilfreich   vorbereitet   begeistert

Herr Doktor Schrobel war mein Lehrer für Geschichte. Ein toller Typ! Er war immer super über aktuelle Themen (1) _____: Wahlen – Ereignisse im Ausland … Damit wir verstehen, warum manche Länder (2) _____ gegenüber der Wiedervereinigung Deutschlands waren, hat er Stationen mit Informationen zur gemeinsamen Geschichte von Deutschland und diesen Ländern aufgebaut. Und so kam es, dass wir (3) _____ davon waren, Zusammenhänge zu erkennen. Er konnte uns damit (4) _____ auf Geschichte machen. Er war immer gut auf den Unterricht (5) _____ und es wurde wild diskutiert. Die anderen Schüler waren ganz (6) _____ auf unsere Klasse. Sie mussten Daten und Ereignisse aus dem Buch lernen. Das war vielleicht (7) _____ bei einer Prüfung, aber langweilig.

b Ordnen Sie passende Ausdrücke zu und formulieren Sie Sätze.

1. _d_ Historiker – konzentriert
2. ___ Meine Mutter – besorgt
3. ___ Dr. Müller – spezialisiert
4. ___ Mein Lehrer – begeistert
5. ___ Wien – berühmt
6. ___ Die Angeklagte – verantwortlich
7. ___ Die Fans – traurig

a Sportmedizin
b unseren guten Testergebnissen
c den Unfall
d die Erforschung von Gegenwart und Vergangenheit
e die Niederlage ihrer Mannschaft
f meine Gesundheit
g die vielen Kaffeehäuser

1. Die Historiker sind auf die Erforschung von Gegenwart und Vergangenheit konzentriert.

4a Ergänzen Sie die Mini-Dialoge mit *wo(r)…* und *da(r)…*

1. ○ Ich bin unglücklich da_____, dass ich den Wagen kaputt gefahren habe.
   ● Wieso? Da_____ bist du doch gar nicht schuld.
2. ○ Wo_____ hast du dich denn gestern so geärgert?
   ● Ach, da_____ möchte ich nicht reden.
3. ○ Wo_____ habt ihr gerade am Telefon gesprochen?
   ● Wir haben uns da_____ unterhalten, in wen du wohl verliebt bist.
   ○ Also über nichts Neues. Da_____ bin ich ja schon gewöhnt.

b Wählen Sie fünf Ausdrücke und schreiben Sie je einen Satz.

| sich ärgern über   verrückt sein nach   die schöne Erinnerung an   sich freuen auf |
| zufrieden sein mit   froh sein über   der Entschluss zu   nachdenken über |
| (sich) informieren über   glücklich sein über   der Bericht über   begeistert sein von |

Ich denke oft darüber nach, …

119

26. 10. – Ein Tag in der Geschichte

1 26. 06. – Ein weiterer Tag in der Geschichte. Lesen Sie zuerst die zehn Überschriften. Lesen Sie dann die fünf Texte und entscheiden Sie, welcher Text (1–5) am besten zu welcher Überschrift (a–j) passt. Tragen Sie Ihre Zuordnung ein.

1	2	3	4	5

a) **Berliner Humor**
b) Spekulierend ins Aus
c) Mit Fantasie zum Bestseller
d) Schweizer schaffen ein Wunder in Bern
e) Amerikaner evakuieren Berliner Bürger
f) *Tor-Rekord und Aus für Favoriten*
g) **Ein berühmter Berliner**
h) *Traditionsbank geht an die Börse*
i) **Hilfe aus der Luft**
j) Englische Literatur am beliebtesten

1

Berlin im Juni 1948 – Die Grenzen der Stadt werden vom sowjetischen Militär geschlossen. So müssen die westlichen Alliierten ihre Berliner Stützpunkte aus der Luft versorgen. Am 26. Juni fliegt die erste Maschine der amerikanischen Luftwaffe zum Flughafen Tempelhof in Berlin, die britische Luftwaffe folgt zwei Tage später. Am Anfang geht man von 750 Tonnen Fracht pro Tag aus, Ende Juli 1948 ist man jedoch schon bei über 2.000 Tonnen pro Tag angelangt. Am 15./16. April 1949 wird mit annähernd 13.000 Tonnen Fracht und fast 1.400 Flügen in 24 Stunden ein Rekord aufgestellt. Neben Nahrungsmitteln wie Trockenmilch, Trockenkartoffeln und Mehl werden hauptsächlich Kohle als Brennstoff und zur Stromproduktion sowie Benzin, aber auch Medikamente und alle anderen in Berlin benötigten Dinge eingeflogen. Zu dem Namen „Rosinenbomber" kommen die Luftbrückenflugzeuge mithilfe von Gail Halvorsen und seinen Nachahmern. Dieser bindet Süßigkeiten an selbst gebastelte kleine Fallschirme und wirft sie vor der Landung in Tempelhof für die wartenden Kinder ab. Daher kennen viele Deutsche die Fotos der begeisterten Kinder, die den Flugzeugen zuwinken. Im Zuge der weiteren weltpolitischen Entwicklung und der internationalen Aufmerksamkeit sieht sich die Sowjetunion schließlich veranlasst, die Versorgung Berlins auf Land- und Wasserwegen ab dem 12. Mai 1949 wieder zuzulassen.

2

„Ich bin ein Berliner.", ist ein weithin bekanntes Zitat aus einer Rede von John F. Kennedy am 26. Juni 1963, die dieser vor dem Rathaus Berlin-Schöneberg anlässlich des 15. Jahrestags der Berliner Luftbrücke hielt. Seine populäre Rede fand während des ersten Besuchs eines US-amerikanischen Präsidenten nach dem Mauerbau am 13. August 1961 statt. Mit dieser Reise wollte Kennedy seine Solidarität mit der Bevölkerung von West-Berlin ausdrücken.

Die Rede wurde von Kennedy genau geplant und im Zimmer des Bürgermeisters Willy Brandt einstudiert. Der bekannte Satz „Ich bin ein Berliner." kam darin zweimal vor. In den USA entstand in den 1980er-Jahren eine moderne Sage, nach der sich Kennedy durch seinen berühmten Satz zum Gespött der Berliner gemacht habe. Die Geschichte bezieht sich darauf, dass in einigen deutschen Regionen mit „Berliner" nicht nur die Bürger Berlins, sondern auch ein süßes Gebäck gemeint ist. Die falsche Legende sagt, dass die Zuhörer laut gelacht hätten, als Kennedy sich als Gebäckteilchen bezeichnete. Diese Behauptung stimmt nicht und Kennedys Satz wurde wie beabsichtigt als Solidaritätsbekundung verstanden. Der Satz „Ich bin ein Berliner." ist in Deutschland auch heute noch vielen Menschen bekannt und vermittelt immer noch Verbundenheit und Sympathie. Dennoch erfreut sich die Legende in den USA immer noch großer Beliebtheit.

3

Das Jahr 1901 war für die Leipziger Bankenwelt katastrophal. Dabei hatte die Geschichte der Leipziger Bank so vielversprechend mit ihrer Gründung am 5. September 1838 als Aktiengesellschaft (Stammkapital: 1,5 Millionen Taler) begonnen. Zu ihren Gründern gehörten die Leipziger Kaufleute und Bankiers Jean Marc Albert Dufour-Féronce, Gustav Harkort und Wilhelm Seyfferth. Die Bank hatte seit 1864 ihren Sitz in der Klostergasse 3 und besaß Filialen in Chemnitz und Dresden. Im Jahr 1898 begann der Neubau des Gebäudes der Leipziger Bank am Leipziger Rathausring (heute: Martin-Luther-Ring). Im Jahr 1900 war August Heinrich Exner Direktor der Leipziger Bank. Ein riskantes Geschäft mit einer Kasseler Industriefirma sowie Spekulationen mit Aktien führten Ende Juni 1901 (Schwarzer Dienstag) zu einem Minus von 40 Millionen Goldmark und zum Zusammenbruch der Leipziger Bank. Am 26. Juni 1901 wurde der Konkurs eröffnet. Dabei konnten die Personen, die Forderungen an die Bank hatten, immerhin 67 % ihres Geldes zurückbekommen. Die restlichen 33 % blieben aber ein Verlust. Das noch unfertige Gebäude am Rathausring (ebenso wie das Bankgebäude in der Klostergasse) wurde Eigentum der Deutschen Bank in Berlin. Seit Anfang der 1990er-Jahre ist dort der Leipziger Sitz der Deutschen Bank.

4

Österreich gewinnt am 26. Juni 1954 im Viertelfinale der Fußball-Weltmeisterschaft gegen das Gastgeberland Schweiz. In einer dramatischen Partie sind dabei so viele Tore gefallen wie nie wieder bei einer Fußball-Weltmeisterschaft. Die österreichische Mannschaft erzielte sieben Treffer, die Schweizer Mannschaft konnte aber immerhin fünf Tortreffer aufweisen. Die Partie ging als „Hitzeschlacht von Lausanne" in die Fußballgeschichte ein. Schon zu Beginn erlitt z. B. der österreichische Torwart einen Sonnenstich, durfte aber nicht ausgewechselt werden.

Die WM in der Schweiz schrieb nicht nur wegen der enormen Anzahl der Tore, sondern auch durch das legendäre Endspiel zwischen Ungarn und Deutschland in Bern Fußballgeschichte. Historisch bedeutend war der 3:2-Erfolg Deutschlands über Ungarn, weil die ungarische Mannschaft zu Beginn der Fünfzigerjahre der absolute Star im Weltfußball war. Sie hatte in den vier Jahren zuvor nicht ein einziges von 32 Länderspielen verloren. Damit war Ungarn klarer Favorit bei der Weltmeisterschaft. Hinzu kam, dass man den Deutschen nach dem Zweiten Weltkrieg mit Skepsis begegnete und die Mannschaft mit wenig Hoffnung auf größere Erfolge in das Turnier gegangen war. Mit dem WM-Titel, auf den kaum jemand gehofft hatte, kam neues Selbstvertrauen und Zuversicht im ganzen Land auf.

5

Das erste Harry-Potter-Buch, „Harry Potter und der Stein der Weisen", erscheint in Großbritannien mit einer Startauflage von 500 Exemplaren am 26. Juni 1997. Damals hätte niemand, sicher auch nicht die Autorin Joanne K. Rowling, nur davon zu träumen gewagt, dass dieses Buch millionenfach verkauft werden würde – hatten doch bereits diverse Verlage das Manuskript abgelehnt.

Erzählt wird die Fantasy-Geschichte des Titelhelden Harry James Potter, eines Schülers des britischen Zauberinternats Hogwarts, und seinen Konfrontationen mit dem bösen Magier Lord Voldemort und dessen Gefolgsleuten. Band 1 erschien 1997 (auf Deutsch 1998), Band 7 im Juli 2007 auf Englisch und im Oktober 2007 auf Deutsch. Der internationale Durchbruch kam mit dem vierten Band und für die Bände fünf bis sieben gab es so viele Vorbestellungen, wie Großbritannien und die USA sie bis dahin noch nicht gekannt hatten. Mittlerweile wurden die Bücher zwischen 400 und 450 Millionen Mal weltweit verkauft und in über 70 Sprachen übersetzt. Auf die Bücher folgten in den Jahren 2001 bis 2011 die Verfilmungen in acht Teilen, die bis heute ca. 7,7 Milliarden US-Dollar einspielten – ein weiterer Rekord, der vielleicht damit zu erklären ist, dass Harry Potter zwar für Jugendliche geschrieben wurde, aber auch viele Erwachsene begeistert.

Irrtümer der Geschichte

1 In der Schlange sind 13 Verben versteckt, mit denen man eine direkte oder indirekte Rede einleiten kann. Markieren Sie.

strusa**sagen**mentende**denken**zufr**meinen**ausä**äußern**berlf**fragen**örse**antworten**wepr**schreiben**plöbbelen wäjdya**behaupten**opo**mitteilen**nuag**vorschlagen**su**raten**jor**entgegnen**tor**erwidern**

2 Geben Sie die Äußerungen in der Gegenwart wieder.

1. Der Regen lässt nach. Die Situation im Hochwassergebiet kann sich bald entspannen.

2. In zwei Tagen beginnen die Olympischen Spiele. Die Sportler reisen alle an.

3. Die Situation auf dem Arbeitsmarkt entspannt sich. Die Arbeitslosenzahlen gehen zurück.

1. Der Nachrichtensprecher sagt, der Regen lasse nach …

3 Ergänzen Sie die Verben in der indirekten Rede. Verwenden Sie die Formen der Vergangenheit.

1. Meine Nachbarin meinte, der Vortrag über das Buch „Irrtümer der Geschichte" __habe__ ihr sehr gut __gefallen__. (gefallen)
2. Eine Kollegin erzählte mir, sie _____ das gleiche Buch über „Irrtümer der Geschichte" _____. (lesen)
3. Ich habe das Buch nun auch bestellt, aber es ist noch nicht da. Die Verkäuferin sagt, sie _____ das Buch bereits vor drei Tagen _____. (bestellen)
4. Die Studentin kam nicht zum Seminar. Sie sagte, auf der Autobahn _____ ein Unfall _____. (passieren)
5. Die Studenten entschuldigten sich für ihre Verspätung, sie sagten, sie _____ die Terminänderung _____. (vergessen)
6. Die Professorin meinte, sie _____ vom Verhalten der Studenten etwas enttäuscht _____. (sein)

Modul 3   8

4 Pressemeldungen. Geben Sie die Nachrichten in indirekter Rede wieder.

1
Sensation!
Wanderer finden Urmenschen im Gletschereis. Der Mann starb vor über 5.000 Jahren.

3
Urlaubsregion Vorarlberg wird immer beliebter: In den letzten zehn Jahren gab es eine kontinuierliche Steigerung bei der Zahl der Übernachtungen.

2 Fehlalarm: „Fliegerbombe" in Münchner Vorort war ein Stück altes Rohr. Rund 100 Menschen mussten für zwei Stunden ihre Wohnungen verlassen, danach kam die Entwarnung.

4
.... Wetter ....
Sommer war seit 50 Jahren nicht mehr so verregnet.

1. Die Zeitung berichtet, Wanderer hätten einen Urmenschen ...

5 Geben Sie die Zitate in indirekter Rede mit dem Konjunktiv wieder. Verwenden Sie passende einleitende Verben.

1. „Das Telefon hat zu viele Mängel für ein Kommunikationsmittel. Das Gerät ist von Natur aus von keinem Wert für uns." *Western Union, interne Kurzinformation, 1876*
2. „Aber wofür ist das gut?" *Ingenieur von IBM, 1968, zum Microchip*
3. „Alles, was erfunden werden kann, ist erfunden worden." *Charles H. Duell, Beauftragter, US-Patentamt, 1899*
4. „640 KB sollten genug für jedermann sein." *Bill Gates, 1981*
5. „Louis Pasteurs Theorie von Bazillen ist lächerliche Fiktion." *Pierre Pachet, Professor der Physiologie in Toulouse, 1872*
6. „Wer zur Hölle will Schauspieler reden hören?" *H. M. Warner, Warner Brothers, 1927*
7. „Schwerer als Luft? Flugmaschinen sind unmöglich." *Lord Kelvin, Präsident der Royal Society, 1895*
8. „Gitarrenbands geraten aus der Mode." *Decca Recording Co, 1962, über die Beatles*

1. 1876 behauptete die Firma Western Union in einer internen Kurzinformation, dass das Telefon zu viele Mängel für ein Kommunikationsmittel habe ...

6 Sie hören ein Rundfunkinterview. Dazu sollen Sie zehn Aufgaben lösen. Sie hören dieses Interview nur einmal. Entscheiden Sie beim Hören, ob die Aufgaben 1–10 richtig oder falsch sind.

	richtig	falsch
1. Frau Bergmann bietet Stadtführungen in Wien an.	☐	☐
2. Das Mozarthaus steht im Stadtzentrum.	☐	☐
3. Mozart ist in seinem Leben wenig umgezogen.	☐	☐
4. Im Mozarthaus lebte der Komponist von 1784 bis zu seinem Tod.	☐	☐
5. Die Wohnung im Mozarthaus war schon immer eine Luxuswohnung.	☐	☐
6. Mozart war zu Lebzeiten ein gut verdienender Mann.	☐	☐
7. Man kann verschiedene Wohnungen Mozarts in Wien besichtigen.	☐	☐
8. Im 2. Stock erhält man ausschließlich Informationen zu Mozarts Musik.	☐	☐
9. Im obersten Stockwerk erfahren die Besucher viel über das Leben in Wien zu Mozarts Zeit.	☐	☐
10. Im Mozarthaus kann man Konzerte hören.	☐	☐

123

Grenzen überwinden

Leipzig spricht

„Mein Leipzig lob ich mir!", sagte schon eine Figur in Johann Wolfgang von Goethes bekanntem Drama „Faust". Und tatsächlich blickt Leipzig auf eine lange Geschichte zurück und war über Jahrhunderte eines der bedeutendsten Messe-, Literatur- und Musikzentren Deutschlands.
Auch die Montagsdemonstrationen nahmen am 4. September 1989 in Leipzig an der Nikolaikirche ihren Anfang – sie waren der Beginn der Friedlichen Revolution, die zur Wiedervereinigung Deutschlands führte. Heute ist Leipzig eine sehr beliebte Stadt im Aufschwung. Viele Kreative und Künstler zieht es hierher und Leipzig macht der Hauptstadt Berlin Konkurrenz.

Was sagen Leipziger heute über ihre Stadt?

Jan Welke

Ich bin 1990 kurz nach der Wende hierher nach Leipzig gezogen. Ich bin Architekt und habe damals noch studiert. Die Zeit war verrückt, wir wohnten in einer Studenten-WG in einer alten und ziemlich kaputten Wohnung. Weil wir alle Architektur studierten, haben wir in der Wohnung viel renoviert und sie toll hergerichtet – und dann standen eines Tages zwei Männer vor der Tür und sagten uns, wir müssten hier ausziehen, die Wohnung sei an einen Investor aus dem Westen verkauft worden. Damals ging das vielen wie uns. Als Mieter hatte man kein großes Mitspracherecht. Das Haus, in dem unsere Wohnung war, wurde damals teuer renoviert und stand dann lange leer.
Für mich als Architekt waren die vielen Sanierungen aber auch gut: Ich habe nach dem Studium problemlos einen sehr guten Job gefunden. Und inzwischen hat sich die Stadt toll entwickelt: Die ganze Altstadt ist sehr schön saniert worden und die neue Messe ist auch für Architekten sehr interessant. Das gefällt mir hier sehr gut, diese Mischung aus Alt und Neu.

Lena Berg

Leipzig ist unsere Stadt! Ich studiere Sozialpädagogik an der Uni und Ivo arbeitet in der Mensa … Es ist also nicht schwer zu erraten, wo wir uns kennengelernt haben. Ich bin hier geboren und Ivo ist vor drei Jahren hierhergekommen. Wir lieben diese Stadt, weil wir beide Musik machen und da wird hier einfach wirklich viel geboten. Dienstags sind wir zum Beispiel immer bei der „Open Jam Session" im Bandhaus. Das ist toll, da kommen die verschiedensten Musiker und man kann sich kennenlernen, austauschen und zusammen Musik machen. Hier haben wir auch die Musiker kennengelernt, mit denen wir unsere Band „Bombasser" gegründet haben. Am Anfang hatten wir nur bei Jam Sessions kleine Auftritte, dann wurden wir für private Partys engagiert und inzwischen hatten wir schon einige Konzerte in zwei anderen Clubs in Leipzig – mal sehen, wie es weitergeht.

Sven Wagner

An das alte Leipzig vor der Wende kann ich mich kaum noch erinnern. Ich war fünf Jahre alt, als die Mauer fiel. Aber ich erinnere mich noch, dass meine Eltern sich damals große Sorgen machten. Alles war so ungewiss und sie hatten Angst, dass die Revolution nicht friedlich ausgehen würde. Nach der Wende kamen die finanziellen Sorgen. Mein Vater verlor seine Arbeit und dann sind wir in den Westen gezogen. Seit fast zehn Jahren wohne ich mit meiner Frau und unseren zwei Kindern jetzt wieder hier in Leipzig und wir fühlen uns sehr wohl. Für Familien ist es hier perfekt: Leipzig ist ja auch bekannt für seine vielen Flüsse und Seen und wir wohnen direkt am Wasser. Wir können von unserem kleinen Garten aus direkt mit dem Kanu losfahren und im Sommer machen wir oft Kanutouren. Parks und Spielplätze gibt es hier auch zur Genüge. Und wenn meine Frau und ich abends mal weggehen können, dann gehen wir z. B. ins Kabarett – es gibt insgesamt sechs wirklich gute Bühnen hier. Und danach gehen wir oft noch im traditionsreichen Auerbachs Keller klassisch-sächsisch essen. Hier hat schon Goethe gegessen und getrunken und glaubt man der Speiskarte, so hat er mal gedichtet:

„Wer nach Leipzig zur Messe gereist,
Ohne auf Auerbachs Hof zu gehen,
Der schweige still, denn das beweist:
Er hat Leipzig nicht gesehn."

Miriam Krüger

Leipzig ist die coolste Stadt, die ich kenne! Schon wie wir hier wohnen, ist genial. Ich bin Töpferin und wohne zusammen mit einem Maler, einem Comiczeichner und einer Modedesignerin in einer Wohnung in einem sogenannten „Wächterhaus". Wir wohnen hier auf insgesamt 250 Quadratmetern und zahlen gerade mal 250 Euro Miete plus die Kosten für Wasser, Strom und Müll. Das wunderschöne Haus aus dem Jahr 1881 stand viele Jahre leer und niemand hat sich darum gekümmert. Doch dann kam vor einigen Jahren die Idee der „Wächterhäuser" auf und der Verein „Haushalten" wurde gegründet. Der Verein macht Eigentümer von leeren Häusern ausfindig und stellt den Kontakt zu Menschen her, die viel Platz für wenig Geld suchen. Meist sind das Kreative und Künstler wie wir oder Studenten. Die Eigentümer übernehmen die Kosten, um – wenn nötig – das Dach zu reparieren und Wasser und Stromanschlüsse zu legen. Den Rest machen die Mieter, die dafür sorgen, dass Leben in die Häuser und die Stadt kommt. Wir fühlen uns hier alle sehr wohl und wir hoffen, dass wir auch in zwei Jahren, wenn unser Vertrag ausläuft, noch hier bleiben können. Aber Leipzig gilt ja als das kleine Berlin – wer weiß, wie die Wohnungspreise in zwei Jahren sind und ob es weiterhin so günstige Mietobjekte für Künstler und Kreative geben wird.

1a Lesen Sie den Artikel und notieren Sie: Zu welchen Themen gibt es Informationen über Leipzig?

b Was wissen Sie jetzt über Leipzig? Notieren Sie zu den Themen aus 1a Informationen aus dem Text.

c Recherchieren Sie zu einem der folgenden Themen und schreiben Sie einen Text darüber. Vergleichen Sie anschließend im Kurs.
- die Bedeutung Leipzigs bei der Wiedervereinigung Deutschlands
- Veränderungen in Leipzig nach der Wende
- das moderne Leipzig

Grenzen überwinden — Modul 4

P TELC 2 Eine Gruppe von Geschichtsstudenten besucht im Rahmen einer Studienreise zwei Tage lang Ihre Heimatstadt. Sie sollen mit einem Partner / einer Partnerin den Aufenthalt der Gruppe planen. Wenn Sie aus unterschiedlichen Heimatländern kommen, einigen Sie sich bitte ganz schnell auf ein Reiseziel.
Überlegen Sie, was für ein Programm Sie der Reisegruppe anbieten können und machen Sie Ihrem Partner / Ihrer Partnerin Vorschläge. Entwickeln Sie dann gemeinsam ein Zwei-Tages-Programm für die Reisegruppe.

> **TIPP** **Mündliche Prüfung mit einem Partner / einer Partnerin**
> In mündlichen Prüfungen, die Sie zu zweit machen, sollen Sie zeigen, dass Sie sprachlich in der Lage sind, Probleme gemeinsam zu lösen. Sie sollen sich möglichst lebendig und natürlich ca. 3 Minuten lang unterhalten. Achten Sie also auf Folgendes:
> – Einigen Sie sich schnell auf ein Reiseziel/Land und machen Sie dann Vorschläge zum Programm und begründen Sie sie.
> – Sagen Sie nicht sofort zu jedem Vorschlag Ihres Partners / Ihrer Partnerin „Ja", sondern machen Sie Gegenvorschläge, stellen Sie Rückfragen oder nennen Sie Alternativen. Aber bleiben Sie kooperativ und hilfsbereit.
> – Legen Sie gemeinsam das Programm fest.

Aussprache: *daran – daran*

1a (13) Lesen und hören Sie die Dialogteile. Markieren Sie den Wortakzent für die Präpositionaladverbien *da(r)…*

1. Hast du auch daran gedacht, dass wir Kaffee brauchen?
2. Das hat Bernd gesagt? Und was hast du darauf geantwortet?
3. Schatz? … Ich habe darüber nachgedacht, ob wir heiraten sollten.
4. Maja träumt davon, mit Heiner zusammen zu sein.

b (14) Hören Sie die Mini-Dialoge. Lesen Sie die Antworten und markieren Sie den Wortakzent der Präpositionaladverbien.

1. Im Supermarkt war die Hölle los. Daran konnte ich nicht auch noch denken.
2. Darauf? Nichts. Das ist doch eine Unverschämtheit.
3. Ja? Darüber habe ich auch schon nachgedacht.
4. Mit Heiner? Davon kann sie lange träumen.

2 Ergänzen Sie die Regel zu zweit.

ersten	Anfang	zweiten	Präposition

Ein Präpositionaladverb wird in der Regel auf dem _____ Teil, also der _____ betont. Wenn sich das Präpositionaladverb auf eine vorhergehende Äußerung bezieht, dann liegt die Betonung auf dem _____ Teil, also auf *da(r)…* In diesem Fall steht das Präpositionaladverb auch meist am _____ des Satzes.

3 Sprechen Sie die Dialoge aus 1 zu zweit. Achten Sie auf die Betonung.

4 Schreiben und spielen Sie zwei weitere Mini-Dialoge mit Präpositionaladverbien.

Ich habe Angst davor, …   Max ist neidisch darauf, dass …   Wir müssen darüber sprechen, ob …

Selbsteinschätzung 8

So schätze ich mich nach Kapitel 8 ein: Ich kann …	+	○	−
… wesentliche Informationen aus Radionachrichten verstehen. ▶M2, A2	☐	☐	☐
… detaillierte Informationen in einem Radiointerview verstehen. ▶AB M3, Ü6	☐	☐	☐
… eine Chronik über einen historisch wichtigen Tag verstehen. ▶M4, A3c, d	☐	☐	☐
… Aussagen von Zeitzeugen zu einem historischen Ereignis verstehen. ▶M4, A4a	☐	☐	☐
… in einem längeren Text über das Mittelalter und Rollenspiele wichtige Informationen verstehen. ▶M1, A1c	☐	☐	☐
… in Meldungen zu einem bestimmten Tag detaillierte Informationen verstehen. ▶M2, A1a, b	☐	☐	☐
… einen Text über Irrtümer der Geschichte verstehen. ▶M3, A1b	☐	☐	☐
… einen Text über die Geschichte der Berliner Mauer und den Bahnhof Friedrichstraße verstehen. ▶M4, A2	☐	☐	☐
… einen Lexikonartikel zu einem historischen Ereignis verstehen. ▶M4, A3b	☐	☐	☐
… Informationen über Leipzig aus einem Magazintext entnehmen. ▶AB M4, Ü1a, b	☐	☐	☐
… über die Teilnahme an einem Mittelalter-Rollenspiel sprechen. ▶M1, A3b	☐	☐	☐
… Ereignisse zu einem bestimmten Datum präsentieren. ▶M2, A3d, e	☐	☐	☐
… über Irrtümer der Geschichte sprechen. ▶M3, A4	☐	☐	☐
… mich über Fakten zur deutschen Teilung austauschen. ▶M4, A2d	☐	☐	☐
… mit einem Partner / einer Partnerin eine Reise planen, Vorschläge machen und zu einer Einigung kommen ▶AB M4, Ü2	☐	☐	☐
… Informationen zu Ereignissen an einem bestimmten Tag recherchieren und notieren. ▶M2, A3b, c	☐	☐	☐
… Informationen und Argumente aus verschiedenen Texten zu einem historischen Ereignis gegeneinander abwägen und zusammenfassen. ▶M4, A5	☐	☐	☐
… einen Text über Leipzig schreiben. ▶AB M4, Ü1c	☐	☐	☐

Das habe ich zusätzlich zum Buch auf Deutsch gemacht (Projekte, Internet, Filme, Lesetexte, …):

Datum: _____ Aktivität: _____

_____ _____

_____ _____

Grammatik und Wortschatz weiterüben: interaktive Übungen unter www.aspekte.biz/online-uebungen2

Wortschatz

Modul 1 — Geschichte erleben

die Burg, -en	_____	das Mittelalter	_____
die Epoche, -n	_____	der Ritter, -	_____
die Faszination	_____	das Turnier, -e	_____
das Handwerk	_____	die Waffe, -n	_____
die Isolation	_____	unzählig	_____
der Kampf, -"e	_____	die Versorgung	_____
kennzeichnen mit	_____	wild	_____
der/die Krieger/in, -/-nen	_____		

Modul 2 — 26. 10. – Ein Tag in der Geschichte

das Amt, -"er	_____	die Gründung, -en	_____
der Anlass, -"e	_____	die Hilfsorganisation, -en	_____
auszeichnen	_____	initiieren	_____
die Behinderung, -en	_____	die Koalition, -en	_____
die Börse, -n	_____	der Nationalfeiertag, -e	_____
sich distanzieren von	_____	die Neutralität	_____
die Einfuhr, -en	_____	der Protest, -e	_____
sich einstellen auf	_____	die Schutzmaßnahme, -n	_____
die Entfernung, -en	_____	die Sensation, -en	_____
das Ereignis, -se	_____	streiken	_____
die Fraktion, -en	_____	unabhängig	_____
gesetzlich	_____		

Modul 3 — Irrtümer der Geschichte

der Buchdruck, -e	_____	sich lohnen	_____
sich durchsetzen	_____	die Pest	_____
der/die Erfinder/in, -/-nen	_____	schnitzen	_____
sich ergeben aus (ergibt, ergab, hat ergeben)	_____	das Schriftzeichen, -	_____
		statistisch	_____
die Handelsbeziehung, -en	_____	taufen	_____
der Irrtum, -"er	_____	überraschend	_____
die Lebenserwartung	_____	die Umfrage, -n	_____

▶ **Wortschatz**

8

Modul 4 Grenzen überwinden

die Absperrung, -en	_____	der Hinterhof, -"e	_____
auseinanderreißen	_____	langwierig	_____
(reißt auseinander,		die Lebensbedingung, -en	_____
riss auseinander, hat		der Massenprotest, -e	_____
auseinandergerissen)		rücksichtslos	_____
die Bewachung	_____	überwachen	_____
eingeschlossen in	_____	ungehindert	_____
erzwingen (erzwingt,	_____	ungewiss	_____
erzwang, hat		sich verabschieden von	_____
erzwungen)		die Verhaltensregel, -n	_____
der Flüchtling, -e	_____	die Verwaltung, -en	_____
führen zu	_____	der Wachturm, -"e	_____
die Genehmigung, -en	_____	der Zaun, -"e	_____
das Grenzgebiet, -e	_____	der Zusammenbruch, -"e	_____

Wichtige Wortverbindungen

etw. über sich ergehen lassen (lässt, ließ, hat lassen) _____

die Erinnerung wach halten (hält, hielt, hat

gehalten) _____

den Reiz ausmachen _____

in eine Rolle schlüpfen _____

das weiß doch jedes Kind (weiß, wusste,

hat gewusst) _____

weit gefehlt _____

Wörter, die für mich wichtig sind:

_____ _____ _____ _____

_____ _____ _____ _____

_____ _____ _____ _____

_____ _____ _____ _____

129

Mit viel Gefühl …

Diese Übungen bereiten Sie auf das Kapitel vor.

1a Ordnen Sie jeder Person vier Adjektive zu.

| verblüfft anmaßend wütend begeistert zurückhaltend arrogant verärgert fröhlich bedrückt überrascht wutentbrannt schüchtern eingebildet erstaunt traurig euphorisch zornig hingerissen betrübt bescheiden verwundert überheblich niedergeschlagen scheu |

b Bilden Sie das passende Nomen zu den Adjektiven. Notieren Sie auch den Artikel.

1. überheblich – _die Überheblichkeit_
2. wütend – _____
3. begeistert – _____
4. arrogant – _____
5. bescheiden – _____
6. schüchtern – _____
7. traurig – _____
8. verärgert – _____
9. verwundert – _____
10. zornig – _____

c Schreiben Sie einen kurzen Text über eine Person. Charakterisieren Sie diese Person möglichst genau. Verwenden Sie auch Adjektive aus 1a.

Meine Freundin ist sehr fröhlich. Sie hat immer gute Laune und spielt begeistert Tennis. …

2 Ergänzen Sie die Sätze.

| enttäuscht sein | sich begeistern | sich aufregen | beneiden | genießen | sich beschweren |

1. Bald habe ich Urlaub. Ich werde meine arbeitsfreie Zeit richtig _____.
2. Meine Kollegin _____ sich immer über die vielen Überstunden.
3. Toll, dass du die neue Stelle bekommen hast. Darum _____ ich dich.
4. Viele Menschen _____ von der Politik der Regierung _____.
5. Meine Kollegin kommt immer zu spät. Das _____ mich _____.
6. Wie kannst du dich für solche Musik _____? Die klingt ja schrecklich!

3a Ordnen Sie die Nomen. Mit welchen Wörtern verbinden Sie positive, mit welchen negative Stimmungen? Manchmal ist beides möglich. Notieren Sie die Wörter mit Artikel.

| Zorn Freude Vergnügen Schock Besorgnis Ärger Sympathie Heimweh Liebe Melancholie Angst Fröhlichkeit Neid Enttäuschung Glück Furcht Überraschung Bedauern Eifersucht Begeisterung Zufriedenheit Aufregung |

positive Stimmung	negative Stimmung
	der Zorn

b Ergänzen Sie Nomen aus 3a in den Sätzen.

(ä, ö, ü = ein Buchstabe)

1. Vor vier Wochen habe ich mich um eine neue Stelle beworben und nun war endlich eine Antwort im Briefkasten. Beim Öffnen des Briefes glaubte ich zu wissen, was im Brief stand: „Mit B __ __ __ __ __ __ __ müssen wir Ihnen mitteilen, dass …"
2. Voller A __ __ __ __ __ __ __ überflog ich das Antwortschreiben.
3. Dann hätte ich vor F __ __ __ __ __ in die Luft springen können.
4. Ich hatte die Stelle bekommen! Die Ü __ __ __ __ __ __ __ __ __ war groß. Nach vier Wochen hatte ich nicht mehr damit gerechnet.
5. Ich dachte: „Endlich mal G __ __ __ __ gehabt!"
6. Voller B __ __ __ __ __ __ __ __ __ schickte ich meinem Freund eine SMS. Nach drei Jahren Fernbeziehung hatten wir nun endlich einen Job in derselben Stadt!
7. Fast gleichzeitig bekam ich eine SMS von ihm: Seine Firma hatte ihm gekündigt! Das war ein S __ __ __ __ __ !
8. Gerade eben hatte ich mich noch so gefreut, doch nun war die E __ __ __ __ __ __ __ __ __ groß.

131

Mit Musik geht alles besser

1a Ordnen Sie die Wörter in die Tabelle. Notieren Sie den bestimmten Artikel und – wenn möglich – die Pluralform.

Band   Pop   Saxofon   Konzertsaal   Flöte
Gitarre   Oper   Chor   Volksmusik   Star   ~~Klavier~~
Schlagzeug   Sänger   Stadion   Jazz   Saal
Trompete   Pianistin   Club   Klassik

die Musikinstrumente	die Musikstile	die Musiker	die Orte
das Klavier, -e			

b Ergänzen Sie weitere Wörter in der Tabelle.

2 Beschreiben Sie, welche Musik Sie gern hören und welche nicht. Wählen Sie dafür passende Adjektive.

traurig   verträumt   mitreißend   bezaubernd   grauenvoll   wehmütig   beschwingt   harmonisch
langweilig   leidenschaftlich   massiv   ermüdend   aggressiv   fröhlich   melancholisch
schwungvoll   fantastisch   beruhigend   entspannend   ernst   emotional   erstklassig   sinnlich

Ich höre gern Klassik, denn die Musik entspannt mich. Sie kann sehr fröhlich, aber auch sehr ernst sein.

3a Nominalisieren Sie die Verben mithilfe der Endungen aus dem Kasten und notieren Sie den bestimmten Artikel.

-(t)ion	-e	-ung	Ø

1. _____   3. _____

wahrnehmen _____   absagen   _____
bedeuten   _____   aufnehmen _____
entstehen   _____   helfen   _____

2. _____   4. _____

konzentrieren _____   beweisen   _____
definieren   _____   ablaufen   _____
produzieren   _____   beginnen   _____

32

Modul 1 **9**

b **Formen Sie die Sätze wie im Beispiel um.**

Wie wir Musik aufnehmen

1. Wir nehmen über das Ohr Schallwellen wahr.
2. Die Schallwellen werden an das Gehirn weitergeleitet.
3. Im Gehirn werden die Schallwellen verarbeitet.
4. Dadurch wird in unserem Kopf Musik erzeugt.
5. Musik wirkt auf jeden Menschen unterschiedlich.
6. Die Menschen reagieren auf Musik oft positiv.

1. _die Wahrnehmung von Schallwellen_ _____ über das Ohr
2. _____ an das Gehirn
3. _____ im Gehirn
4. _____ in unserem Kopf
5. die unterschiedliche _____ auf jeden Menschen
6. die positive _____ auf Musik

c **Formulieren Sie Zwischenüberschriften für einen Artikel. Nominalisieren Sie die Satzanfänge.**

TIPP Nominalisierungen helfen, Überschriften zu formulieren.

1. Das Problem entsteht, dadurch … _Entstehung des Problems_ _____
2. Die Therapie beginnt damit, dass … _____
3. Patienten fragen häufig nach … _____
4. Der Musiktherapeut hilft dabei, dass … _____
5. Die Therapie dauert …, je nachdem … _____

4 Ergänzen Sie die Verben in nominalisierter Form.

| singen | sich konzentrieren | koordinieren | untersuchen | forschen | erkennen |

1. Zu der _____, dass Musik unser Gehirn beeinflusst, sind Wissenschaftler schon lange gelangt.
2. Wie _____ gezeigt haben, können fröhliche Musikstücke die Konzentration von Stresshormonen im Blut verringern.
3. Deshalb untersuchen _____, wie man Musik am effektivsten in der Medizin einsetzen kann.
4. Therapeuten versuchen, Musik bei Schlaganfallpatienten so einzusetzen, dass diese die _____ ihrer Bewegungen wieder beherrschen.
5. Bei Menschen mit Demenz kann gemeinsames _____ vergessene Erinnerungen zurückholen.
6. Auch beim Lernen kann Musik helfen. Mit der richtigen Musik kann man die _____ fördern.

Mit Musik geht alles besser

Modul 1

5a Hören Sie die Radiosendung. Wer äußert sich positiv, wer negativ über das Musikhören beim Arbeiten und warum? Notieren Sie.

	+ / -	Grund
Thomas		
Anne		
Ben		

b Lesen Sie zuerst die Aufgaben. Hören Sie dann den Text noch einmal. Wer sagt das? Markieren Sie.

	Moderator	Thomas	Anne	Ben
1. Musik kann die Arbeitsleistung erhöhen.				
2. Musik beeinträchtigt meine Konzentrationsfähigkeit.				
3. Mit Musik kann ich mir Dinge besser merken.				
4. Musik kann störende Geräusche übertönen.				
5. Die richtige Musik kann motivieren.				
6. Manche Mitarbeiter denken, Musik hält vom Arbeiten ab.				
7. Zum Arbeiten brauche ich eine ruhige Atmosphäre.				
8. Beim Lesen von komplizierten Texten ist Musik störend.				
9. Nicht alle Tätigkeiten erfordern eine besondere kreative Leistung.				
10. Meine Fehlerquote würde durch Musik steigen.				

c Sie haben die Radiosendung zum Thema „Musik bei der Arbeit – geht das?" gehört. Schreiben Sie im Forum Ihre Meinung zu dieser Sendung. Schreiben Sie zu folgenden Punkten.

- Ihre Erfahrungen mit dem Musikhören bei der Arbeit oder beim Lernen
- Welche Vorteile sehen Sie?
- Welche Nachteile sehen Sie?
- Tipps für den Umgang mit Musik

Farbenfroh

Modul 2 — **9**

1 Bilden Sie Farbadjektive wie im Beispiel.

| ~~Zitrone~~ | Gras | Himmel | Jeans | Schnee |
| Feuer | Kaffee | Blut | Rabe | |

| rot | braun | schwarz | ~~gelb~~ | weiß |
| grün | blau | rot | blau | |

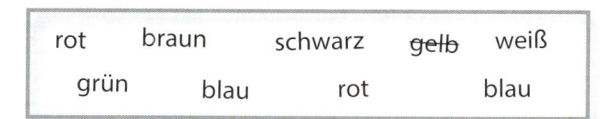

die Zitrone + gelb = zitronengelb

2 Lesen Sie den folgenden Text und entscheiden Sie, welches Wort aus dem Kasten (a–o) in die Lücken 1–10 passt. Sie können jedes Wort im Kasten nur einmal verwenden. Nicht alle Wörter passen in den Text.

TELC

Farben in der Werbung

Wie heißt es so schön: „Das Auge isst mit."? Genauso richtig ist aber auch: „Das Auge kauft mit." Werbepsychologen (1) __geben__ sich größte Mühe [molestia], dies bei der Gestaltung von Verpackungen zu nutzen. (2) __Dabei__ spielen Farben eine wichtige Rolle. In jedem Supermarkt stehen Tausende von Artikeln (3) __in__ den Regalen, die wir im Vorbeigehen nur flüchtig ansehen. Die Verpackung der Produkte muss also eine (4) __Starke__ Signalwirkung haben, um die Aufmerksamkeit und das Interesse der Kunden (5) __zu__ gewinnen. Schließlich sollen die Produkte gekauft (6) __werden__. Wenn ein Käufer das Produkt einmal gekauft hat und seine Erfahrungen (7) __damit__ gemacht hat, spielt das Aussehen nur noch eine untergeordnete Rolle. Im Lebensmittelbereich finden sich viele warme Farben. Die Betrachtung der Farben Gelb und Rot kann die Geschmacksnerven so anregen, dass sich die Speichelbildung erhöht. Den Farbpsychologen zufolge sollen wir bereits beim Anblick von Gelb, Orange und Rot (8) __appetit__ bekommen. Deswegen ist es kein (9) __Zufall__, dass sich diese Farben in den Logos und im Produktdesign von Firmen wiederfinden, die Lebensmittel verkaufen. Bei Hygiene und Reinigung herrschen dagegen kühle Farben vor: Grün, Weiß und Blau. Das verbinden die meisten Kunden mit Frische und Sauberkeit. Diese Farben (10) __~~sind~~ bekommt__ meistens nicht nur die Verpackung, sondern auch das Produkt selbst hat diese Farbe, z. B. Waschpulver.

- ✓ a) APPETIT
- b) BEKOMMT
- c) BRINGEN
- ✓ d) DABEI
- ✓ e) DAMIT
- ✓ f) GEBEN
- ✓ g) IN
- h) SCHÖNE
- ✓ i) SEIN
- ✓ j) STARKE
- k) ÜBERRASCHUNG
- l) WEIL
- ✓ m) WERDEN
- ✓ n) ZU
- ✓ o) ZUFALL

135

Sprache und Gefühl — Modul 3

1a Hören Sie die Sätze und ergänzen Sie die Modalpartikeln.

1. Ich warte schon ewig. Kannst du _____ nicht einmal pünktlich sein?
2. Neuer Anzug? Der steht dir _____ super!
3. Du kannst _____ einfach vorbeikommen, wenn du in der Stadt bist.
4. Ich kenne dich _____. Du bist _____ der Bruder von Timo.
5. Das ist ein Cocktail? Das schmeckt _____ widerlich!
6. Macht _____ das Fenster auf. Hier ist es viel zu warm.

b Sprechen Sie die Sätze laut. Achten Sie auf die Betonung.

2a Welche Äußerungen passen zu welchem Bild? Ordnen Sie zu.

☐ Das darf doch wohl nicht wahr sein! …   ☐ Das ist doch widerlich!   ☐ Wir können ja zusammen woanders essen.   ☐ Was willst du denn von mir?   ☐ Was glaubst du denn eigentlich?   ☐ Was soll das denn sein?   ☐ Mach doch nicht so einen Stress.   ☐ Das Essen ist aber wenigstens billig.   ☐ Hier hat man ja nie seine Ruhe.   ☐ Du kannst dich ja selbst darum kümmern.   ☐ Es ist doch immer dasselbe.   ☐ Erklär mir das bitte mal.   ☐ Ich kann ja heute Abend was für dich kochen.

b Schreiben Sie einen Dialog zu Bild 1 oder 2. Verwenden Sie dabei auch Sätze aus 2a.

3 Eine Frage – zwei Reaktionen: Lesen Sie die Sätze. Welche Modalpartikel passt, um die Aussage zu verstärken? Markieren Sie.

1. ○ Na? Wie war dein Deutschtest?
   - A) • Schrecklich! Ich bin wieder durchgefallen.
        ○ Das ist doch/mal nicht wahr! Was ist aber/denn passiert?
   - B) • Super! Es waren leichte Aufgaben.
        ○ Das freut mich aber/mal für dich.
2. ○ Was machst du denn morgen?
   - A) • Ich gehe zum Bowling. Komm ja/doch mit!
        ○ Bowling? Ich wusste denn/ja gar nicht, dass du das magst.
   - B) • Ich fahre in den Urlaub. Zum Tauchen. Das solltest du auch denn/mal machen.
        ○ Ja, cool. Aber ist das ja/denn nicht zu teuer?
3. ○ Haben Sie Frau Müller gesehen?
   - A) • Frau M ü l l e r!!! Kommen Sie mal/ja!
        ○ Schreien Sie doch/ja nicht so!
   - B) • Frau Müller? Kenne ich nicht.
        ○ Nicht? Sie ist doch/denn unsere neue Rezeptionistin.

Gemischte Gefühle

Modul 4

9

1a Was bedeuten die markierten Redewendungen? Ordnen Sie die Adjektive zu.

| verliebt | überrascht | langweilig | erleichtert | gierig | wütend |

1. Als ich endlich die Prüfung für meinen Führerschein bestanden hatte, ist mir wirklich *ein Stein vom Herzen gefallen*. _____

2. Als wir die Rechnung von den Handwerkern bekommen haben, sind wir *aus allen Wolken gefallen*. Mit 5.000,- Euro hatten wir nicht gerechnet. _____

3. Margarete und ihr Mann können *den Hals* einfach *nicht voll bekommen*. Sie haben alles. Aber jetzt wollen sie unbedingt auch noch zwei Pferde kaufen. _____

4. Mieses Wetter, nichts im Fernsehen und keiner da, mit dem ich reden kann. Heute *fällt* mir zu Hause wirklich *die Decke auf den Kopf*. _____

5. Erzähl meiner Frau nichts davon, dass ich mit dir über sie gesprochen habe. Du weißt ja, wie leicht sie *aus der Haut fährt*. _____

6. Jedes Mal, wenn ich Betty sehe, habe ich *Schmetterlinge im Bauch*. Ich finde sie wirklich toll! _____

b Welche Redewendungen zu Emotionen gibt es in Ihrer Sprache? Sammeln Sie in Gruppen und vergleichen Sie im Kurs.

2 Wählen Sie eine Situation, in der Emotionen eine Rolle spielen, und beschreiben Sie sie in einem kurzen Text. Schreiben Sie etwas zu den Aspekten:

die Gefühle – das Verhalten – die Gedanken

Gemischte Gefühle

3 Ein Freund hat bei einem Kurzvortrag zum Thema „Was ist Freude?" diese Mitschrift erstellt. Lesen Sie die Mitschrift und ergänzen Sie die folgende Zusammenfassung mithilfe der Mitschrift.

> Vortrag „Freude", Fr. Dr. Sommerfeldt, 27. Februar
>
> **Was ist Freude?**
> drei Arten:
> 1. F. am Erfolg (z. B. Leistung im Sport / Spaß bei der Arbeit)
> 2. F. in Gemeinschaft (z. B. Treffen mit Freunden / Harmonie in Familie)
> 3. F. an Schönem (z. B. Musik/Kleidung/Sonnenuntergang)
> Körper:
> Gesicht → Mimik weich, Augen offen, Lächeln/Lachen; Muskeln → entspannt;
> Puls / Blutdruck → optimal
> Psyche:
> Glückshormone produzieren positive Gefühle / Erinnerungen
>
> **Wie wichtig ist Freude?**
> Lebenswichtig!!
> Körper + Seele brauchen positive Signale; Misserfolge / mangelnde Sozialkontakte
> → Gefahr v. Krankheiten (Depression, Herz-/Kreislaufprobleme)

In dem Vortrag wurde die Frage „Was ist Freude?" beantwortet. Es gibt drei Arten der Freude: Zuerst kann man die Freude am Erfolg nennen. Diese Freude kennen wir, wenn wir beim Sport eine gute (1) _Leistung bringen oder Spaß_ bei der Arbeit haben. Die zweite Form ist die Freude, die (2) _____. Also dann, wenn wir (3) _____ oder es in der Familie sehr harmonisch ist. Und schließlich gibt es noch die Freude an etwas Schönem. Wir freuen uns über besondere Musik oder einen romantischen Sonnenuntergang.

(4) _____ zeigt ganz deutlich, dass wir Freude empfinden. Meistens lächeln wir. Die Augen (5) _____, _____ ist ganz weich. Unsere Muskeln sind entspannt und unser Puls und Blutdruck (6) _____.

Wenn wir Freude fühlen, dann produzieren wir Glückshormone, haben (7) _____ und erinnern uns an angenehme Situationen.

Die Frage danach, wie wichtig Freude ist, kann einfach beantwortet werden: Ohne Freude können wir nicht oder nur schlecht leben. Jeder Mensch (8) _____. Wer nur selten Freude spürt, (9) _____ oder nur wenige (10) _____ hat, der hat ein hohes Risiko, krank zu werden. Typisch sind dann Depressionen oder Herz-/Kreislaufprobleme.

4 Ein Gedicht schreiben. Arbeiten Sie zu zweit. Wählen Sie ein Gefühl und schreiben Sie ein „Elfchen", ein Gedicht mit elf Wörtern wie in den Beispielen.

> Glücklich
> mit dir
> scheint jeden Tag
> die Sonne für mich
> wunderbar

> Neid
> du hast
> so viel davon
> was ich auch will
> gemein

Modul 4

5a Nomen und Verben. Was passt zusammen? Ordnen Sie zu.

machen   treffen   einstecken   investieren   kündigen   laufen   einholen

1. Entscheidungen _____
2. Gefahr _____
3. Kritik _____
4. Informationen _____
5. Geld _____
6. sich Sorgen _____
7. Verträge _____

b Wählen Sie drei Ausdrücke aus 5a und schreiben Sie je einen Satz.

6 Lesen Sie den Text auf der nächsten Seite. Entscheiden Sie, welche der Antworten (a, b oder c) passt. Es gibt jeweils nur eine richtige Lösung.

Beispiel:
Warum ist das Mitgefühl so wichtig für die geistige Entwicklung?

- [a] Weil wir uns dadurch von den Tieren unterscheiden.
- [x] Weil das Vermögen, sich in andere einzufühlen, eine Basis für die Ausbildung unseres Intellekts bildet.
- [c] Weil Mitgefühl gesellschaftlich sehr angesehen ist.

1. Ab wann ist die Wahrnehmung der Emotionen anderer Personen möglich?
   - [a] In frühen Jahren lernen Kinder Mitgefühl.
   - [b] Mitgefühl entwickelt sich mit der Sprache.
   - [c] Die Fähigkeit, die Gefühle anderer Menschen zu verstehen, ist angeboren.

2. Ist der orbifrontale Kortex durch Krankheit stark gestört, dann …
   - [a] kann der Mensch nicht mehr mit anderen mitfühlen.
   - [b] verliert man sein Gedächtnis.
   - [c] muss die Person neue Beziehungen aufbauen.

3. Wieso empfinden manche Menschen kein Mitgefühl, obwohl ihr orbifrontaler Kortex eigentlich funktioniert?
   - [a] Weil sie Mitgefühl in ihrer sozialen Stellung für unangemessen halten.
   - [b] Weil sie in jungen Jahren keine Chance hatten, ihre Fähigkeit zum Mitgefühl entfalten zu können.
   - [c] Weil sie gar keine Emotionen empfinden können.

4. Was passiert, wenn schon Kinder ihre Fähigkeit zum Mitfühlen unterdrücken müssen?
   - [a] Das Einfühlungsvermögen wird nicht richtig ausgebildet oder von anderen Funktionen dominiert.
   - [b] Sie werden egoistische und gewalttätige Menschen.
   - [c] Die Kinder können ihre Interessen später nur schlecht durchsetzen.

5. Das Mitgefühl dieser Kinder ist verschwunden, weil …
   - [a] in ihren Gehirnen nicht ausreichend Platz dafür war.
   - [b] in ihren Gehirnen die Fähigkeit, mit anderen mitzufühlen, nicht gefestigt wurde.
   - [c] ihnen das Interesse am Mitgefühl für andere gefehlt hat.

139

Gemischte Gefühle

Modul 4

Wozu braucht der Mensch Mitgefühl?

Wir leben in einer Zeit, in der die meisten Menschen meinen, dass wir uns von den Tieren vor allem durch unsere Fähigkeit zum abstrakten Denken unterscheiden. Dabei übersehen wir allzu leicht, dass es noch eine zweite, wahrscheinlich viel wichtigere Fähigkeit gibt, die die Entfaltung unserer geistigen Potenziale erst ermöglicht: dass wir fühlen können, was in einem anderen Menschen vorgeht, was ihn bedrückt und worüber er sich freut.

Jedes Kind bringt diese Fähigkeit mit auf die Welt und normalerweise kann es die Gefühlsausdrücke seiner frühen Bezugspersonen bereits perfekt verstehen, bevor es die ersten Worte spricht.

Mitgefühl ist die Grundlage unseres gegenseitigen Verstehens; hätten wir diese enorm komplexe Leistung unseres Gehirns nicht entwickelt, wäre ein menschliches Miteinander wohl nicht möglich.

Das Mitgefühl, sagen die Hirnforscher, sitzt im orbifrontalen Kortex, also [...] gleich hinter den Augenbrauen und über den Augenhöhlen. Mithilfe bildgebender Verfahren wie der funktionellen Magnet-Resonanz-Tomographie können Wissenschaftler zeigen, dass hier die Nervenzellen besonders aktiv sind, sobald dieses Gefühl geweckt wird.

Wenn der orbifrontale Kortex nicht mehr funktioniert oder durch eine Hirnverletzung zerstört ist, können die Betroffenen auch kein Mitgefühl mehr empfinden. Sie sind genauso intelligent wie vorher, können sich an alles Erlebte erinnern und auch noch Pläne schmieden. Aber irgendwie kommt man mit ihnen nicht zurecht. In ihren Beziehungen zu anderen sind sie so kalt wie ein Eisschrank.

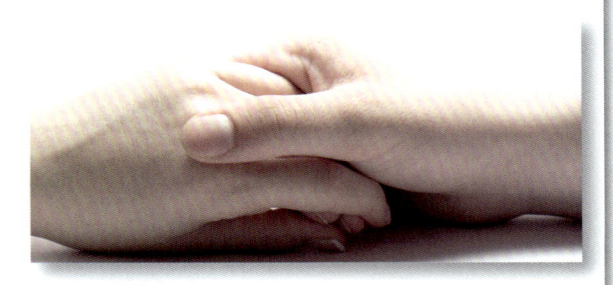

[...] Gefühlskalten Menschen begegnet man nicht nur in psychologischen oder kriminalistischen Kontexten, sondern auch in angesehenen Positionen: als knallhart berechnende Unternehmer, Politiker oder Lobbyisten. Entstanden ist die Eiskammer in ihrem Hirn oft dadurch, dass sie schon während der Kindheit gezwungen waren, ihr Einfühlungsvermögen zu unterdrücken. Das fällt Kindern nicht leicht, doch wenn ihre frühe Lebenswelt von emotionaler Kälte, Rücksichtslosigkeit und Gewalt geprägt ist, bleibt ihnen nichts anderes übrig. Die neuronalen Netzwerke, die für das Mitfühlen der Empfindungen anderer verantwortlich sind, werden so nur kümmerlich ausgeformt oder geraten unter den hemmenden Einfluss der Bereiche, die für das egoistische Durchsetzen eigener Interessen zuständig sind. Dann ist ihr Mitgefühl verschwunden – aber nicht, weil in ihren Gehirnen kein Platz dafür war, sondern in der Welt, in der sie aufwuchsen.

Dreimal dürfen Sie raten, was solche Menschen brauchen, damit die Fähigkeit, mit anderen mitzufühlen, wieder in ihnen wach wird, und was wir unseren Kindern schenken müssen, damit sie dieses menschlichste aller Gefühle in ihrem Gehirn verankern können.

Aussprache: mit und ohne Ironie sprechen

1a Hören Sie die Mini-Dialoge. Markieren Sie die Sätze, die ironisch klingen.

17

A
○ Ah, du hast ja wieder unser Wohnzimmer schick dekoriert.
● Ja, das sieht doch toll aus, ne?

B
○ Heute Abend kommen Sandra und Kevin.
● Super. Da freue ich mich aber.

C
○ Ich habe nichts zum Anziehen.
● Das ist ja schrecklich.
○ Schön, dass wir uns mal verstehen.

b Wie kann man beim Sprechen Ironie ausdrücken? Wählen Sie aus.

1. ☐ Man verwendet oft Modalpartikeln.
2. ☐ Man spricht sehr langsam.
3. ☐ Die Stimme geht am Satzende nach oben.
4. ☐ Die Betonung ist übertrieben.
5. ☐ Man sagt das Gegenteil von seiner Meinung.
6. ☐ Man verwendet Fragen.

2 Lesen Sie die Dialoge zu zweit, einmal mit und einmal ohne Ironie.

○ Komm, wir machen uns heute einen gemütlichen Fernsehabend.
● Das ist aber eine tolle Idee.

○ Das Sofa kostet nur 2.000,- Euro.
● Dann kaufen wir es natürlich. Das ist ja spottbillig.

Selbsteinschätzung — 9

So schätze ich mich nach Kapitel 9 ein: Ich kann …	+	○	−
… wesentliche Informationen zur Bedeutung und Wirkung von Farben in einer Radiosendung verstehen. ▶M1, A2a, b	☐	☐	☐
… in einem Radiobeitrag Meinungen und Beiträge zum Thema „Musik beim Arbeiten hören" verstehen. ▶AB M1, Ü5a, b	☐	☐	☐
… Emotionen und Einstellungen der Sprecher in Gesprächen verstehen. ▶M3, A1a, c	☐	☐	☐
… ein Lied über Freundschaft und Emotionen verstehen. ▶M4, A1b	☐	☐	☐
… einen Vortrag zum Thema „Angst" in seinen Details verstehen und eine Mitschrift ergänzen. ▶M4, A3	☐	☐	☐
… Aussagen über die Wirkung von Musik verstehen. ▶M1, A2	☐	☐	☐
… Informationen aus einer Mitschrift zum Vortrag „Was ist Angst?" verstehen. ▶M4, A3a	☐	☐	☐
… die wichtigsten Tipps in einem Text zum Thema „Entscheidungen" verstehen. ▶M4, A4b	☐	☐	☐
… in einem Zeitschriftentext zum Thema „Mitgefühl" detaillierte Informationen verstehen. ▶AB M4, Ü6	☐	☐	☐
… einen Kurzvortrag über die Wirkung von Farben halten. ▶M2, A3	☐	☐	☐
… den Ausdruck von Einstellungen und Emotionen in Äußerungen verstärken. ▶M3, A3b	☐	☐	☐
… den Zusammenhang zwischen Liedern und Emotionen beschreiben. ▶M4, A1a	☐	☐	☐
… Fragen zu einem Vortrag zum Thema „Angst" stellen und mithilfe einer Mitschrift Antworten geben. ▶M4, A3c	☐	☐	☐
… einen Blogbeitrag zum Thema „Musik beim Arbeiten hören" schreiben und dabei auf verschiedene Aspekte eingehen. ▶AB M1, Ü5c	☐	☐	☐
… eine E-Mail schreiben, die Tipps für eine Entscheidungsfindung enthält. ▶M4, A5b	☐	☐	☐
… ein Plakat erstellen, das anderen bei Entscheidungen helfen kann. ▶M4, A6b	☐	☐	☐

Das habe ich zusätzlich zum Buch auf Deutsch gemacht (Projekte, Internet, Filme, Lesetexte, …):

Datum: Aktivität:

_____ _____

_____ _____

_____ _____

_____ _____

Grammatik und Wortschatz weiterüben: interaktive Übungen unter www.aspekte.biz/online-uebungen2

Wortschatz

Modul 1 — Mit Musik geht alles besser

die Atmung	_____	der Pulsschlag, -"e	_____
beeinflussen	_____	der Schlaganfall, -"e	_____
der Blutdruck	_____	der Stoffwechsel	_____
die Demenz	_____	die Therapie, -n	_____
das Gehirn, -e	_____	der/die Therapeut/in, -en/-nen	_____
gesundheitsfördernd	_____		
die Herzfrequenz	_____	der Ton, -"e	_____
nachweisen (weist nach, wies nach, hat nachgewiesen)	_____	unterbrechen (unterbricht, unterbrach, hat unterbrochen)	_____
der Prozess, -e	_____		

Modul 2 — Farbenfroh

aktivieren	_____	die Reinheit	_____
die Ampel, -n	_____	signalisieren	_____
bestreichen (bestreicht, bestrich, hat bestrichen)	_____	der Schiedsrichter, -	_____
		stärken	_____
der Einfluss, -"e	_____	die Trauer	_____
das Gleichgewicht	_____	verwarnen vor	_____
der Gutschein, -e	_____	die Verzweiflung	_____
heilen	_____	warnen vor	_____
das Logo, -s	_____	die Warnung, -en	_____

Modul 3 — Sprache und Gefühl

abschwächen	_____	die Empörung	_____
der Ausruf, -e	_____	die Ermunterung, -en	_____
der Befehl, -e	_____	der Kontext, -e	_____
die Betonung	_____	verstärken	_____

▶ **Wortschatz** 9

Modul 4 Gemischte Gefühle

das Gewissen	_____	unsterblich	_____
das Grab, -"er	_____	das Urteilsvermögen	_____
die Emotion, -en	_____	vergeuden	_____
körperlich	_____	versagen	_____
die Mitschrift, -en	_____	sich verstecken	_____
der Muskel, -n	_____	vorausdenken (denkt vor-	
die Panik	_____	aus, dachte voraus,	
die Reue	_____	hat vorausgedacht)	
die Routine, -n	_____	weglaufen (läuft weg,	_____
die Seele, -n	_____	lief weg, ist weg-	
selbstsicher	_____	gelaufen)	
sichtbar	_____	der Zustand, -"e	_____

Wichtige Wortverbindungen

den Appetit fördern _____

eine Entscheidung treffen/fällen (trifft, traf, _____

    hat getroffen)

für jmd. durchs Feuer gehen (geht, ging, _____

    ist gegangen)

etw. legt sich jmd. aufs Gemüt _____

etw. liegt hinter jmd. (liegt, lag, hat gelegen) _____

tolle Preise winken (winkt, winkte, haben gewinkt/ _____

    gewunken)

im Regen stehen (steht, stand, hat gestanden) _____

Stress abbauen _____

sich ewige Treue schwören (schwört, schwor, _____

    hat geschworen)

von Weitem _____

sich die Zeit vertreiben (vertreibt, vertrieb, _____

    hat vertrieben)

Wörter, die für mich wichtig sind:

143

Ein Blick in die Zukunft

Diese Übungen bereiten Sie auf das Kapitel vor.

1a Welche der folgenden Wörter verbinden Sie mit dem Begriff „Zukunft"? Markieren Sie.

> Fortschritt   Hektik   Rückschritt   Stillstand   Kontinuität   Veränderung
> Bequemlichkeit   Beständigkeit   Problemlösung   Planung   Rückständigkeit   Roboter
> Digitalisierung   Schlussfolgerung   Technik   Natur

b Begründen Sie Ihre Wahl für mindestens drei Wörter.

Ich habe „Hektik" gewählt, weil ich denke, dass in Zukunft alles noch schneller sein wird und immer mehr Dinge parallel ablaufen werden. Ich glaube, dass …

2 Was passt? Ergänzen Sie.

> eine Vision haben   eine Entwicklung vorhersehen   zu der Erkenntnis kommen   eine Voraussage treffen

1. Die Ärzte wissen nicht, wann er wieder gesund sein wird. Sie können keine _____ zum Krankheitsverlauf _____.
2. Er hat schon vor Jahren gesagt, dass die Wohnungspreise weiter steigen werden. Er hat diese _____.
3. Die Forscher haben viele Daten analysiert und ausgewertet. So sind sie _____ _____, dass die Umwelt in Zukunft noch besser geschützt werden muss.
4. Viele Ideen zu Erfindungen und Neuerungen entstehen aus einer Vorstellung heraus, wie die Zukunft sein könnte. Die meisten Erfinder _____ anfangs eine _____.

3 Finden Sie die Wörter zum Thema „Zukunft" und ergänzen Sie sie in den Sätzen. Achten Sie auf die Endungen.

sxtmfuturistischrukzukunftsorientiertemalaussichtsreichstuzukunftsweisendstagezukünftigesurlomaussichtslosim

1. Das Gebäude sieht sehr _____ aus.
2. Der Hersteller verspricht, dass die _____ Gerätegeneration noch zuverlässiger und sparsamer sein wird.
3. Das Bewerbungsgespräch ist sehr gut gelaufen. Ich denke, er ist ein sehr _____ Kandidat.
4. Er hat seinen Job verloren und braucht eine Wohnung. Er ist wirklich in einer _____ Situation.
5. Diese _____ Technik wird vielen Menschen helfen.
6. Blick voraus: In unserem Unternehmen arbeiten wir fachmännisch und _____.

10

4 Welches Wort ist richtig? Markieren Sie.

Vielleicht wissen (1) Geschichtsforscher/**Zukunftsforscher**/Psychologen ja wirklich besser, was die Zukunft bringt, aber ich stelle mir die Zukunft ungefähr so vor: Es wird wohl kaum noch (2) Heimarbeit/Handarbeit/Hausarbeit geben, denn alles wird von (3) Maschinen/Menschen/Motoren erledigt. Vermutlich wird es auch fast keine normalen Restaurants mehr geben, sondern nur noch ganz teure und edle Restaurants, in denen alles von (4) Kameras/Robotern/Kellnern gesteuert ist. Wenn man nur schnell etwas essen möchte, dann kann man sich an fast jeder Ecke ein Menü aus einem (5) Roboter/Sensor/Automaten holen. Zum Bezahlen wird man kein Geld mehr brauchen, sondern ein tiefer Blick in die (6) Augen/Kamera/Speisekarte wird reichen und das (7) Menü/Essen/Gerät bucht die Kosten für das Essen automatisch vom Konto ab. Unsere Autos werden alle mit (8) Motoren/Sensoren/Lichtern ausgestattet sein, sodass es kaum noch Unfälle geben wird. Und wer weiß, vielleicht kommen sie doch noch, die (9) Zukunftsforscher/Maschinen/Außerirdischen.

5 Was denken Sie, wie die Menschen in 40 Jahren leben werden? Die Fotos geben Ideen. Schreiben Sie einen kurzen Text und gehen Sie auf mindestens drei der folgenden Punkte ein.

- Wohnen
- Maschinen und Roboter
- Gesundheit
- Verkehr
- Arbeit

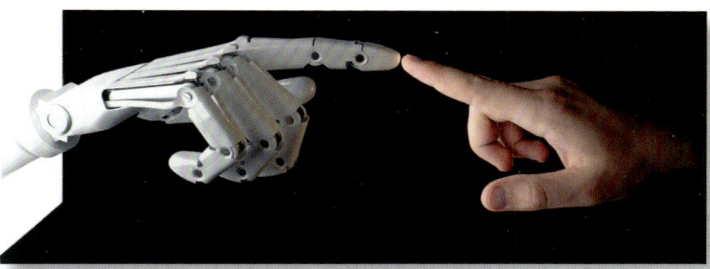

145

Roboterwelt

1 Was gehört zusammen? Ordnen Sie zu. Manchmal gibt es mehrere Möglichkeiten.

1. _____ Arbeitskräfte   4. _____ mit anderen Menschen   a interagieren   d ausführen
2. _____ eine Tätigkeit   5. _____ die Kontrolle   b steuern   e auslösen
3. _____ einen Roboter   6. _____ einen Notruf   c abgeben   f ersetzen

2 Sie haben im Radio eine Diskussionssendung zum Thema „Roboter ersetzen Menschen" gehört. Bei den Online-Kommentaren zur Sendung finden Sie folgende Meinung. Reagieren Sie darauf und schreiben Sie einen kurzen Text.

> **boboheld88**   30.6. / 00:23 Uhr
>
> Auch wenn Roboter in manchen Bereichen vielleicht Nachteile mit sich bringen, finde ich die Entwicklung toll. In Krankenhäusern fehlen bekanntlich viele Pflegekräfte. Da sind Roboter doch ideal. Gefühle zeigen sie zwar keine, aber dafür können sie eine Menge Arbeit erledigen. In Fabriken machen sie sogar weniger Fehler als Menschen.

3a Partizip I und II. Formulieren Sie Relativsätze.

1. der in Berlin konstruierte Roboter

   Der Roboter, _der in Berlin konstruiert worden ist_____, kann vielen Menschen helfen.

2. die allein lebenden Menschen

   Besonders ältere Menschen, _____, können von Robotern profitieren.

3. die anstrengende und Zeit kostende Hausarbeit

   Hausarbeit, _____, kann von Robotern erledigt werden.

4. die unerwartet auftretenden Probleme

   Bei Problemen, _____, kann man jederzeit das Servicecenter kontaktieren.

5. die bisher verkauften Roboter

   Die Roboter, _____, kommen bei den Kunden gut an.

b Partizip I. Formen Sie die Relativsätze in Partizipialkonstruktionen um.

1. Der Wissenschaftler, der in den USA lebt, arbeitet schon lange in der Wirtschaft.

   _Der in den USA lebende Wissenschaftler_____ arbeitet schon lange in der Wirtschaft.

2. Preise, die ständig steigen, sind für Kunden immer ärgerlich.

   _____ sind für Kunden immer ärgerlich.

3. Ideen, die überzeugen, sind für Unternehmen wichtig.

   _____ sind für Unternehmen wichtig.

4. Autos, die allein fahren, wird man bald auf den Straßen sehen.

   _____ wird man bald auf den Straßen sehen.

5. Der Verkehr, der weltweit zunimmt, muss bewältigt werden.

   _____ muss bewältigt werden.

Modul 1

10

c Technische Erfindungen. Was passt? Kreuzen Sie an.

A Der von der TU Berlin ☐ entwickelnde ☐ entwickelte Fotoball mit 36 Minikameras fotografiert, während er geworfen wird. Die von einer Spezialsoftware ☐ zusammenführenden ☐ zusammengeführten Fotos zeigen dann ein 360-Grad-Panorama. Der ☐ schätzende ☐ geschätzte Kaufpreis wird bei ca. 100 Euro liegen.

B Ein Erdbeeren ☐ pflückender ☐ gepflückter Roboter soll in Zukunft die Ernte der empfindlichen Früchte erleichtern. Die sechs menschliche Arbeitskräfte ☐ ersetzende ☐ ersetzte Maschine ist allerdings in der Anschaffung sehr teuer.

C Studenten der TU Darmstadt haben eine intelligente Schutzbrille entwickelt. Die Augenverletzungen ☐ verhindernde ☐ verhinderte Brille überprüft selbstständig, ob sie richtig getragen wird und schlägt bei falscher Anwendung Alarm. Bei einem Wettbewerb in Japan konnten die Studenten sich über den ersten Platz und das ☐ gewinnende ☐ gewonnene Preisgeld freuen.

D Vier ☐ sprechende ☐ gesprochene Roboter transportieren im Rüdershofer Krankenhaus Wäsche und Essen durch die Gänge. In diesem Krankenhaus liegen die Patienten außerdem in modern ☐ einrichtenden ☐ eingerichteten Zimmern: Jedes Bett hat ein Tablet, mit dem die Patienten Musik hören, fernsehen und im Internet surfen können.

d Auf der Messe. Ergänzen Sie das Partizip I oder II.

1. Bekannte Fachleute diskutierten über neu _____ (entwickeln) Produkte.

2. Sie sprachen lange über die vom Publikum _____ (nennen) Einwände.

3. Laut _____ (reden) Leute störten die Diskussion.

4. Von Zuschauern _____ (stellen) Fragen konnten oft nicht ausführlich beantwortet werden.

5. Nach der Diskussion gab es frisch _____ (zubereiten) Speisen und _____ (erfrischen) Getränke für alle.

e Partizip I oder II? Bilden Sie sinnvolle Partizipialkonstruktionen und formulieren Sie Sätze.

1. arbeiten – Roboter
2. telefonieren – Mitarbeiter
3. lachen – Kinder
4. heilen – Medikament
5. aufräumen – Küche
6. ablenken – Fahrer
7. eingehen – Notruf
8. reparieren – Auto

1. Viele Menschen wünschen sich einen arbeitenden Roboter im Haushalt.

Dr. Ich

1 Was bedeuten die Ausdrücke? Ordnen Sie zu.

1. _____ nicht von allen anerkannt
2. _____ sich gegen etw. wehren
3. _____ sammeln/konzentrieren
4. _____ bezahlen
5. _____ Schmerzen reduzieren
6. _____ etw. analysieren
7. _____ Medikamente richtig dosieren
8. _____ jmd. informieren
9. _____ etw. z. B. als größer oder schlimmer beschreiben, als es ist

a übertreiben
b bündeln
c lindern
d umstritten
e Medikamente einstellen
f benachrichtigen
g für etw. aufkommen
h sich sträuben
i etw. auswerten

2 Ein ausländischer Freund bittet Sie darum, einen Brief zu korrigieren, da Sie besser Deutsch können.

- Fehler im Wort: Schreiben Sie die richtige Form an den Rand. (Beispiel 01)
- Fehler in der Satzstellung: Schreiben Sie das falsch platzierte Wort an den Rand, zusammen mit dem Wort, mit dem es vorkommen soll. (Beispiel 02)
- Bitte beachten Sie: Es gibt immer nur einen Fehler pro Zeile.

Wien, den 15. Mai 20…

Sehr gehrte Damen und Herren,

mit großem Interesse ich habe den Artikel über Telemedizin in Ihrer

Zeitschrift lesen. Der Artikel interessiert mich deshalb so sehr,

weil eine Seminararbeit zum Thema „Medizin der Zukunft" ich

schreibe. Ich habe mich vorgestellt, in dieser Arbeit auch Interviews

und persönliche Erfahrungsberichte von Menschen aufnehmen, die

Erfahrungen mit Telemedizin gemacht hat.

Nachdem ich nun den Artikel gelesen habe, wurde ich sehr gerne

Kontakt zu den Personen aufnehmen, die im Test teilgenommen haben.

Ich wollte Sie fragen, wenn es möglich ist, dass Sie mir

eine E-Mail-Adresse von den Personen geben. Sie natürlich können

auch sehr gerne meine Kontaktdaten für diese weitergeben.

Mit freundlichen Grüßen

Paloma Pezantes

geehrte	01
habe ich	02
_____	03
_____	04
_____	05
_____	06
_____	07
_____	08
_____	09
_____	10
_____	11
_____	12

Modul 2

10

3a Hören Sie den Beginn eines Vortrags und beantworten Sie die Fragen.

1. Worum geht es in dem Vortrag? _____
   _____

2. Welche Beispiele werden genannt? _____
   _____

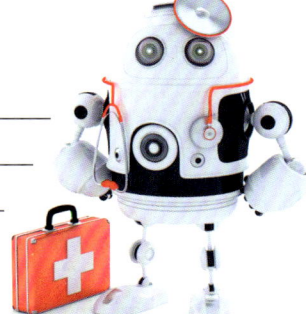

b Hören Sie den ersten Teil und machen Sie Notizen zum ersten Beispiel.

Wer?   Menschen, die ...
Wo?   Deutschland, abgelegene ...
Was und wie?
Vorteile – Nachteile

c Hören Sie den zweiten Teil und ergänzen Sie die Informationen.

In (1) _Krankenhäusern_ in den (2) _____: (3) _____ verteilen

(4) _____, transportieren Krankenakten und Röntgenbilder

Problem: Wenn Roboter das Personal ersetzen, (5) _____ _____ mit Patienten weniger

Lösung: Roboter sollen Personal (6) _____, nicht ersetzen.

d Hören Sie den letzten Teil des Vortrags und fassen Sie die Informationen zusammen.

Roboter operieren auch schon in Deutschland; ...

4a Arbeiten Sie zu zweit. Wählen Sie ein Thema für einen Vortrag (z. B. moderne Medizin, Zukunft der Computer, Essen in 20 Jahren, ...). Bereiten Sie Ihren Vortrag vor und wählen Sie geeignete Redemittel.

Einleitung	auf Folien/Abbildungen verweisen
Das Thema meiner Präsentation lautet/ist: ... In meinem Vortrag geht es um ...	Auf dieser / der nächsten Folie sehen Sie ... Wie Sie auf der Folie sehr gut erkennen können, ist/sind ...
Strukturierung	**Schluss**
Zuerst möchte ich über ... sprechen und dann etwas zum Thema ... sagen. Im dritten Teil geht es dann um ... und zum Schluss möchte ich noch auf ... eingehen. Ich komme jetzt zum zweiten Beispiel.	Lassen Sie mich zum Schluss noch sagen, dass ... Zum Abschluss möchte ich also die Frage stellen, ob ... Vielen Dank für Ihre Aufmerksamkeit.

b Halten Sie zu zweit den Vortrag zu Ihrem Thema. Wechseln Sie sich beim Vortragen ab. Beachten Sie den Tipp und geben Sie sich gegenseitig Feedback.

TIPP | **Einen Vortrag halten**
Damit Ihr Vortrag nicht langweilig für die Zuhörer wird: Bauen Sie immer wieder Blickkontakt zu Ihren Zuhörern auf. Sprechen Sie nicht monoton und leise, sondern lebhaft, laut genug und deutlich – aber nicht zu schnell. Gehen Sie auch auf Fragen Ihrer Zuhörer ein.

Berufe der Zukunft

Modul 3

1a Formulieren Sie Sätze mit *während*.

1. man zur Schule gehen – über die spätere Berufswahl nachdenken
2. einige Schüler ihren Traumberuf von Anfang an kennen – andere auch nach Schulabschuss unentschlossen sein
3. man in der Ausbildung sein – Berufswunsch sich verändern manchmal noch
4. man ein Praktikum machen – viel über den Beruf lernen
5. viele neue Berufe im Bereich Informationsbeschaffung entstehen – manche alten Berufe verschwinden

1. Während man zur Schule geht, denkt man viel über die spätere Berufswahl nach. _t_

b Temporal oder adversativ? Notieren Sie hinter Ihren Lösungen in 1a *t* oder *a*.

2 Ergänzen Sie die Präpositionen. Manchmal gibt es mehrere Möglichkeiten.

| dank | während | infolge | außerhalb | innerhalb | aufgrund | wegen |

(1) _____ des Firmenjubiläums trafen sich zahlreiche Vertreter aus Wissenschaft und Forschung auf dem alten Messegelände. Diese zweite große Firmenfeier (2) _____ eines halben Jahres fand (3) _____ der Umbauarbeiten in der Firma (4) _____ des Firmengebäudes statt: Die Veranstalter hatten Partyzelte auf einer Wiese aufgestellt. Und (5) _____ des guten Wetters konnten alle unbeschwert feiern.

(6) _____ der rasanten Entwicklung der Firma lobten die Festredner die Firmengründer. (7) _____ ihres Engagements und Tatendrangs konnten viele Arbeitsplätze – besonders in den neueren Berufen – geschaffen werden. (8) _____ der Feierlichkeiten wurde viel gelacht und geredet und sicherlich wurden auch wichtige Kontakte geknüpft.

3 Wählen Sie die passende Präposition und schreiben Sie die Sätze.

1. aufgrund – außerhalb – innerhalb
2. außerhalb – dank – trotz
3. während – wegen – infolge
4. außerhalb – innerhalb – aufgrund
5. aufgrund – während – trotz
6. trotz – dank – infolge

eine Woche / Sie / die Ware / umtauschen / können
guter Name der Firma / es / kein großes Interesse / an dem futuristischen Auto / geben
der Vortrag / alle / interessiert / zuhören
das gesamte Firmengelände / Rauchen / nicht gestattet / sein
die große Nachfrage / die Ausstellung / verlängert werden
die engagierten Kollegen / wir / das Produkt / pünktlich fertigstellen / können

1. Innerhalb einer Woche können Sie die Ware umtauschen.

Meine Zukunft – deine Zukunft — Modul 4 — 10

1 Lesen Sie zuerst die zehn Situationen (1–10) und dann die zwölf Info-Texte (a–l). Welcher Info-Text passt zu welcher Situation? Sie können jeden Info-Text nur einmal verwenden. Manchmal gibt es keine Lösung. Markieren Sie dann X.

1. Ihr Sohn ist technikinteressiert und konstruiert gerne Dinge. _____
2. Ihre Cousine möchte mehr über neueste medizinische Trends wissen. _____
3. Ihre Freundin hat Informatik studiert und sucht eine Stelle. _____
4. Ihr Chef möchte eine neue IT-Anlage im Büro installieren lassen. _____
5. Ein Kollege überlegt, wie er am besten Strom sparen kann. _____
6. Eine Bekannte möchte ihrer 10-jährigen Nichte einen Computer zum Geburtstag schenken. _____
7. Sie möchten sich über neue Berufe informieren. _____
8. Ihr Vater ist Rentner und möchte in seiner Freizeit einen Computerkurs besuchen, um auch weiterhin fit für die Zukunft zu bleiben. _____
9. Ihr Nachbar interessiert sich für Computerspiele und deren Entwicklung. _____
10. Ein Freund möchte etwas für seine Gesundheit tun. _____

A WIR SUCHEN DICH!
Computer sind deine Leidenschaft? Du interessierst dich für die Entwicklung von Software? Du würdest gern die neuesten Spiele kennenlernen? Dann suchen wir dich! Teste und bewerte bei uns die neuesten Spiele, bevor sie auf den Markt kommen. Dank deiner Hilfe können wir noch besser werden. Schenke uns einfach ein paar Stunden. Als Dankeschön bieten wir allen Mitmachenden einen Workshop, in dem wir zeigen, wie ein neues Spiel entsteht. Melde dich gleich an: info@gamesforever.de

B Lego kennt jeder, … die Bausteinchen, aus denen man alles Mögliche machen kann. Nicht so bekannt und eher für größere Kinder oder Jugendliche ist die Serie „Mindstorms", mit der man Roboter bauen und selbst programmieren kann.
Ein Roboter, der Fußball spielt? Klar! Im Workshop des Kinder- und Jugendzentrums (KiJu) können Kinder ab 9 Jahren lernen, wie das funktioniert. Am Anfang steht – wie bei jedem Lego-Werk – die Bauanleitung, die bei den Robotern doch oftmals komplizierter ausfällt. Die Pädagogen von KiJu stehen den Kindern immer helfend zur Seite. Wenn der Roboter fertig ist, kann man ihn am Computer programmieren. Auch dabei werden die Kinder unterstützt.
Besonders interessant für viele Kinder: die Fußball-Roboter. Wie bei Menschen gibt es in einer Mannschaft völlig unterschiedliche Spielerpersönlichkeiten. Zum Beispiel den verspielten Dribbler, den Spieler mit Überblick, den robusten Typ oder auch den für Verletzungen anfälligen Roboter.
Im KiJu finden Kinder jede Menge Herausforderungen und können ihrem Spieltrieb und ihrer Kreativität freien Lauf lassen.
Schnell anmelden, denn die Kurse sind schon fast ausgebucht!

C Mit Computern lernen von klein auf
Computer sind heutzutage nicht mehr wegzudenken, das gilt auch für Kinder im Kindergarten und in der Grundschule. Das Lernen am Computer kann eine schöne und interessante Ergänzung zum klassischen Lernen sein. Deshalb wurden gemeinsam mit Pädagogen Programme entwickelt, die Spaß machen und die Kinder motivieren, sich mit bestimmten Themen zu beschäftigen.
Kindergartenkinder können mit den Programmen ihre Umwelt kennenlernen, speziell in den Bereichen Natur, Menschen, Tiere und Orientierung. Für die Grundschüler stehen eine Vielzahl weiterer Themen zur Verfügung. So kann auch Deutsch und Mathe auf spielerische Art am Computer trainiert werden. Außerdem soll ein verantwortungsbewusster Umgang mit dem Computer gefördert werden.
Eingesetzt werden sollen die Programme ein- bis zweimal wöchentlich in Kindergärten und Schulen. Ergänzende Arbeitsblätter findet man online.

Meine Zukunft – deine Zukunft

D Sie fühlen sich müde und abgespannt? Ihnen fehlt Energie und Motivation?
Unser PlusGesund-Zentrum kann helfen! Wir haben ein Gesundheitskonzept entwickelt, das sich an alle Bedürfnisse und Tagesabläufe anpasst. Unser Programm umfasst Ernährung, Sport und Entspannung. Es ist für zu Hause konzipiert, aber zweimal pro Monat treffen Sie sich mit Gleichgesinnten in unserer Wohlfühloase direkt im Zentrum. Wenn dann mal wieder die Energie und Disziplin fehlt, erhalten Sie weitere Unterstützung über unsere Berater, mit denen Sie mehrmals pro Woche skypen können.
Neugierig geworden? Dann gleich anrufen! PlusGesund-Zentrum 01804 - 464646000

E Auch in diesem Jahr präsentieren auf der CeBIT wieder zahlreiche Aussteller die neuesten Produkte und Entwicklungen. Erstmals gibt es auf der Computer-Messe eine eigene Halle für Gründer, Entwickler und Investoren. Halle 11 soll ein Anlaufpunkt für alle werden, die sich für Start-ups interessieren. Parallel dazu gibt es auf der internationalen Messe in Hannover wie bereits im letzten Jahr für IT-Fachkräfte die Möglichkeit, Kontakte zu Unternehmen aus unterschiedlichen Branchen zu knüpfen. Über 100 Arbeitgeber, die dringend gut ausgebildete Arbeitskräfte suchen, werden vertreten sein. Außerdem gibt es Vorträge zu beruflichen Themen wie Stressabbau, Bewerbungstrends via Social Media bis hin zu Strategien für die Karriereplanung.

F Das KaKi-Bildungswerk in Augsburg ist Ihr kompetenter Bildungsdienstleister. Wir bieten Kurse zur schnellen Wissenserweiterung, Lehrgänge für Ihren beruflichen Erfolg oder individuelle Schulungen für Unternehmen. Bei uns steht der Mensch im Mittelpunkt. Unsere Kurse und Lehrgänge gehen mit persönlicher Betreuung über die reine Wissensvermittlung hinaus. Neu in unserem Programm sind die 50Plus-Kurse zum Jung bleiben. Besuchen Sie bei uns einen Kurs zu Computer/Internet / neuester Software.
Fordern Sie jetzt unser aktuelles Kursprogramm an unter: KaKi-Bildungswerk, Frauenstraße 8, 86152 Augsburg, Tel.: 0821-89893700

G Verbraucherzentrale Niedersachsen
Die Verbraucherzentrale Niedersachsen e.V. bietet neben einem Online-Angebot telefonische und persönliche Beratung in verschiedenen Bereichen an. Qualifizierte Mitarbeiterinnen und Mitarbeiter sind Ihre Ansprechpartner am Telefon und in den Beratungsstellen vor Ort.
Beratungsthemen und Serviceleistungen:
- Alles rund ums Thema Energie: Wissenswertes zum Energiesparen im Haushalt, Heizungsanlagen, Wärmedämmung, Nutzung regenerativer Energien etc.
- Wir prüfen für Sie Geldanlagen und Angebote zur Altersvorsorge.
- Wir informieren Sie über die Auswahl der richtigen Krankenversicherung.
- Welche Versicherungen sind sinnvoll? Welchen Schutz bieten sie? Was dürfen sie kosten? Wie kann man kündigen? Auch hier bieten wir Ihnen computergestützte Auswertungen zur Wahl der richtigen Versicherung an.

H Ob Computer, Medizin oder Haus & Garten – Egal, welche Messe Sie besuchen, in unserem Hotel sind Sie direkt dabei.
Bequem wohnen an der Messe – Unser Hotel liegt sehr günstig und bequem, direkt neben dem Messegelände. Buchen Sie jetzt eins unserer klimatisierten Zimmer mit kostenlosem Wi-Fi.
Wir verfügen über sieben Tagungsräume für Veranstaltungen mit bis zu 200 Personen.
Der Flughafen ist nur 13 km entfernt, der Hauptbahnhof 4 km. Wenn Sie mit dem eigenen Auto kommen, steht Ihnen ein Parkplatz in unserer Tiefgarage zur Verfügung.
Lassen Sie einen anstrengenden und erfolgreichen Arbeitstag in unserem exzellenten Restaurant ausklingen und genießen Sie vorzügliche Gerichte der regionalen und nationalen Küche.
Rufen Sie gleich an und informieren Sie sich über unsere Preise: Hotel Messe Direkt 4587 8900 - 0 Bei Online-Buchung 5 % Rabatt.

Modul 4 **10**

I Welcher Beruf ist der richtige?
Es gibt heute unzählige Möglichkeiten, aber welche Berufe haben Zukunft? Welche Trends werden bleiben, welche verschwinden? Welche Branchen werden besonders gefragt sein? Und was ist eigentlich ein Wissensmanager? Das Buch „Der Jobnavigator" informiert umfassend über die Arbeitswelt von morgen. Dabei kommen Sozialwissenschaftler, Trendforscher und Arbeitswissenschaftler zu Wort.

Bestellen Sie jetzt: „Der Jobnavigator" – nur 11,99 Euro – im Buchhandel oder online erhältlich.

J Unser aktuelles Herbst/Winter-Programm ist online!
Auch in diesem Winter haben wir wieder zahlreiche interessante und sich lohnende Veranstaltungen. Als besonderes Highlight möchten wir unsere medizinische Vortragsreihe hervorheben. Hier ein kleiner Einblick: Welche Entwicklungen gibt es in der modernen Medizin? Ist der Patient bald sein eigener Arzt? Arztbesuche demnächst nur noch nur über Skype? Heilung durch die Natur?
Erleben Sie spannende Einblicke und anregende Diskussionen: Immer Donnerstag, 20 Uhr in der Akademie des Wissens, Müllerstraße 34. Bitte online anmelden unter www.wissensakademie.com

K Sich erfolgreich bewerben – Der neue Ratgeber von Miller & Miller macht's möglich!
Endlich alles in einem Buch: Hier finden Sie Informationen und praktische Anleitungen zu den Bereichen Lebenslauf, Anschreiben, Vorstellungsgespräch und Einstellungstests. Auch Online-Bewerbungen, Initiativbewerbungen und Selbstmarketing in sozialen Medien werden besprochen. Sie finden über 300 Mustervorlagen, Tests und Arbeitsblätter. Eine bessere Vorbereitung gibt es nicht! Bestellen Sie den Ratgeber jetzt unter www.miller&miller.net

L Computer und mehr – Der Fachhandel für Hardware und Software
Neben einem kostenlosen und unverbindlichen Beratungsgespräch bei Ihnen vor Ort bieten wir Ihnen eine kompetente Projektierung (Planung, Verkauf, Installation und Wartung). Diese Leistungen bieten wir sowohl für Firmen als auch für Privatkunden. Wir finden die passende Lösung für Sie. Brauchen Sie einen neuen Internetauftritt? Wir gestalten Ihre Website und warten sie anschließend für Sie.
Kontakt: Computer und mehr, Tulpenweg 10, 10115 Berlin, 030-40302010 oder info@computerundmehr.com

2a Eine Beschwerde. Setzen Sie die Redemittel zusammen.

1. Ihre – der – erweckt – Anzeige – durch – wird – , – Eindruck – dass

   Durch Ihre Anzeige wird der Eindruck erweckt, dass …

2. in – meines – nicht – Ordnung – , – es – Erachtens – ist – dass

   _____

3. es – ich – unangebracht – völlig – finde – dass – ,

   _____

4. deshalb – Sie – auffordern – ich – , – möchte

   _____

153

Meine Zukunft – deine Zukunft

Modul 4

b Bringen Sie die Textteile der Beschwerde-Mail in die richtige Reihenfolge.

Von: magda@mnet.de
An: IT-Werkstatt GmbH
Betreff: Workshop „Software-Entwicklung für Profis"

☐ A Des Weiteren wird in Ihrer Anzeige der Eindruck erweckt, dass der Workshop nur in einer kleinen Gruppe stattfindet. Auch dies stimmte nicht. In unserer Gruppe waren insgesamt 30 Teilnehmer und deshalb gab es noch nicht mal für jeden einen eigenen Computer und wir mussten jeweils zu zweit arbeiten.

☐ B Leider musste ich feststellen, dass Ihr Angebot überhaupt nicht mit Ihrer Anzeige übereinstimmt. In der Anzeige schreiben Sie, dass der Workshop von professionellen Software-Entwicklern geleitet wird. Dies entspricht leider nicht der Wahrheit.

☐ C Sollte ich in den nächsten acht Tagen nichts von Ihnen hören, werde ich meinen Anwalt informieren.

☐ D Meines Erachtens ist es nicht in Ordnung, dass Sie mit Ihrer Anzeige völlig falsche Erwartungen wecken. Deshalb möchte ich Sie auffordern, mir fünfzig Prozent des Preises zurückzuerstatten.

☐ E im Mai dieses Jahres war ich auf dem Workshop „Software-Entwicklung für Profis" in Köln. Gebucht hatte ich diesen Workshop inklusive Hotelübernachtung über Sie.

☐ F Mit freundlichen Grüßen
Magdalena Kirschner

☐ G Sehr geehrte Damen und Herren,

☐ H Die Workshop-Betreuer waren alle noch Studenten mit relativ wenig Erfahrung. Die ganze Tagesplanung war sehr chaotisch und nicht strukturiert.

Aussprache: Frage oder Aussage

1 Hören und lesen Sie die Sätze. Hören Sie eine Frage oder eine Aussage? Ergänzen Sie einen Punkt oder ein Fragezeichen.

1. In Zukunft werden Roboter immer wichtiger__
2. Herr Mohn ist der Meinung, dass sich die Arbeitswelt stark verändern wird__
3. Kinder lernen besser mit Computern__
4. Durch Roboter verlieren wir unsere Jobs__
5. Dein Freund hat einen Roboter, der im Haushalt hilft__
6. Er nutzt eine App, um seinen Blutdruck zu messen__
7. Sie wollen Ihre Gesundheit online prüfen__

2 Hören Sie die folgenden Sätze als Fragen und Aussagen in Dialogen. Welche Unterschiede finden Sie bei der Aussprache zwischen Aussage und Frage? Ordnen Sie die Merkmale zu.

1. Junge Menschen werden mehr als einen Beruf lernen

2. Durch Roboter verlieren wir unsere Jobs

Frage: __1__
Aussage: _____

1. Die Stimme geht am Ende nach oben.
2. Die Stimme drückt Überraschung aus.
3. Der Satzakzent liegt in der Mitte.
4. Der Satzakzent liegt auf dem Ende.
5. Die Stimme drückt Überzeugung aus.
6. Die Stimme geht am Ende nach unten.

3 Üben Sie zu zweit. Sprechen Sie jetzt die Sätze aus 1 als Frage und als Aussage.

Selbsteinschätzung 10

So schätze ich mich nach Kapitel 10 ein: Ich kann …	+	○	−
… einen Vortrag über Vor- und Nachteile der modernen Medizin zusammenfassen. ▶AB M2, Ü2	☐	☐	☐
… ein Radiointerview über Berufe der Zukunft verstehen. ▶M3, A2	☐	☐	☐
… eine Umfrage zum Thema „Die Zukunft planen" verstehen. ▶M4, A2a	☐	☐	☐
… Kurztexte über den Einsatz von Robotern verstehen. ▶M1, A2a	☐	☐	☐
… einem Artikel über moderne Medizin wichtige Informationen entnehmen. ▶M2, A1b, A2a	☐	☐	☐
… eine Programmankündigung für ein Radiointerview verstehen. ▶M3, A1b	☐	☐	☐
… Forumsbeiträge über Veränderungen in der Zukunft verstehen. ▶M4, A4a	☐	☐	☐
… in Informationstexten das richtige Angebot für bestimmte Personen finden. ▶AB M4, Ü1	☐	☐	☐
… über die Rolle und den Nutzen von Robotern in der Zukunft sprechen. ▶M1, A2c, d	☐	☐	☐
… Informationen über moderne Medizin austauschen und darüber diskutieren. ▶M2, A2b, A3	☐	☐	☐
… über zukunftssichere Berufe sprechen. ▶M3, A4	☐	☐	☐
… über das Thema „Zukunft" in Büchern, Theater und Film sprechen. ▶M4, A6b, c	☐	☐	☐
… eine Person, einen Film oder ein Buch/Theaterstück präsentieren. ▶M4, A7	☐	☐	☐
… einen Kommentar zu einem Blogeintrag schreiben. ▶AB M1, Ü2	☐	☐	☐
… einen Text über moderne Medizin zusammenfassen. ▶M2, A2c	☐	☐	☐
… Notizen zu einem Vortrag machen. ▶AB M2, Ü3	☐	☐	☐
… einen Forumsbeitrag zum Thema „Veränderungen in der Zukunft" schreiben. ▶M4, A4b	☐	☐	☐
… einen Beschwerdebrief zu einem Messeaufenthalt schreiben. ▶M4, A5	☐	☐	☐

Das habe ich zusätzlich zum Buch auf Deutsch gemacht (Projekte, Internet, Filme, Lesetexte, …):

Datum: Aktivität:

_____ _____

_____ _____

_____ _____

Grammatik und Wortschatz weiterüben: interaktive Übungen unter www.aspekte.biz/online-uebungen2

Wortschatz

Modul 1 — Roboterwelt

ausführen	_____	der Notruf, -e	_____
auslösen	_____	steuern	_____
eigenständig	_____	die Überzeugungskraft	_____
einleuchten	_____	das Verhandlungsgeschick	_____
die Empathie	_____	vertreten (vertritt, vertrat, hat vertreten)	_____
ersetzen	_____		
interagieren	_____		

Modul 2 — Dr. Ich

analysieren	_____	lindern	_____
anzeigen	_____	das Messgerät, -e	_____
aufkommen für (kommt auf, kam auf, ist aufgekommen)	_____	der Puls	_____
		der Sensor, -en	_____
auswerten	_____	sich sträuben	_____
benachrichtigen	_____	umstritten	_____
bündeln	_____	das Verfahren, -	_____
diagnostizieren	_____	die Waage, -n	_____
das Fieber	_____	das Wartezimmer, -	_____
das Fieberthermometer, -	_____	wiegen (wiegt, wog, hat gewogen)	_____
die Körpertemperatur	_____		

Modul 3 — Berufe der Zukunft

der Arbeitsmarkt, -¨e	_____	die Nachfrage, -n	_____
das Ausbildungsangebot, -e	_____	der Privathaushalt, -e	_____
sich austauschen	_____	die Recherche, -n	_____
beschaffen	_____	sensibilisieren für	_____
die Fachkraft, -¨e	_____	die Unterstützung	_____
flexibel	_____	sich verändern	_____
gängig	_____	vorbereiten auf	_____
heutzutage	_____	sich etw. vorstellen	_____
das Informationsmanagement	_____	zukunftsfähig	_____

10 ▶ Wortschatz

Modul 4 Meine Zukunft – deine Zukunft

der Angriff, -e _____ manipulieren _____

die Anonymität _____ das Schicksal, -e _____

auslöschen _____ verhindern _____

befürworten _____ vertreiben (vertreibt, _____

entfliehen (entflieht, _____   vertrieb, hat vertrieben)

    entfloh, ist entflohen) sich weiterentwickeln _____

das Immunsystem _____ der Zwischenfall, -¨e _____

kentern _____

Wichtige Wortverbindungen

den Blutdruck kontrollieren _____

eine Diagnose stellen _____

das Gewicht anzeigen _____

Informationen beziehen (bezieht, bezog, _____

    hat bezogen)

eine Katastrophe verhindern _____

außer Kontrolle geraten (gerät, geriet, ist geraten) _____

auf den Markt kommen (kommt, kam, _____

    ist gekommen)

Nachteile mit sich bringen (bringt, brachte, _____

    hat gebracht)

den Puls nehmen/messen (nimmt, nahm, _____

    hat genommen / misst, maß, hat gemessen)

etw. zugänglich machen für jmd. _____

zum Zweifeln bringen (bringt, brachte, _____

    hat gebracht)

Wörter, die für mich wichtig sind:

_____ _____ _____ _____

_____ _____ _____ _____

_____ _____ _____ _____

_____ _____ _____ _____

Redemittel

Meinungen ausdrücken B1+K1M2/B1+K1M4/B2K1M2/B2ABK1M4

Ich bin der Meinung/Ansicht/Auffassung, dass …
Meiner Meinung nach …
Ich stehe auf dem Standpunkt, dass …
Meines Erachtens …

Ich denke/meine/glaube/finde, dass …
Ich finde erstaunlich/überraschend, dass …
Ich bin (davon) überzeugt, dass …
Ich bin da geteilter Meinung. Auf der einen Seite …, auf der anderen Seite …

Zustimmung ausdrücken B1+K1M4/B1+K3M2/B1+K5M4/B1+K8M2/B1+K9M2/B2K1M4/B2K2M2

Der Meinung/Ansicht bin ich auch.
Das stimmt. / Das ist richtig. / Ja, genau.
Das ist eine gute Idee.
Es ist mit Sicherheit so, dass …
Ja, das sehe ich auch so / genauso …
Ich finde, … hat damit recht, dass …
Da kann ich mich nur anschließen.
Das kann ich nur bestätigen.

Ich bin ganz deiner/Ihrer Meinung.
Da hast du / haben Sie völlig recht.
Ja, das kann ich mir (gut) vorstellen.
Ich stimme dir/Ihnen/… zu, denn/da …
Ich finde es auch (nicht) richtig, dass …
Ich bin der gleichen Meinung wie …
Sie haben recht damit, dass …

Widerspruch/Ablehnung ausdrücken B1+K1M4/B1+K2M4/B1+K3M2/B1+K5M4/B1+K8M2/B1+K9M2/B2K1M4

Das stimmt meiner Meinung nach nicht.
Ich sehe das anders.
Ich finde aber, dass …
Das finde ich nicht so gut.
Es ist ganz sicher nicht so, dass …
Das kann ich mir überhaupt nicht vorstellen, weil …
Der Meinung bin ich auch, aber …
Ich sehe das etwas anders, denn …
Das halte ich für problematisch …

Das ist nicht richtig.
… finde ich gut, aber …
Es kann nicht sein, dass …
… halte ich für übertrieben.
Ich denke, diese Einstellung ist falsch, denn …
Das ist sicher richtig, allerdings …
Ich kann dieser Meinung nicht zustimmen, da …
Da muss ich wirklich widersprechen.

Äußerungen bewerten B2ABK4M4/B2K9M2

positiv/negativ
Ich halte diese Meinung für richtig/falsch, weil …
Meiner Meinung nach …
Ich bin anderer Meinung, denn …
Es stört (mich), wenn …
Ich kann dem Text (nicht) zustimmen, weil …
Ich sehe einen Vorteil/Nachteil darin, dass …
Von … kann keine Rede sein.
… ist ein/kein Gewinn.
Ich schätze es (nicht), wenn …
Wir haben endlich erreicht, dass …
… ist ein entscheidender Vorteil/Nachteil.

skeptisch
Es ist fraglich, ob …
… ist noch unklar.
Ich bezweifle, dass …
… ist ein problematischer Punkt.
Einige Zweifel gibt es noch bei …
Es bleibt abzuwarten, ob …

Argumente austauschen B2K10M1

Das stimmt zwar, aber …
Es gibt noch den Aspekt, dass …
… ist sicherlich sinnvoll, da …
Man darf aber nicht vergessen, dass …
Wie meinst du das genau?
Das kann man zwar sagen, doch …

Ich finde, ein weiterer Vorteil/Nachteil ist …
Ein anderes Argument dafür/dagegen ist …
Man muss auch daran denken, dass …
Vielleicht ist das so, aber …
Deine/Ihre Argumente finde ich einleuchtend.
Ich stimme dir/Ihnen zu, dass …

Argumente/Gegenargumente nennen   B1+K5M2/B2K2M2

Ich bin der Ansicht/Meinung, dass …
Ein großer/wichtiger Vorteil von … ist, dass …
Ein weiterer Aspekt ist …
Es ist (auch) anzunehmen, dass …
Gerade bei … ist wichtig, dass …
Viel wichtiger als … finde ich …
Es ist logisch, dass …
Untersuchungen/Studien zeigen, dass …
Sicher sollten …
An erster Stelle steht für mich, dass …

Es stimmt zwar, dass …, aber …
Ich sehe ein Problem bei …
Das Gegenteil ist der Fall: …
Im Prinzip ist das richtig, trotzdem …
Dagegen spricht, dass …

Vorschläge machen   B1+K2M4/B1+K4M4/B1+K5M4/B1+K8M3/ B2K1M4/B2K5M4/B2K6M4

Ich würde vorschlagen, dass …
Wir könnten doch … / Man könnte doch …
Dann kannst du ja jetzt …
Ich könnte …
Ich finde, man sollte …
Wir sollten auch …
Könnten Sie sich vorstellen, dass …?
Ich würde … gut finden, weil …

Hast du (nicht) Lust …?
Was hältst du / halten Sie von … / von folgendem Vorschlag: … / davon, wenn …?
Wenn du möchtest, kann ich …
Wie wäre es, wenn wir …?
Ich hätte da eine Idee: …
Ich könnte mir vorstellen, dass …
Aus diesem Grund würde ich vorschlagen, dass …

Gegenvorschläge machen   B1+K4M4/B1+K5M4/B2K1M4/B2K6M4

Meinst du nicht, wir sollten lieber …?
Lass uns doch lieber …
Ich hätte einen anderen Vorschlag: …

Es wäre bestimmt viel besser, wenn wir …
Ich würde es besser finden, wenn …
Keine schlechte Idee, aber wie wär's, wenn wir …?

sich einigen   B2K5M4/B2K6M4

Wir könnten uns vielleicht auf Folgendes einigen: …
Dann können wir also festhalten, dass …
Schön, dann einigen wir uns also auf …

Wie wäre es mit einem Kompromiss: …?
Wären Sie damit einverstanden, wenn …?
Gut, dann machen wir es so.

Ratschläge/Tipps geben   B1+K2M4/B1+K3M4/B1+K5M3/ B1+K5M4/B2K9M4

Am besten wäre es, …
An deiner Stelle würde ich …
Da sollte man am besten …
Du solltest/könntest …
Ich kann euch/dir nur raten, …
Man kann …
Mir hat … sehr geholfen.
Versuch doch mal, …
… ist wirklich empfehlenswert.
Dabei sollte man beachten, dass …
Es ist besser, wenn …
Es ist höchste Zeit, dass ….

Wie wäre es, wenn du …?
Wenn ich du wäre, …
Auf keinen Fall solltest du …
Ich rate dir, … / Ich würde dir raten, …
Meiner Meinung nach solltest du …
Oft hilft …
Wenn du mich fragst, dann …
Wir schlagen vor, …
Wir haben den folgenden Rat für euch: …
Sinnvoll/Hilfreich/Nützlich wäre, wenn …
Ich würde dir empfehlen, dass du …
Hast du schon mal über … nachgedacht?

Redemittel

Situationen einschätzen   B2K9M4

Welches Gefühl hast du, wenn du an … denkst?
Wie geht es dir bei dem Gedanken, …?
Was sagt … zu …?
Wie würde … reagieren, wenn …?

Verständnis zeigen   B1+K3M4/B2K9M4

Ich kann gut verstehen, dass …
Es ist verständlich, dass …
Es ist ganz natürlich, dass …
Ich finde es ganz normal, dass …

Spannung aufbauen   B2K7M2

Schlagartig wurde ihm/ihr klar/bewusst, …
Ihm/Ihr schlug das Herz bis zum Hals.
Was war hier los?
Was war das?
Eigentlich wollte … gerade …, als aus heiterem Himmel …
Was sollte er/sie jetzt nur machen?
Ihm/Ihr blieb vor Schreck der Atem weg.
Wie aus dem Nichts stand plötzlich …
Warum war es auf einmal so …?
Ohne Vorwarnung war … da / stand … vor ihm/ihr.
Damit hatte er/sie nicht im Traum gerechnet: …

einen Beschwerdebrief schreiben   B2K10M4

Erwartungen beschreiben
In Ihrer Anzeige schreiben Sie …
Die Erwartungen, die Sie durch die Anzeige wecken, sind …
Durch Ihre Anzeige wird der Eindruck geweckt, dass …

Probleme schildern
Leider musste ich feststellen, dass …
Meines Erachtens ist es nicht in Ordnung, dass …
Ich finde es völlig unangebracht, dass …
Ich war sehr enttäuscht, als …

eine Forderung stellen
Ich muss Sie daher bitten, …
Ich erwarte, dass …
Deshalb möchte ich Sie auffordern, …
Bitte …, andernfalls/sonst werde ich …

eine Grafik beschreiben   B1+K2M1/B2ABK7M3

Einleitung
Die Grafik zeigt, …
Die Grafik informiert über …
Thema der Grafik ist …
Die Grafik stammt von … / aus dem Jahr …
In der Grafik wird/werden … verglichen/unterschieden.
Die Angaben werden in Prozent gemacht.

Hauptpunkte beschreiben
Es ist festzustellen, dass …
An erster/letzter Stelle steht/stehen …
Die meisten/wenigsten … / Am meisten/wenigsten …
Auffällig/Interessant/Bemerkenswert/… ist, dass …
Im Gegensatz/Unterschied zu …
Über die Hälfte der …
… Prozent finden/sagen/meinen …
Am wichtigsten/unwichtigsten …
Im Vergleich zu … / Verglichen mit …
Die Zahl der … ist wesentlich/erheblich höher/niedriger als die Zahl der …

ein Bild beschreiben   B2ABK7Auftakt

Lage im Bild
im Vordergrund/Hintergrund
am oberen/unteren/rechten/linken Bildrand
die Bildhälfte / das obere/untere Drittel
am Rand / im Zentrum
vor/hinter/über/unter/neben / rund um …
Oben/Unten/Rechts/Links sieht man …

Beschreibung von Details
… ist schwarz-weiß/grau/bunt/…
… erinnert an …
… könnte man als … beschreiben.
… hat die Form von …
… wirkt traurig/wütend/fröhlich/…

einen Leserbrief schreiben B2K5M4

eine Reaktion einleiten
Mit großem Interesse habe ich Ihren Artikel „…" gelesen.
Ihr Artikel „…" spricht ein interessantes/wichtiges Thema an.

Meinung äußern und Argumente abwägen
Ich vertrete die Meinung / die Ansicht / den Standpunkt, dass …
Meiner Meinung nach …
Man sollte bedenken, dass …
Ein wichtiges Argument für/gegen … ist die Tatsache, dass …
Zwar …, aber … / Einerseits …, andererseits …
Dafür/Dagegen spricht …

Beispiele und eigene Erfahrungen anführen
Ich kann dazu folgendes Beispiel nennen: …
Man sieht das deutlich an folgendem Beispiel: …
An folgendem Beispiel kann man besonders gut sehen, dass/wie …
Meine eigenen Erfahrungen haben mir gezeigt, dass …
Aus meiner Erfahrung kann ich nur bestätigen, …

zusammenfassen
Insgesamt kann man feststellen, …
Zusammenfassend lässt sich sagen, …
Abschließend möchte ich nochmals betonen, …

ein Telefongespräch führen B2K6M2

sich vorstellen und begrüßen
Ja, guten Tag, mein Name ist …
Hallo, hier spricht …

sich verbinden lassen
Könnten Sie mich bitte mit Herrn/Frau … verbinden?
Ich würde gern mit … sprechen.
Könnten Sie mir vielleicht die Durchwahl geben?

das Gespräch einleiten
Ich rufe an wegen …
Es geht um Folgendes: …
Ich hätte gern Informationen zu …
Ich interessiere mich für …

sich vergewissern
Könnten Sie das bitte noch einmal wiederholen?
Ich bin mir nicht ganz sicher, ob ich Sie richtig verstanden habe.
Sie meinen also, …

kurze Zusammenfassung/Rückversicherung
Gut, dann können wir festhalten: …
Wir verbleiben also so: …
Also, dann machen wir das so: …

falsch verbunden
Entschuldigung, mit wem spreche ich?
Oh, da habe ich mich verwählt, Verzeihung.
Ich glaube, ich bin falsch verbunden, entschuldigen Sie.
Spreche ich nicht mit …?

eine Nachricht hinterlassen
Könnte ich eine Nachricht für … hinterlassen?
Könnten Sie Herrn/Frau … bitte etwas ausrichten und zwar: …?

Fragen stellen
Ich würde gern wissen, …
Mich würde auch interessieren, …
Wie ist das denn, wenn …?
Ich wollte auch noch fragen, …

auf Fragen antworten
Ja, also, das ist so: …
Dazu kann ich Ihnen sagen: …
Normalerweise machen wir das so: …

das Gespräch beenden und sich verabschieden
Gut, vielen Dank für die Auskunft.
Das hat mir sehr geholfen, vielen Dank.
Ich melde mich dann noch mal.
Auf Wiederhören!

Redemittel

ein Referat / einen Vortrag halten   B1+K10M4/B2ABK10M2

Einleitung
Das Thema meines Referats/Vortrags lautet/ist …
Ich spreche heute über das Thema …
Ich möchte euch/Ihnen heute folgendes Thema präsentieren: …
In meinem Vortrag geht es um …

Übergänge
Nun spreche ich über …
Ich komme jetzt zum zweiten/nächsten Teil/Beispiel.
Soweit der erste Teil. Nun möchte ich mich dem zweiten Teil zuwenden.

wichtige Punkte hervorheben
Das ist besonders wichtig/interessant, weil …
Ich möchte betonen, dass …
Man darf nicht vergessen, dass …

auf Folien/Abbildungen verweisen
Ich habe einige Folien zum Thema vorbereitet.
Auf dieser / der nächsten Folie sehen Sie …
Wie Sie auf der Folie sehr gut erkennen können, ist/ sind …

Strukturierung
Mein Referat/Vortrag besteht aus drei/vier/… Teilen: …
Ich möchte einen kurzen Überblick über … geben.
Zuerst spreche ich über …, dann komme ich im zweiten Teil zu … und zuletzt befasse ich mich mit …
Zuerst möchte ich über … sprechen und dann etwas zum Thema … sagen. Im dritten Teil geht es dann um … und zum Schluss möchte ich noch auf … eingehen.

Interesse wecken
Wussten Sie eigentlich, dass …?
Ist Ihnen schon mal aufgefallen, dass …?
Finden Sie nicht auch, dass …?

Dank und Schluss
Ich komme jetzt zum Schluss.
Zusammenfassend möchte ich sagen, …
Abschließend möchte ich noch erwähnen, …
Lassen Sie mich zum Schluss noch sagen, dass …
Zum Abschluss möchte ich also die Frage stellen, ob …
Gibt es noch Fragen?
Vielen Dank für Ihre Aufmerksamkeit.

Historisches präsentieren   B2K8M2/B2K8M4

Präsentation einleiten
Ich werde von … berichten.
Ich stelle heute … vor.

über Vergangenes berichten
Damals war es so, dass …
Anders als heute …
Wenn man früher … wollte, musste man …
Häufig/Meistens war es normal, dass …
In dieser Zeit …

historische Daten nennen
Im Jahr … / Am … / Vor 50/100/… Jahren …
… Jahre früher/davor/vorher …
… Jahre später/danach …
… begann/endete / ereignete sich …
Das erste/zweite/… Ereignis passierte …

von einem historischen Ereignis berichten
Es begann damit, dass …
Die Ereignisse führten dazu, dass …
Nachdem … bekannt gegeben worden war, …
Dank … kam es (nicht) zu …
Zunächst meldete … noch, dass …, aber …

ein Ereignis kommentieren
Ich habe … ausgesucht, weil …
Ich fand … besonders interessant, deshalb …
Eigentlich finde ich das Thema Geschichte nicht so interessant, aber …
Meines Erachtens war besonders erstaunlich/ überraschend, dass …
Ich denke, … ist auch für … interessant/wichtig, weil …
Die Ereignisse zeigen, wie …
Für mich persönlich hat … keine besondere Bedeutung, denn …

ein Thema präsentieren B2K7M4

Sport-/Musikveranstaltung
Die Veranstaltung war letzten Sommer / letztes
    Wochenende / … im … / in der … / …
Der FC … hat gegen … gespielt.
Das Konzert war von …
… hat/haben gespielt.
… war auch mit dabei.
Natürlich habe ich mir auch … angesehen.

Buch/Film
Es geht um … / Dabei geht es um …
Die Schauspieler sind … / … spielt mit.
Der Autor/Regisseur ist …
Das Buch / Der Film ist von …
… hat/haben gespielt.

Reise
Ich wollte nach … fahren.
Ich war in …
Ich bin mit dem Bus/Flugzeug/Zug/Schiff/Rad …
    nach … gefahren.
Eine bekannte/berühmte Attraktion ist …
Natürlich habe ich mir auch … angesehen.
Ich war … Wochen unterwegs.
… war auch mit dabei.

einen Text zusammenfassen und darüber diskutieren B2K4M4/B2ABK5M4/B2K9M2/B2K10M2

Zusammenfassung einleiten / Aussagen wiedergeben
In dem/diesem Text geht es um …
Der Text/Artikel handelt von …
Das Thema des Textes ist …
Der Text behandelt die Themen … / die Frage, …
Die Hauptaussage / wichtigste Aussage ist: …
Im Text wird behauptet, dass …

interessante Inhalte nennen
Ich finde besonders auffällig/bemerkenswert, dass …
Am besten gefällt mir …
Ein wichtiges Ergebnis aus dem Text ist für mich …
Ein wesentlicher Aspekt / Eine wichtige Aussage ist …

über eigene Erfahrungen berichten
Ich habe erlebt, dass …
Aus meiner Erfahrung kann ich dazu nur sagen, dass …
Ich habe immer wieder festgestellt, dass …

zustimmen
Aus meiner Position kann ich zustimmen, dass …
Auch ich glaube, dass …
Ich sehe es genauso, dass …
Ich verstehe das völlig/gut/…
Ich kann dem zustimmen.
Ich halte diese Meinung/Aussage/Vorstellung/… für
    richtig/einleuchtend/…

Informationen/Inhalte wiedergeben
Im ersten/zweiten/nächsten Abschnitt geht es um …
Der Abschnitt … handelt von …
Anschließend/Danach / Im Anschluss daran wird …
    beschrieben/dargestellt / darauf eingegangen, …
Der Text nennt folgende Beispiele: …

die eigene Meinung äußern
Zum Thema … bin ich der Ansicht, dass …
Ich meine/finde, dass …
Meiner Meinung/Ansicht nach …

eigene Beispiele nennen
Dazu fällt mir folgendes Beispiel ein: …
Mir fällt als Beispiel sofort … ein.
Ich möchte folgendes Beispiel anführen: …
Ein Beispiel hierfür ist: …
Als Beispiel kann man Folgendes nennen: …
Ich muss da an … denken.

widersprechen/bezweifeln
Dazu habe ich eine andere Meinung: …
Ich bin nicht sicher, ob …
Da möchte ich widersprechen, denn …
Ich verstehe das überhaupt nicht …
Ich kann dem nicht zustimmen.
Ich halte diese Meinung/Aussage/Vorstellung/… für
    falsch/verkehrt/…

Zusammenfassungen abschließen
Zusammenfassend kann man sagen, dass …
Als Hauptaussage lässt sich festhalten, dass …

Grammatik — Verb

Verb

Konjunktiv II B1+K8M3/B2K6M3

Funktionen

Wünsche ausdrücken	Ich würde gern einen neuen Laptop kaufen.
Bitten höflich ausdrücken	Könnten Sie mir das Problem bitte genau beschreiben?
Irreales ausdrücken	Hätten Sie die Ware doch früher abgeschickt.
Vermutungen ausdrücken	Es könnte sein, dass der Laptop einen Defekt hat.
Vorschläge machen	Ich könnte Ihnen ein Leihgerät anbieten.

Bildung

Konjunktiv II Gegenwart				Konjunktiv II Vergangenheit	
würde + Infinitiv		er würde gehen sie würde anrufen		hätte/wäre + Partizip II	er wäre gegangen sie hätte angerufen
sein haben müssen können dürfen	wäre hätte müsste könnte dürfte	sollen wollen brauchen wissen	sollte wollte bräuchte wüsste	**Konjunktiv II Vergangenheit mit Modalverb** hätte + Infinitiv + Modalverb	er hätte gehen können sie hätte anrufen müssen

Viele unregelmäßige Verben können den Konjunktiv II wie die Modalverben bilden, meistens verwendet man jedoch die Umschreibung mit *würde* + Infinitiv: *Ich **käme** gern zu euch.* → *Ich **würde** gern zu euch **kommen**.*

Konjunktiv I – indirekte Rede B2K8M3

In der indirekten Rede verwendet man den Konjunktiv I, um deutlich zu machen, dass man die Worte eines anderen wiedergibt und nicht seine eigene Meinung ausdrückt. Sie wird vor allem in der Wissenschaftssprache, in Zeitungsartikeln und in Nachrichtensendungen verwendet.
In der gesprochenen Sprache benutzt man in der indirekten Rede häufig den Indikativ.

Bildung: Infinitivstamm + Endung

	sein	*haben*	Modalverben	andere Verben
ich	sei	habe → hätte	könne	sehe → würde sehen
du*	sei(e)st	habest	könnest	sehest
er/es/sie	sei	habe	könne	sehe
wir	seien	haben → hätten	können → könnten	sehen → würden sehen
ihr*	sei(e)t	habet	könnet	sehet
sie/Sie	seien	haben → hätten	können → könnten	sehen → würden sehen

* Die Formen in der 2. Person sind sehr ungebräuchlich. Hier wird meist der Konjunktiv II verwendet.

Der Konjunktiv I wird meist in der 3. Person verwendet. Entspricht der Konjunktiv I dem Indikativ, wird der Konjunktiv II oder *würde* + Infinitiv verwendet: *Er sagt, sie **haben** keine Zeit.* → *Er sagt, die **hätten** keine Zeit.*

Bildung des Konjunktiv I der Vergangenheit
Im Konjunktiv I gibt es nur eine Vergangenheitsform: Konjunktiv I von *haben/sein* + Partizip II:
*Man sagt, Gutenberg **habe** den Buchdruck **erfunden** und mit 40 Jahren **sei** man im Mittelalter sehr alt **gewesen**.*

Verb / Nomen

Passiv mit *sein* – Zustandspassiv B2K6M1

Das Passiv mit *sein* beschreibt einen neuen Zustand / das Resultat einer Handlung.

	Vorgangspassiv: *werden* + Partizip II	**Zustandspassiv:** *sein* + Partizip II
Präsens	*Die Ware **wird** verschickt.*	*Die Ware **ist** verschickt.*
Präteritum	*Die Ware **wurde** verschickt.*	*Die Ware **war** verschickt.*

Nomen

Nominalisierung von Verben B2K9M1

Es gibt viele Möglichkeiten, ein Verb zu nominalisieren. Häufige Endungen und Veränderungen sind:

Endung/Veränderung	**Verb**	**Nomen**
Verb ohne Endung (mit/ohne Vokaländerung)	*abbauen* *wählen*	*der Abbau* *die Wahl*
das + Infinitiv	*erkennen*	*das Erkennen*
die + *-ung*	*entstehen* *wahrnehmen*	*die Entstehung* *die Wahrnehmung*
der + *-er*	*lernen*	*der Lerner*
die/der + *-e* (mit/ohne Vokaländerung)	*folgen* *helfen* *glauben*	*die Folge* *die Hilfe* *der Glaube*
die/das + *-(t)nis*	*erkennen* *erleben*	*die Erkenntnis* *das Erlebnis*
die + *-(t)ion*	*reagieren*	*die Reaktion*

*Der Körper **reagiert** auf Musik.* → *die **Reaktion** des Körpers auf Musik*
Nominativ   Genitiv

Bei Verben mit Akkusativ wird die Akkusativergänzung auf zwei Arten umgeformt:
mit Artikelwort: *Musik **verändert** den Blutdruck.* → *die **Veränderung** des Blutdrucks durch Musik*
                                    Nominativ   Akkusativ   Genitiv   *durch* + Akkusativ

ohne Artikelwort: *Musik **baut** Stress **ab**.*   → *der **Abbau** von Stress durch Musik*
                                    Nominativ Akkusativ   *von* + Dativ *durch* + Akkusativ

Grammatik — Adjektiv / Partikel

Adjektiv

Partizipien als Adjektive   B2K10M1

Partizipien können als Adjektive gebraucht werden und geben dann nähere Informationen zu Nomen. Wenn sie vor Nomen stehen, brauchen sie eine Adjektivendung.

Bildung Partizip I als Adjektiv: Infinitiv + d + Adjektivendung
Bildung Partizip II als Adjektiv: Partizip II + Adjektivendung

Partizipien kann man durch Relativsätze wiedergeben:

Bedeutung	Beispiel	Umformung Relativsatz
Partizip I: aktive Handlungen oder Vorgänge, die gleichzeitig mit der Haupthandlung des Satzes passieren	In einigen Jahren sind auf unseren Straßen **selbstfahrende** Autos unterwegs.	In einigen Jahren sind auf unseren Straßen Autos, **die selbst fahren**, unterwegs.
Partizip II: meist passive Handlungen oder Vorgänge, die gleichzeitig mit oder vor der Haupthandlung des Satzes passieren	Ein schnell **ausgelöster** Notruf kann Menschenleben retten. Der auf der Messe **vorgestellte** Roboter wird in einigen Haushalten ausprobiert.	Ein Notruf, **der** schnell **ausgelöst wird**, kann Menschenleben retten Der Roboter, **der** auf der Messe **vorgestellt worden ist**, wird in einigen Haushalten ausprobiert.

Vor Partizipien können Erweiterungen stehen:
der ausgelöste Notruf → der schnell ausgelöste Notruf → der schnell von Robotern ausgelöste Notruf

Partikel

Modalpartikeln   B2K9M3

Modalpartikeln sind typisch für die mündliche Sprache. Man benutzt sie, um seine Ansichten, Absichten und Gefühle zu verstärken oder abzuschwächen. In Aussagesätzen stehen die Modalpartikeln meist hinter dem Verb. Die Bedeutung ist vom Kontext und von der Betonung des Satzes abhängig.

Satzart	Partikel	Bedeutung	Beispiel
Aussagen und Ausrufe	aber	Freundlichkeit	Das ist aber schön, dich zu sehen.
		Überraschung	Der sieht aber sympathisch aus!
	doch	Freundlichkeit	Das mache ich doch gerne.
		Empörung	Das ist doch unmöglich!
		Vorschlag/Ermunterung	Komm doch mit ins Kino!
	ja	Freundlichkeit	Das ist ja nett.
		Überraschung	Du bist ja auch hier!
		Empörung	Das ist ja gemein!
Aufforderungen, Aussagen, Fragen	mal	Aufforderung/Befehl	Hilf mir mal!
Fragen	denn	Freundlichkeit/Interesse	Wie geht's dir denn?
		Überraschung	Sprecht ihr denn wieder miteinander?

Manche Modalpartikeln haben eine ähnliche Bedeutung: *Dein Kleid ist **aber/ja** sehr schön!*

Präposition

Präposition

Präpositionen (Zusammenfassung) B1+K9M3/B1+K10M3/B2K10M3

	Ort Wohin?	Ort Wo?	Zeit	Grund/Folge	Gegengrund	Art und Weise
mit Akkusativ	bis zur Brücke durch den Bahnhof gegen die Mauer um die Ecke	den Bach entlang* um den Baum herum	bis nächstes Jahr für drei Tage gegen fünf Uhr um Viertel nach sieben um Ostern herum über eine Woche	durch die Krankheit		ohne Nachdenken
mit Dativ	nach der Brücke zur Straße	ab der Ampel an der Straße entlang bei der Kreuzung entlang* dem Bach gegenüber der Schule vom Flughafen aus	ab vier Uhr an den schönsten Tagen beim Packen der Koffer in der Nacht nach der Reise seit einem Monat von jetzt an von morgens bis abends vor der Buchung zu Weihnachten zwischen Montag und Mittwoch	aus Verlegenheit vor Furcht bei Gefahr		mit Eleganz aus Erfahrung nach Gefühl
Wechselpräpositionen mit Akkusativ (Wohin?) oder Dativ (Wo?)	an die Wand auf den Tisch hinter das Regal in den Abfalleimer neben die Bücher über die Uhr unter das Bett vor den Teppich zwischen die Stühle	an der Wand auf dem Tisch hinter dem Regal im Abfalleimer neben den Büchern über der Uhr unter dem Bett vor dem Teppich zwischen den Stühlen				
mit Genitiv		außerhalb des Geländes innerhalb der Gebäude jenseits der Mauer inmitten des Zimmers unweit der Uni	außerhalb der Saison innerhalb eines Monats während des Urlaubs inmitten der Ferien	wegen ihres Studiums dank einer Ausbildung infolge ihrer Recherchen aufgrund des Interesses anlässlich des Jubiläums angesichts der Nachfrage	trotz fehlender Ausbildungsmöglichkeiten	

* *Wir gehen den Bach entlang.* nachgestellt mit Akkusativ
Wir gehen entlang dem Bach. vorangestellt mit Dativ

Die Präpositionen *dank, trotz, während* und *wegen* werden in der gesprochenen Sprache auch mit Dativ verwendet: *wegen dem schlechten Wetter*

Grammatik

Präposition / Satz

Nomen, Verben und Adjektive mit Präpositionen B2K8M1

Viele Nomen, Verben und Adjektive haben dieselbe Präposition. Manchmal gibt es nur ein Nomen und ein Verb mit derselben Präposition, manchmal nur ein Nomen und ein Adjektiv mit derselben Präposition.

Verb	Nomen	Adjektiv	Präposition
abhängen	die Abhängigkeit	abhängig	von + D.
sich freuen	die Freude	erfreut	über + A.
helfen	die Hilfe	hilfreich	bei + D.
sich sorgen	die Sorge	besorgt	um + A.

Verb	Nomen	Präposition	Verb	Nomen	Präposition
sich ängstigen	die Angst	vor + D.	sich erinnern	die Erinnerung	an + A.
antworten	die Antwort	auf + A.	sich interessieren	das Interesse	für + A.
sich begeistern	die Begeisterung	für + A.	suchen	die Suche	nach + D.
bitten	die Bitte	um + A.	teilnehmen	die Teilnahme	an + D.

Nomen	Adjektiv	Präposition	Nomen	Adjektiv	Präposition
die Bekanntschaft	bekannt	mit + D.	die Neugier	neugierig	auf + A.
die Eifersucht	eifersüchtig	auf + A.	die Wut	wütend	auf + A.
der Neid	neidisch	auf + A.	die Verwandtschaft	verwandt	mit + D.

Nomen, Verben und Adjektive können auch mit Präpositionaladverbien verwendet werden.
Sache/Ereignis ○ **Worauf** bist du stolz?   ● Auf mein Examen.
 ○ Bist du stolz auf deine Leistung?   ● Nein. Wieso sollte ich **darauf** stolz sein?

Satz

Vergleichssätze B2K6M3

Irreale Vergleichssätze mit *als*, *als ob* und *als wenn*
Sätze mit *als*, *als ob* und *als wenn* drücken einen irrealen Vergleich aus. Deswegen wird der Konjunktiv II verwendet. Der Vergleichssatz kann dem Hauptsatz nicht vorangestellt werden.

Vergleichssätze mit *als ob* und *als wenn*

Hauptsatz	Nebensatz
Die Kollegen tun immer so,	***als ob** sie alle perfekt wären.*
Es scheint so,	***als wenn** wir uns schon lange kennen würden.*

Vergleichssätze mit *als*

Hauptsatz	Hauptsatz
Der Chef behandelt uns,	***als** wären wir gleichberechtigte Partner.*

Irreale Vergleichssätze stehen nach Verben des Wahrnehmens, Fühlens und Verhaltens:
Ich fühle mich, …   *Ich habe das Gefühl, …*   *Es hört sich so an, …*   *Er benimmt sich, …*
Es kommt mir so vor, …   *Es sieht so aus, …*   *Er verhält sich, …*

Satz

Konnektor: *während* B2K10M3

Der Konnektor *während* leitet Nebensätze ein und kann zwei unterschiedliche Bedeutungen haben:

temporale Bedeutung (Zeit)	adversative Bedeutung (Gegensatz)
Während man studiert, kann man durch Praktika unterschiedliche Berufe kennenlernen.	**Während** einige schon früh einen festen Berufswunsch haben, probieren andere verschiedene Berufe aus.

Modalsätze B2K7M3

Mit Modalsätzen wird die Art und Weise ausgedrückt, wie etwas geschieht.

Der Konnektor **dadurch, dass** hat zwei Teile: *dadurch* steht im Hauptsatz, *dass* leitet den Nebensatz ein.

*Sprachen sterben **dadurch**,*   ***dass** eine Muttersprache nicht an die Kinder weitergegeben wird.*

        Hauptsatz   Nebensatz

***Dadurch**,*   ***dass** Samuel Taylor starb,*   *starb auch seine Sprache.*

Hauptsatz   Nebensatz   Hauptsatz

Oft hat der Konnektor *dadurch, dass* auch eine kausale Bedeutung und entspricht einem Nebensatz mit *weil*:
Dadurch, dass Samuel Taylor starb, starb auch seine Sprache. = **Weil** Samuel Taylor starb, starb auch seine Sprache.

Der Konnektor **indem** leitet einen modalen Nebensatz ein und beschreibt oft das Instrument oder Mittel einer Handlung: *Oft schafft man eine genaue Übersetzung auch nicht, **indem** man ein Wörterbuch benutzt.*

Der modale Konnektor *indem* wird immer zusammengeschrieben und sollte nicht mit Relativsätzen mit der Präposition *in* verwechselt werden: *Die Übersetzung schafft man nur mit einem Wörterbuch, in dem alle Bedeutungen der Wörter aufgelistet sind.*

Textzusammenhang B2K7M1

Funktion	Beispiele
Artikelwörter … machen deutlich, ob ein Wort im Text bereits genannt wurde. Possessivartikel verweisen auf andere Nomen.	bestimmter Artikel: *der, das, die …* Demonstrativartikel: *dieser, dieses, diese …* Possessivartikel: *sein, sein, seine …*
Pronomen … verweisen auf Nomen, Satzteile oder ganze Sätze.	Personalpronomen: *er, es, sie …* Possessivpronomen: *seiner, seines, seine …* Relativpronomen: *der, das, die …* Indefinitpronomen: *man, niemand, jemand …* Demonstrativpronomen: *dieser, dieses, diese …*
Orts- und Zeitangaben … machen Zeitbezüge deutlich und ordnen die Ereignisse räumlich ein.	Temporaladverbien: *damals, heute …* Verbindungsadverbien: *zuerst, dann …* andere Zeitangaben: *im selben Moment, im 18. Jahrhundert …* Lokaladverbien: *hier, dort …*
Konnektoren … geben Gründe, Gegengründe, Bedingungen, Folgen, Zusammenhänge usw. wieder.	*weil, doch, deshalb, obwohl, trotzdem, nachdem, sowohl … als auch, nicht nur …, sondern …*
Präpositionaladverbien … stehen für Sätze und Satzteile.	*darüber, daran, darauf … worüber, woran, worauf …*
Synonyme und Umschreibungen … vermeiden Monotonie und machen den Text interessanter.	*das Schloss Schönbrunn – die Hauptattraktion der Stadt Wien – das imposante Bauwerk – der Palast*

Prüfungsvorbereitung / Auswertungen

Im Lehrbuch sowie im Arbeitsbuch finden Sie Aufgaben, die auf die Prüfungen zum B2-Niveau des Goethe-Instituts und von TELC vorbereiten. Modelltests (auch zum Österreichischen Sprachdiplom B2 Mittelstufe Deutsch) finden Sie unter www.aspekte.biz im Bereich „Tests".

Fertigkeit	Goethe-Zertifikat B2	telc Deutsch B2
Leseverstehen		
Aufgabe/Teil 1		AB K8, M2, A1
Aufgabe/Teil 2	AB K9, M4, A6	AB K9, M4, A6
Aufgabe/Teil 3	LB K7, M4, A2b	AB K10, M4, A1
Aufgabe/Teil 4	AB K6, M2, A4	
Sprachbausteine		
Teil 1		
Teil 2		AB K9, M2, A2
Hörverstehen		
Aufgabe/Teil 1		LB K8, M2, A2
		AB K7, M2, A1
Aufgabe/Teil 2		AB K8, M3, A6
Aufgabe/Teil 3		AB K6, M3, A6
Schriftlicher Ausdruck		
Aufgabe/Teil 1		LB K10, M4, A5c (Beschwerde)
Aufgabe/Teil 2	AB K10, M2, A2	
Mündlicher Ausdruck		
Aufgabe/Teil 1	LB K9, M2, A3d	LB K7, M4, A8c
Aufgabe/Teil 2	LB K6, M4, 5c	
Aufgabe/Teil 3		AB K8, M4, A2

Lösungen zum Test, Kapitel 6, Auftakt

A 1. alle Monate, 2. Monika, 3. zwei Äpfel, 4. drei Minuten, 5. neun Schafe
B 1. Cousine, 2. Sohn, 3. Vater, 4. acht
C 1. Joghurt und Quark (Milchprodukte), 2. Madrid und Berlin (Hauptstädte), 3. Physik und Biologie (Naturwissenschaften), 4. Gold und Silber (Edelmetalle)
D 1. C, 2. M, 3. H, 4. M
E 1. dünn, 2. vergessen, 3. Wasser, 4. brüllen
F 1. Freitag, 2. Samstag, 3. 4. Januar, 4. Donnerstag

Lösungen zu Kapitel 8, Modul 3, Aufgabe 4

„Wilhelm Tell ist der wichtigste Freiheitskämpfer der Schweiz."
Der Dichter Friedrich Schiller machte mit seinem Drama „Wilhelm Tell" (1804) den Jäger aus dem Schweizer Ort Bürglen zum Helden des Schweizer Freiheitskampfes. Allerdings gibt es keine Belege dafür, dass Wilhelm Tell tatsächlich gelebt hat und auch der Landvogt namens Geßler, den Wilhelm Tell der Sage nach ermordet hat und dadurch den Freiheitskampf entfachte, ist in keiner historischen Akte oder Urkunde erwähnt.

„Charles Lindbergh flog als erster Mensch über den Atlantik."
Im Mai 1927 flog Charles Lindbergh von New York nach Paris – und brauchte dafür über 33 Stunden. Dieser Flug war ein großes Medienereignis. Das war durchaus gewollt, denn Geschäftsleute aus St. Louis zahlten den Flug der Maschine, die auf den Namen „Spirit of St. Louis" getauft wurde. Sicherlich war dieser Flug der seinerzeit am meisten beachtete Flug über den Atlantik und Lindbergh war der erste Mensch, der diese Strecke alleine flog. Aber schon acht Jahre vorher wurde der Atlantik zum ersten Mal überflogen, zunächst mit sechs Zwischenlandungen und einen Monat später bereits nonstop von zwei Engländern. Insgesamt hatten bereits 66 Männer den Atlantik auf dem Luftweg überquert, bevor Charles Lindbergh diese Reise als erster Alleinflieger unternahm.

„Der Treibstoff ‚Benzin' ist nach Carl Benz, dem Pionier der Autoindustrie, benannt."
Der berühmte Ingenieur Carl Benz war zwar Pionier der Autoindustrie, das Wort ‚Benzin' gab es jedoch schon, bevor Carl Benz das Licht der Welt erblickte. Vermutlich ist der Begriff arabischen Ursprungs und geht auf das Wort ‚Benoeharz' zurück, aus dem Benzin ursprünglich gewonnen wurde.

Vorlagen

Vorlage für eigene Porträts einer Person

Name, Vorname(n)	
Nationalität	
geboren/gestorben am	
Beruf(e)	
bekannt für	
wichtige Lebensstationen	
Was sonst noch interessant ist (Filme, Engagement, Hobbies…)	

Vorlage für eigene Porträts eines Unternehmens / einer Organisation

Name	
Hauptsitz	
gegründet am/in/von	
Tätigkeitsfeld(er)	
bekannt für	
wichtige Daten/Entwicklungen	
Was sonst noch interessant ist (Engagement, Sponsoren …)	

Lösungen zum Arbeitsbuch

Kapitel 6 Fit für …

Wortschatz

Ü1a (1) Alltag, (2) Bedürfnisse, (3) betätigen, (4) abzubauen, (5) Fitnessprogramm, (6) Ernährung, (7) Leistungssport, (8) Körper, (9) einlegen, (10) gesünder

Ü2a 1. nachlassen, 2. etwas lehren, 3. hilfsbereit sein, 4. sich erholen, 5. etwas interessant finden, 6. träge sein

Ü3 1. Weiterbildung, 2. Gedächtnis, 3. Fitness, 4. Wettbewerb, 5. Konkurrenz, 6. Training, 7. Ausdauer

Ü4a <u>positiv</u>: die Fitness, das Ausdauertraining, der Gesundheitscheck, das Gehirnjogging, die Erholung
<u>negativ</u>: der Stress, der Alkohol, das Rauchen, das Übergewicht, der Bewegungsmangel

Ü4b 1. Rauchen, 2. Fitness, 3. Stress/Übergewicht, 4. Ausdauertraining, 5. Übergewicht/Rauchen, 6. Gesundheitscheck, 7. Bewegungsmangel/Stress, 8. Gehirnjogging

Modul 1 Fit für den Onlineeinkauf

Ü1a 1. die Bank, -en, 2. das Kundenkonto, -konten, 3. die Ware, -n, 4. die Zahlungsart, -en, 5. das Versandhaus, -¨er, 6. das Passwort, -¨er, 7. die Überweisung, -en, 8. die Bestellung, -en, 9. die Rechnung, -en, 10. der Händler, -

Ü1b 1. Kundenkonto, 2. Passwort, 3. Bestellung, 4. Zahlungsarten, 5. Rechnung, 6. Ware, Händler

Ü2a 1. D, 2. C, 3. A, 4. E, 5. B

Ü3 3. Die Ware wird kontrolliert. 4. Die Ware wird verpackt. 5. Die Rechnung wird ausgedruckt. 6. Die Rechnung ist ausgedruckt. 7. Das Paket wird verschickt. 8. Das Paket ist verschickt. 9. Die Ware wird ausgepackt.

Ü4 (1) geschützt ist, (2) installiert werden, (3) werden … kopiert, (4) aktualisiert sein, (5) ist … angegeben, (6) eingesehen werden, (7) werden … gegeben, (8) werden … gemacht, (9) übertragen werden, (10) verschlüsselt sind

Modul 2 Fit am Telefon

Ü1a 1. d/f, 2. f, 3. e, 4. g, 5. a, 6. c, 7. b

Ü1b 1. Nachricht hinterlassen, 2. Mailbox … abgehört, 3. auf einen Rückruf … warten, 4. Hörer … aufgelegt

Ü2 (1) Guten Tag, mein Name ist / Hallo, hier spricht, (2) Ich rufe an wegen / Ich hätte gern Informationen zu, (3) Ja, also, das ist so / Dazu kann ich Ihnen sagen, (4) Ich würde auch gern wissen / Mich würde auch interessieren / Ich wollte auch noch fragen, (5) vielen Dank für die Auskunft / das hat mir sehr geholfen

Ü3 1. b, 2. b, 3. a, 4. b, 5. a

Ü4 03 wurde, 04 zu, 05 die, 06 es, 07 pro, 08 der, 09 in, 10 nach, 11 dauern, 12 wem

Modul 3 Fit für die Kollegen

Ü1 Musterlösung:
Eine gute Kommunikation ist die Basis für ein gutes Arbeitsklima. Ein unfreundlicher Umgangston hat negative Auswirkungen auf das Arbeitsklima. Wenn man gut mit Kollegen zusammenarbeiten will, sollte man sie auch loben. Man sollte offen für neue Ideen sein.

Ü2 2. Ich würde pünktlich Feierabend machen. 3. Ich würde mir den Wecker stellen. 4. Ich würde mich zu Hause auskurieren. 5. Ich wäre ans Meer gefahren. 6. Ich hätte das tolle Angebot sofort angenommen. 7. Ich würde rechtzeitig aus der Pause kommen. 8. Ich hätte darüber nachgedacht.

Ü3 2. Es sieht nicht so aus, als hätte er eine glückliche Beziehung / als ob er eine glückliche Beziehung hätte. 3. Es scheint so, als wäre sie ernsthaft krank / als ob sie ernsthaft krank wäre. 4. Er tut immer so, als hätte er etwas zu sagen / als ob er etwas zu sagen hätte. 5. Sie benimmt sich, als bräuchte sie keine Unterstützung / als ob sie keine Unterstützung bräuchte. 6. Er tut aber so, als könnte er alle Computerprobleme lösen / als ob er alle Computerprobleme lösen könnte.

Ü5 1. dumm, 2. sehr klug, 3. unschuldig

Ü6 1. falsch, 2. richtig, 3. richtig, 4. richtig, 5. falsch

Modul 4 Fit für die Prüfung

Ü1a die Nervosität; die Aufregung; der Termin, -e; die Wiederholung, -en; die Lösung, -en; die Leistung, -en; die Konzentration; die Vorbereitung, -en; der Zeitplan, -¨e; das Ergebnis, -se

Ü1b gelassen – nervös, auf den letzten Drücker – rechtzeitig, allein – gemeinsam, kein Wort herausbekommen – flüssig sprechen, aufmerksam – unkonzentriert, vergessen – sich erinnern, durchfallen – bestehen

Ü1c 1. gemeinsam, 2. Rechtzeitig, auf den letzten Drücker, 3. gelassen, 4. kein Wort herausbekommen hat, 5. durchfalle

Ü2 Musterlösung:
1. Bevor man mit dem Lernen beginnt, sollte man sich eine Liste mit allen Themen machen. 2. Beim Zeitplan sollte man unbedingt beachten, dass er realistisch ist. 3. Spätestens nach eineinhalb Stunden braucht man eine Pause. 4. In den letzten Tagen vor der Prüfung sollte man den kompletten Stoff wiederholen.

5. Hobbys sollte man auch in der Lernphase pflegen, um sich zu entspannen und abzulenken. 6. Am Tag der Prüfung ist es wichtig, dass man gut frühstückt und pünktlich am Prüfungsort ist. 7. Die Fragen und Aufgaben sollte man am besten mehrmals in Ruhe durchlesen. 8. Durch die mündliche Prüfung kommt man am besten, wenn man gelassen und freundlich bleibt.

Ü3 Vorschläge machen (und begründen): Aus diesem Grund würde ich vorschlagen, dass …, Wie wäre es, wenn …?, Ich würde … gut finden, weil …, Ich würde vorschlagen, dass …, Ich könnte mir vorstellen, dass …
widersprechen / einen Gegenvorschlag machen: Ich würde es besser finden, wenn …, Meinst du nicht, wir sollten lieber …?, Ich finde, wir sollten lieber …, Ich hätte einen anderen Vorschlag.
sich einigen: Ja, das klingt gut. Gut, dann machen wir es so. Dann können wir also festhalten, dass …, Schön, dann einigen wir uns also auf …

Aussprache   Höflichkeit am Telefon
Ü2a Dialog A: Unhöflich: Mitarbeiterin der Spedition Schmidt. Gründe: 1, 2, 5
Dialog B: Unhöflich: Herr Bauer, Gründe: 3, 4, 6, 7, 8, 9

Kapitel 7   Kulturwelten

Wortschatz
Ü1 1. Gemälde, 2. Ausstellung, 3. Rahmen, 4. Roman, 5. Artist
Ü2 Fotograf/in: auf das richtige Licht warten, mit dem Computer arbeiten, Motive auswählen, Fotos bearbeiten
Musiker/in: ein Stück proben, ein Instrument stimmen, mit dem Computer arbeiten, Noten lesen
Autor/in: mit dem Computer arbeiten, Skizzen anfertigen, einen Text entwerfen, sich Geschichten ausdenken
Maler/in: den Pinsel auswaschen, die Leinwand aufspannen, Skizzen anfertigen, Motive auswählen, Farben mischen, auf das richtige Licht warten
Schauspieler/in: ein Stück proben, Drehbücher lesen, Texte auswendig lernen, Szenen spielen
Ü3a (1) zentrale, (2) rechten Bildrand, (3) unteren Drittel, (4) vor, (5) Auf dem vorderen, (6) ganz links, (7) hinter, (8) Hintergrund

Ü3b Wo? (Lage im Bild): im Hintergrund; am rechten Bildrand; das obere/untere Drittel; vor, hinter
Was? (Beschreibung von Details): bunt, erkennt man, bei genauerem Hinsehen, sieht aus wie, ist dargestellt

Modul 1   Weltkulturerbe
Ü1 1. der Museumsbesuch 2. die Schlossbesichtigung, die Stadtbesichtigung, der Besichtigungstermin 3. der Denkmalschutz, das Kulturdenkmal, das Naturdenkmal 4. die Ausstellungsräume, die Ausstellungskunst, die Kunstausstellung, der Ausstellungskatalog, die Katalogausstellung
Ü2 1. richtig, 2. richtig, 3. falsch, 4. falsch, 5. richtig, 6. richtig
Ü3 1. c, 2. a, 3. b, 4. c, 5. a, 6. b, 7. a, 8. b, 9. c
Ü4 2. Viele Fischer verunglückten mit ihrem Schiff an den Felsen. Sie starben, weil sie nicht mehr auf ihr Schiff achteten. 3. Einmal zeigte die Jungfrau einem jungen Fischer eine Stelle, wo dieser viele Fische fangen konnte. 4. Die Geschichte verbreitete sich bald im ganzen Land. Der Sohn des Grafen hörte sie auch. Er wollte die wunderhübsche Jungfrau unbedingt sehen. Aus diesem Grund fuhr er mit seinem Schiff los. 5. Sein Schiff näherte sich dem Felsen, auf dem die Loreley saß und sich ihre langen Haare kämmte. 6. Der Grafensohn hörte ihre liebliche Stimme und ihr Gesang verzauberte ihn. 7. Er wollte deshalb an Land springen, aber (er) schaffte es nicht und ertrank im Rhein. 8. Der Graf war voller Schmerz und Zorn. Deshalb befahl er, die Loreley zu töten. 9. Als Soldaten den Felsen umstellten, sprang die Jungfrau lachend in den Rhein. 10. Sie wurde nie mehr gesehen.

Modul 2   Kunstraub
Ü1 1. falsch, 2. richtig, 3. richtig, 4. falsch, 5. richtig
Ü2 Tat: der Einbruch, die Erpressung, die Entführung
Täter: der Räuber, der Gesetzesbrecher, die Komplizin, der Mandant, der Dieb
Beute: der Schmuck, das Kunstwerk, der Goldbarren, die gestohlene Ware, der Schatz, das Lösegeld, das Gemälde
Polizei/Justiz: die Anwältin, der Richter, das Urteil, das Gericht, der Hauptkommissar, die Strafe, der Mandant, die Spurensuche
Ü3 Musterlösung:
1. einen Einbruch, eine Entführung, einen Diebstahl aufklären, 2. einen Täter, einen Einbrecher, eine Diebin, einen Entführer, einen Räuber festnehmen, 3. ein Kunstwerk, ein Gemälde, einen Schatz, einen Goldbarren, ein Auto,

Lösungen zum Arbeitsbuch

Schmuck, ein Smartphone stehlen, 4. Lösegeld, die Familienmitglieder, das Opfer, eine Firma erpressen

Ü4 <u>wütend/verärgert sein</u>: brüllen, fluchen, aufbrausen, schimpfen, schreien, toben
<u>leise sprechen</u>: flüstern, vor sich hin nuscheln, murmeln, tuscheln
<u>erschrecken / Angst haben</u>: (be)fürchten, einen Schreck bekommen, verängstigt sein, zusammenzucken

Modul 3 Sprachensterben

Ü2 2. Dadurch, dass einige Sprachen an Bedeutung verlieren, lernen weniger Menschen diese Sprachen. 3. Dadurch, dass Latein nach wie vor in den Schulen gelernt wird, nimmt es eine besondere Stellung ein. 4. Dadurch, dass Latein in der Kirche und der Medizin eine wichtige Rolle spielt, ist es nicht vom Aussterben bedroht.

Ü3 2. …, indem der Staat Minderheitensprachen fördert. 3. …, indem die Leute Traditionen und Bräuche in ihrem Sprachgebiet erhalten. 4. …, indem man Kinder in der Schule in dieser Sprache unterrichtet. 5. …, indem man die Sprache auch im beruflichen Kontext nutzt. 6. …, indem Kinder zuerst in ihrer Muttersprache lesen und schreiben lernen.

Ü4 2. Ihr Ziel wollen sie realisieren, indem sie weltweit bedrohte Sprachen dokumentieren. 3. Dadurch, dass es oft keine Buchstaben gibt, muss man zuerst das Lautsystem beschreiben. 4. Forscher sind in der Lage, eine Sprache zu erfassen, indem sie bei den Menschen leben, die diese Sprache sprechen. 5. Dadurch, dass man zuerst wichtige Nomen und Verben erfasst, wird ein Grundwortschatz erstellt. 6. Viele Alltagssituationen werden festgehalten, indem man sie filmt. 7. Beschreibungen bedrohter Sprachen können erstellt werden, indem man diese Aufnahmen auswertet.

Modul 4 Das Haus am Meer

Ü1 <u>Von Gandalf</u>: ein Stern – kann die Begeisterung nicht teilen, unglaubwürdige Ereignisse, philosophische Weisheiten … in ihrer Banalität eher peinlich, flach und mittelmäßig
<u>Von Sonny</u>: fünf Sterne – Her mit dem nächsten Edgar Rai!
<u>Von A. F.</u>: drei Sterne – interessante und witzige Geschichte, nichts für meinen Geschmack, Geschichten über seltsame Personen … als Urlaubslektüre gefallen

Ü2a 1. liebevoll/fürsorglich, 2. unsicher, 3. selbstbewusst/besorgt, 4. verwahrlost, 5. siegessicher, zurückhaltend

Ü3a 1. G, 2. C, 3. D, 4. A, 5. F, 6. B, 7. E

Ü3b 1. die Dame, 2. der Bauer, 3. das Pferd, 4. der Läufer, 5. das Spielbrett, 6. der Turm, 7. der König

Aussprache Sprechen und Emotionen

Ü1a Freude, Unsicherheit, Entschlossenheit, Erleichterung, Verzweiflung

Ü1b Z. 1–2: Freude, Z. 3–4: Unsicherheit, Z. 5: Verzweiflung, Z. 6: Entschlossenheit, Z. 7: Erleichterung

Kapitel 8 Das macht(e) Geschichte

Wortschatz

Ü1a Musterlösung:
<u>Bild A</u>: die Mauer, die Häuserfront, das Fenster, die Wegplatten, das Unkraut, ungepflegt, der Klappstuhl, das Unterhemd, die Hausschuhe, der Sonnenschirm, das Familientreffen, fein gemacht, schick angezogen, das Kleid
<u>Bild B</u>: das Blaulicht, das Polizeiauto, das Lächeln, gute Laune, jung, alt, der Luftballon, die Mütze, der Schal, die Kapuze, das Straßenschild, die Parole, die Sonne, der Totenkopf, die Menschenmenge, das Plakat, das Symbol

Ü2 1. der Zeitpunkt, 2. das Datum, 3. das Ultimatum, 4. der Zeitraum, 5. die Gegenwart

Ü3 2. unterzeichneten, 3. demonstrieren, 4. gegründet, 5. streiken, 6. aufbauen, 7. zerstört, 8. debattieren, 9. gewählt

Ü4a <u>die Politik</u>: der/die Abgeordnete, die Wahl, der Bundestag, die Mehrheit, die Koalition, die Partei, die Opposition
<u>die Wirtschaft</u>: der Konzern, der/die Manager/in, die Firma, die Aktie, die Finanzkrise, die Verkaufszahlen, der Aufschwung, der Profit
<u>die Umwelt</u>: der Klimawandel, die Dürre, der Sturm, der Artenschutz, die Hitzewelle, die Überschwemmung, der Wassermangel, die Natur

Modul 1 Geschichte erleben

Ü1 1. bald, 2. Erinnerung, 3. Gegenwart, 4. voraussagen

Ü2a (1) mit, (2) zu, (3) für, (4) über, (5) gegen, (6) auf, (7) an, (8) auf

Ü2b 2. einladen + zu / die Einladung + zu, 3. sich interessieren + für / das Interesse + für/an, 4. etw. erfahren + über / die Erfahrung + mit, 5. tauschen + gegen / der Tausch + gegen, 6. reagieren + auf / die Reaktion + auf, 7. sich

Ü2c 1. die Diskussion, die Beschwerde, der Ärger + über, 2. die Antwort, die Freude, der Hinweis + auf, 3. die Abhängigkeit, die Trennung, die Rede + von, 4. die Bewerbung, die Bitte, die Sorge + um, 5. die Verabredung, die Freundschaft, die Verwandtschaft + mit, 6. die Anpassung, der Gedanke, die Erinnerung + an

gewöhnen + an / die Gewöhnung + an, 8. sich einstellen + auf / die Einstellung + auf/zu

Ü2d 1. die Erholung + von, 2. die Beschäftigung + mit, 3. der Glaube + an, 4. die Wirkung + auf/von, 5. die Reaktion + auf, 6. der Geschmack + nach/von

Ü3a (1) informiert, (2) skeptisch, (3) begeistert, (4) neugierig, (5) vorbereitet, (6) neidisch, (7) hilfreich

Ü3b 2. f Meine Mutter ist um meine Gesundheit besorgt. 3. a Dr. Müller ist auf Sportmedizin spezialisiert. 4. b Mein Lehrer ist von unseren guten Testergebnissen begeistert. 5. g Wien ist für die vielen Kaffeehäuser berühmt. 6. c Die Angeklagte ist für den Unfall verantwortlich. 7. e Die Fans sind über die Niederlage ihrer Mannschaft traurig.

Ü4a 1. darüber – Daran, 2. Worüber – darüber, 3. Wovon/Worüber – darüber – Daran

Modul 2 26. 10. – Ein Tag in der Geschichte

Ü1 1. i, 2. g, 3. b, 4. f, 5. c

Modul 3 Irrtümer der Geschichte

Ü1 sagen, denken, meinen, äußern, fragen, antworten, schreiben, behaupten, mitteilen, vorschlagen, raten, entgegnen, erwidern

Ü2 1. … sagt, der Regen lasse nach. Die Situation im Hochwassergebiet könne sich bald entspannen. 2. In zwei Tagen begännen die Olympischen Spiele / würden die Olympischen Spiele beginnen. Die Sportler reisten alle an / würden alle anreisen. 3. Die Situation auf dem Arbeitsmarkt entspanne sich. Die Arbeitslosenzahlen gingen zurück / würden zurückgehen.

Ü3 2. habe … gelesen, 3. habe … bestellt, 4. sei … passiert, 5. hätten … vergessen, 6. sei … gewesen

Ü4 1. Die Zeitung berichtet, Wanderer hätten einen Urmenschen im Gletschereis gefunden. Der Mann sei vor über 5.000 Jahren gestorben. 2. Eine „Fliegerbombe" in Münchner Vorort sei ein Stück altes Rohr gewesen. Rund 100 Menschen hätten für zwei Stunden ihre Wohnungen verlassen müssen, danach sei die Entwarnung gekommen. 3. Die Urlaubsregion Vorarlberg werde immer beliebter: In den letzten zehn Jahren habe es eine kontinuierliche Steigerung bei der Zahl der Übernachtungen gegeben. 4. Der Sommer sei seit 50 Jahren nicht mehr so verregnet gewesen.

Ü5 Musterlösung:
1. 1876 behauptete die Firma Western Union in einer internen Kurzinformation, dass das Telefon zu viele Mängel für ein Kommunikationsmittel habe. Das Gerät sei von Natur aus von keinem Wert für die Firma. 2. Wofür das gut sei, fragte 1968 ein Ingenieur von IBM zum Microchip. 3. Charles H. Duell behauptete 1899, dass alles, was erfunden werden könne, bereits erfunden worden sei. 4. 1981 vermutete Bill Gates, 640 KB sollten genug für jedermann sein. 5. Pierre Pachet, Professor der Physiologie in Toulouse, erklärte 1872 Louis Pasteurs Theorie von Bazillen sei lächerliche Fiktion. 6. H. M. Warner von den Warner Brothers fragte 1927, wer zur Hölle Schauspieler reden hören wolle. 7. Der Präsident der Royal Society, Lord Kelvin, erklärte 1895, Flugmaschinen seien unmöglich, da sie schwerer als Luft seien. 8. Die Plattenfirma Decca Recording Co äußerte sich 1962 über die Beatles mit den Worten, Gitarrenbands würden aus der Mode geraten.

Ü6 1. richtig, 2. richtig, 3. falsch, 4. falsch, 5. richtig, 6. richtig, 7. falsch, 8. falsch, 9. richtig, 10 richtig

Modul 4 Grenzen überwinden

Ü1a <u>Wohnen in Leipzig</u>
+ b kurz nach der Wende günstige Wohnungen, dann Renovierungsboom und Wohnungen teurer; heute für Künstler günstiger Wohnraum in „Wächterhäusern"; Idee: Mieter zahlen wenig, halten dafür das Haus in Schuss
<u>Architektur in Leipzig</u>: heute moderne Architektur neben Altbauten, neue Messe sehr modern
<u>Musikszene in Leipzig</u>: viele Musikkneipen, viele Musiker und Bands
<u>familienfreundliches Leipzig</u>: viel Grün, viele Spielplätze, Wasserwege
<u>Abendunterhaltung</u>: viele Kabarett-Bühnen, traditionsreiches Restaurant: Auerbachs Keller – hier hat schon Goethe gegessen

Aussprache d<u>a</u>ran – dar<u>an</u>

Ü1a 1. dar<u>an</u>, 2. dar<u>auf</u>, 3. dar<u>über</u>, 4. dav<u>on</u>
Ü1b 1. <u>Da</u>ran, 2. <u>Da</u>rauf, 3. <u>Da</u>rüber, 4. <u>Da</u>von
Ü2 zweiten – Präposition – ersten – Anfang

Lösungen zum Arbeitsbuch

Kapitel 9 Mit viel Gefühl

Wortschatz

Ü1a 1. begeistert, fröhlich, euphorisch, hingerissen, 2. wütend, verärgert, zornig, wutentbrannt, 3. schüchtern, zurückhaltend, bescheiden, scheu, 4. überrascht, erstaunt, verwundert, verblüfft, 5. traurig, betrübt, bedrückt, niedergeschlagen, 6. überheblich, eingebildet, anmaßend, arrogant

Ü1b 2. die Wut, 3. die Begeisterung, 4. die Arroganz, 5. die Bescheidenheit, 6. die Schüchternheit, 7. die Traurigkeit, 8. die Verärgerung, 9. die Verwunderung, 10. der Zorn

Ü2 1. genießen, 2. beschwert, 3. beneide, 4. sind … enttäuscht, 5. regt … auf, 6. begeistern

Ü3a positive Stimmung: die Freude, das Vergnügen, die Sympathie, die Liebe, das Glück, die Überraschung, die Fröhlichkeit, die Begeisterung, die Zufriedenheit
negative Stimmung: der Schock, die Besorgnis, der Ärger, das Heimweh, die Melancholie, die Angst, die Eifersucht, der Neid, die Enttäuschung, die Furcht, das Bedauern, die Aufregung

Ü3b 1. Bedauern, 2. Aufregung, 3. Freude, 4. Überraschung, 5. Glück, 6. Begeisterung, 7. Schock, 8. Enttäuschung

Modul 1 Mit Musik geht alles besser

Ü1 die Musikinstrumente: das Saxofon, -e; die Flöte, -n; die Gitarre, -n; das Schlagzeug, -e; die Trompete, -n
die Musikstile: der Pop; die Oper, -n; die Volksmusik; der Jazz; die Klassik
die Musiker: die Band, -s; der Chor, -"e; der Star, -s; der Sänger, -; die Pianistin, -nen
die Orte: der Konzertsaal, -"e; das Stadion, Stadien; der Saal, -"e; der Club, -s; die Oper, -n

Ü3a 1. -ung: die Wahrnehmung, die Bedeutung, die Entstehung, 2. -(t)ion: die Konzentration, die Definition, die Produktion, 3. -e: die Absage, die Aufnahme, die Hilfe, 4. ø: der Beweis, der Ablauf, der Beginn

Ü3b 2. die Weiterleitung der Schallwellen, 3. die Verarbeitung der Schallwellen, 4. die Erzeugung von Musik, 5. die unterschiedliche Wirkung von Musik, 6. die positive Reaktion der Menschen

Ü3c 2. (Der) Beginn der Therapie, 3. (Die) Fragen der Patienten, 4. (Die) Hilfe des Musiktherapeuten, 5. (Die) Dauer der Therapie

Ü4 1. Erkenntnis, 2. Untersuchungen, 3. Forscher, 4. Koordination, 5. Singen, 6. Konzentration

Ü5a positiv: Thomas, Ben; negativ: Anne
Gründe:
Thomas: arbeitet im Großraumbüro, sehr laut, bessere Konzentration möglich, Beruhigung, Inspiration, wird kreativer
Anne: Musik stört, braucht Ruhe beim Arbeiten, Musik lenkt ab
Ben: prägt sich Dinge im Takt wiederholend oder singend ein, besonders bei Dingen, die auswendig gelernt werden müssen (Begriffe, Daten)

Ü5b Moderator: 1, 5, 9; Thomas: 4, 6; Anne: 2, 7, 10; Ben: 3, 8

Modul 2 Farbenfroh

Ü1 grasgrün, himmelblau, jeansblau, schneeweiß, feuerrot, kaffeebraun, blutrot, rabenschwarz

Ü2 (1) F, (2) D, (3) G, (4) J, (5) N, (6) M, (7) E, (8) A, (9) O, (10) B

Modul 3 Sprache und Gefühl

Ü1a 1. denn, 2. aber, 3. ja, 4. doch – doch, 5. ja, 6. mal

Ü2a Bild 1: Das darf doch wohl nicht wahr sein!, Was willst du denn von mir?, Was glaubst du denn eigentlich?, Mach doch nicht so einen Stress., Hier hat man ja nie seine Ruhe!, Du kannst dich ja selbst darum kümmern., Es ist doch immer dasselbe., Erklär mir das bitte mal.
Bild 2: Das ist doch widerlich!, Wir können ja zusammen woanders essen., Was soll das denn sein?, Das Essen ist aber wenigstens billig., Es ist doch immer dasselbe., Ich kann ja heute Abend was für dich kochen.

Ü3 1. A doch – denn, B aber, 2. A doch – ja, B mal – denn, 3. A mal – doch, B doch

Modul 4 Gemischte Gefühle

Ü1a 1. erleichtert, 2. überrascht, 3. gierig, 4. langweilig, 5. wütend, 6. verliebt

Ü3 Musterlösung:
(2) wir in der Gemeinschaft fühlen, (3) unsere Freunde treffen, (4) Unser Körper / Unser Gesicht, (5) sind offen, die Mimik, (6) sind optimal, (7) positive Gefühle, (8) braucht positive Signale, (9) viele Misserfolge erlebt, (10) soziale Kontakte

Ü5a 1. Entscheidungen treffen, 2. Gefahr laufen, 3. Kritik einstecken, 4. Informationen einholen, 5. Geld investieren, 6. sich Sorgen machen, 7. Verträge kündigen

Ü6 1. c, 2. a, 3. b, 4. a, 5. b

Aussprache mit und ohne Ironie sprechen

Ü1a A Ah, du hast ja wieder unser Wohnzimmer schick dekoriert. B Super. Da freue ich mich aber. C Das ist ja schrecklich. – Schön, dass wir uns mal verstehen.

Ü1b 1., 2., 4., 5.

Kapitel 10 Ein Blick in die Zukunft

Wortschatz

Ü2 1. Voraussage … treffen, 2. Entwicklung vorhergesehen, 3. zu der Erkenntnis gekommen, 4. haben … eine Vision

Ü3 1. futuristisch, 2. zukünftige, 3. aussichtsreicher, 4. aussichtslosen, 5. zukunftsweisende, 6. zukunftsorientiert

Ü4 (2) Handarbeit, (3) Maschinen, (4) Robotern, (5) Automaten, (6) Kamera, (7) Gerät, (8) Sensoren, (9) Außerirdischen

Modul 1 Roboterwelt

Ü1a 1. b, f, 2. c, d, 3. b, 4. a, 5. c, 6. e

Ü3a 2. die allein leben, 3. die anstrengt und Zeit kostet, 4. die unerwartet auftreten, 5. die bisher verkauft worden sind

Ü3b 2. Ständig steigende Preise / Die ständig steigenden Preise, 3. Überzeugende Ideen, 4. Allein fahrende Autos, 5. Der weltweit zunehmende Verkehr

Ü3c **A** entwickelte, zusammengeführten, geschätzte; **B** pflückender, ersetzende; **C** verhindernde, gewonnene; **D** sprechende, eingerichteten

Ü3d 1. entwickelte, 2. genannten, 3. redende, 4. gestellte, 5. zubereitete, erfrischende

Ü3e Musterlösung:
2. telefonierende Mitarbeiter: In meiner Firma sieht man viele telefonierende Mitarbeiter. 3. lachende Kinder: Die lachenden Kinder rannten aus der Schule. 4. das heilende Medikament: In die Herstellung heilender Medikamente wird viel Geld investiert. 5. die aufgeräumte Küche: Der Roboter hinterließ eine perfekt aufgeräumte Küche. 6. der abgelenkte Fahrer: Der durch sein Telefon abgelenkte Fahrer verursachte einen schweren Unfall. 7. der eingegangene Notruf: Kurz nach dem eingegangenen Notruf fuhr der Krankenwagen los. 8. das reparierte Auto: Das von den Robotern reparierte Auto fährt wieder einwandfrei.

Modul 2 Dr. Ich

Ü1 1. d, 2. h, 3. b, 4. g, 5. c, 6. i, 7. e, 8. f, 9. a

Ü2 3. gelesen, 4. weil ich, 5. mir, 6. aufzunehmen, 7. haben, 8. würde, 9. am, 10. ob, 11. können natürlich, 12. an

Ü3a 1. Vor- und Nachteile der modernen Medizin, 2. Telemedizin, Robomedizin

Ü3b Wer? Menschen, die nicht leicht zum Arzt gehen können.
Wo? abgelegene Regionen, Ärzte nicht schnell zu erreichen
Was und Wie? Patienten messen täglich mit kleinem Gerät, Daten werden per Telefon übertragen.
Vorteile: regelmäßige Kontrolle, Änderungen werden schnell erkannt
Nachteile: Sorge vor leeren Arztpraxen, psychische Krankheiten evtl. nicht zu erkennen

Ü3c (2) USA, (3) Roboter, (4) Medikamente, (5) werden Gespräche, (6) helfen/unterstützen/enlasten

Ü3d Roboter operieren selbstständig, Vorteil: Roboter nie müde, zuverlässig; Problem: Roboter unfähig, spontan zu handeln; Überforderung in unvorhersehbaren Situationen; daher häufiger Komplikationen nach Roboter-Operationen. Fazit: wenn zum Wohl des Patienten, dann ist moderne Medizin gut und sinnvoll.

Modul 3 Berufe der Zukunft

Ü1a 2. Während einige Schüler ihren Traumberuf von Anfang an kennen, sind andere auch nach dem Schulabschuss unentschlossen. 3. Während man in der Ausbildung ist, verändert sich der Berufswunsch manchmal noch. 4. Während man Praktika in verschiedenen Berufen macht, lernt man viel über Berufe. 5. Während viele neue Berufe im Bereich Informationsbeschaffung entstehen, verschwinden manche alten Berufe.

Ü1b 2. a, 3. t, 4. t, 5. a

Ü2 (1) aufgrund/wegen, (2) innerhalb, (3) aufgrund/wegen, (4) außerhalb, (5) dank/wegen/aufgrund, (6) aufgrund, (7) dank/aufgrund/wegen/infolge, (8) während

Ü3 2. Trotz des guten Namens der Firma gibt es kein großes Interesse an dem futuristischen Auto. 3. Während des Vortrags hören alle interessiert zu. 4. Innerhalb des gesamten Firmengeländes ist Rauchen nicht gestattet. 5. Aufgrund der großen Nachfrage wird die Ausstellung verlängert. 6. Dank der engagierten Kollegen können wir das Produkt pünktlich fertigstellen.

Modul 4 Meine Zukunft – deine Zukunft

Ü1 1. B, 2. J, 3. E, 4. L, 5. G, 6. X, 7. I, 8. F, 9. A, 10. D

Ü2a 2. Meines Erachtens ist es nicht in Ordnung, dass … / Es ist meines Erachtens nicht in Ordnung, dass …
3. Ich finde es völlig unangebracht, dass … / Völlig unangebracht finde ich es, dass …
4. Ich möchte Sie deshalb auffordern, … / Deshalb möchte ich Sie auffordern, …

Ü2b 1 G, 2 E, 3 B, 4 H, 5 A, 6 D, 7 C, 8 F

Aussprache Frage oder Aussage?

Ü1 1., 2?, 3? 4., 5?, 6., 7?

Ü2 Frage: 1, 2, 4; Aussage: 3, 5, 6

Transkript zum Arbeitsbuch

Kapitel 6 — Fit für …

Modul 3 Übung 6

Sie hören jetzt fünf kurze Texte. Dazu sollen Sie fünf Aufgaben lösen. Sie hören diese Ansagen nur einmal. Entscheiden Sie beim Hören, ob die Aufgaben 1 bis 5 richtig oder falsch sind.

Nummer 1
Sie rufen eine Servicenummer an und hören Folgendes:
Sehr geehrte Kundin, sehr geehrter Kunde, Sie haben den Reparaturservice der Firma „Die Computerengel" angerufen. Unsere Mitarbeiter sind zurzeit leider alle im Gespräch. Bitte hinterlassen Sie uns nach dieser Ansage Ihren Namen und Ihre Telefonnummer. Wir rufen Sie umgehend zurück. Oder Sie versuchen es zu einem späteren Zeitpunkt noch einmal. Wir sind Montag bis Freitag von 09:00 bis 20:00 Uhr, am Wochenende jeweils von 09:00 bis 14:00 Uhr erreichbar. Vielen Dank.

Nummer 2
Sie hören folgenden Tipp im Radio.
Nach ihrer international gefeierten Tournee mit über 75 Konzerten im letzten Jahr startet die Band „Gregorian" mit einer neuen Show. Freuen Sie sich auf Werke der Pop- und Rockmusik im gregorianischen Musikstil. „Gregorian" werden von Ende Januar bis Ende Dezember auf Tour sein. Wer noch Karten haben möchte, sollte sich beeilen. Sie sind an allen Vorverkaufsstellen ab 49 € erhältlich. Wir wünschen Ihnen viel Spaß!

Nummer 3
Sie rufen eine Servicenummer an und hören Folgendes:
Herzlich willkommen bei Ihrem Internetanbieter „primaonline". Unsere Mitarbeiter sind gleich für Sie da. Wenn Sie Fragen zu Ihrer Rechnung haben, wählen Sie bitte die Eins. Wenn Sie ein technisches Problem haben, wählen Sie die Zwei. Möchten Sie Ihren Tarif wechseln, dann drücken Sie bitte die Drei. Wir möchten Sie darauf hinweisen, dass Sie uns bei Fragen zu Rechnungen und Tarifen auch eine E-Mail an „service@primaonline.de" senden können. Wir melden uns dann umgehend bei Ihnen.

Nummer 4
Sie hören folgenden Tipp im Radio.
Sie haben am Wochenende noch nichts vor? Wie wär´s mal mit einem Museumsbesuch? 47 Museen öffnen in Dresden ihre Türen zur Museums-Sommernacht. Ein Netz aus Shuttle-Bussen und historischen Straßenbahnen verbindet an diesem Sommerabend Dresdens einzigartige Museumslandschaft und lädt auch Museumsmuffel ein, Neues zu entdecken. Lassen Sie Ihr Auto ruhig zu Hause. Die Eintrittskarte berechtigt nicht nur zur Nutzung der Shuttle-Busse, sondern auch zur Fahrt mit allen Verkehrsmitteln im Verbundraum Oberelbe.

Nummer 5
Sie rufen bei einer Arztpraxis an und hören Folgendes:
Sie sind mit dem automatischen Anrufbeantworter der Arztpraxis Dr. Thielemann verbunden. Leider sind wir zurzeit nicht erreichbar. Die Praxis ist bis zum 20.08. wegen Urlaub geschlossen. Die Vertretung übernimmt Frau Dr. Manke im Ärztehaus am Johannisplatz. Sprechzeiten sind Montag, Mittwoch, Freitag von 09:00 bis 12:00, Dienstag und Donnerstag von 14:00 bis 17:00 Uhr. In dringenden Fällen wenden Sie sich bitte an den Notdienst unter der Telefonnummer 750023.

Aussprache Übung 1

○ Neue Energie – Ihr Naturstromanbieter. Guten Tag. Sie sprechen mit Frau Holzer.
● Guten Tag, Frau Holzer. Mein Name ist David Meister. Ich möchte mich nach einem Praktikumsplatz bei Ihnen erkundigen.
○ Schön, dass Sie sich für unsere Firma interessieren. Was soll es denn für ein Praktikum sein?
● Ich studiere Elektrotechnik. Dafür möchte ich ein zweimonatiges Betriebspraktikum machen.
○ Ah gut, solche Betriebspraktika bieten wir immer wieder an.
● Und wie kann ich mich am besten bewerben?
○ Da wenden Sie sich am besten an Herrn Jobst aus der Personalabteilung.
● Ja, gerne. Könnten Sie mich bitte verbinden?
○ Er ist leider momentan im Urlaub. Deshalb würde ich Sie bitten, dass Sie sich per Mail mit ihm in Verbindung setzen.
● Natürlich, kein Problem.
○ Seine Adresse lautet: jobst@neue-energie.com.
● Entschuldigung: Jobst mit b oder mit p?
○ Mit b. J – O – B- S – T @neue-energie.com.
● Jetzt hab' ich´s. Danke.
○ Vereinbaren Sie doch einfach einen Telefontermin mit ihm.
● Ja, das mache ich. Wäre es gut, wenn ich ihm auch gleich meine Bewerbung sende?
○ Sie können Ihre Unterlagen gerne schon zusammenstellen. Was Sie brauchen, steht auf unserer Homepage. Aber zuerst sollten Sie mit Herrn Jobst sprechen.
● Danke.
○ Dann können Sie in der Bewerbung auch Bezug auf das Telefonat nehmen.
● Vielen Dank für den Tipp. So werde ich es machen.

○ Herr Jobst ist ab Montag dann wieder da. Ich wünsche Ihnen viel Erfolg.
● Herzlichen Dank, Frau Holzer. Sie haben mir sehr geholfen.
○ Gerne. Auf Wiederhören.

Aussprache Übung 2a

A
○ Spedition Schmidt, guten Tag.
● Mein Name ist Kruse. Ich habe eine Frage zu meiner Rechnung.
○ Haben Sie die Rechnungsnummer?
● Entschuldigung … wo finde ich die denn?
○ Rechts oben auf der Rechnung.
● Ah, hier … R 1234 - U56.
○ Gut. Und was ist Ihre Frage?
● Sie haben meinen Umzug gemacht. Von Ihrer Firma waren zwei Mitarbeiter dabei. Aber hier stehen vier. Das kann doch nicht richtig sein, oder?

B
○ Bauer.
● Hallo Herr Bauer, hier Fiedler, Ihr Vermieter.
○ Hallo Herr Fiedler. Was gibt´s denn?
● Ich möchte mit Ihnen über Ihre Feier am Samstag sprechen.
○ Feier? Wieso?
● Es gab einige Beschwerden von den anderen Mietern …
○ Wegen Lärm? Die Musik war … NICHT … laut.
● Naja, aber sie haben die ganze Nacht mit 20 Leuten auf der Terrasse gesessen und …
○ Es ist doch SOMMER …

Kapitel 7   Kulturwelten

Modul 2 Übung 1

Sie hören nun eine Nachrichtensendung, dazu sollen Sie fünf Aufgaben lösen. Sie hören die Nachrichtensendung nur einmal. Entscheiden Sie beim Hören, ob die Aussagen 1 bis 5 richtig oder falsch sind. Lesen Sie jetzt die Aufgaben 1 bis 5. Sie haben dazu 30 Sekunden Zeit.
Nachrichten
Schwere Unwetter in Hessen und Niedersachsen: 17 Verletzte und hohe Sachschäden, das ist die Bilanz des schweren Unwetters, das diese Nacht über den Raum Kassel/Göttingen hinweggezogen ist. Überschwemmungen, starke Regen- und Hagelfälle, abgeknickte Bäume und heruntergefallene Felsbrocken haben die Feuerwehr und freiwillige Helfer die ganze Nacht auf Trab gehalten. Im Sekundentakt sind in der Nacht die Notrufe bei der Feuerwehr eingegangen. Die Aufräumarbeiten werden die Helfer wohl noch viele Tage beschäftigen. Und auch der Bahnverkehr wird laut Deutsche Bahn noch einige Zeit eingeschränkt sein.
Köln: Der amtierende Oberbürgermeister Jürgen Roters hat offiziell erklärt, dass er sich bei den nächsten Kommunalwahlen nicht wieder zur Wahl stellen wird. Der 64-Jährige informierte am Freitagnachmittag seine Partei, dass er bis zum Oktober nächsten Jahres im Amt bleibe, um die ihm anvertrauten Aufgaben und Projekte zu einem erfolgreichen Abschluss zu führen. Danach werde er in eine neue Lebensphase eintreten. Die Entscheidung falle ihm nicht leicht.
Rosenheim: Glück im Unglück hatten die 37 Schülerinnen und Schüler, die gestern Abend auf dem Rückweg von einem Schulausflug zum Schloss Herrenchiemsee waren. Der Fahrer des Reisebusses erlitt auf der Autobahn einen Schwächeanfall und verlor die Kontrolle über das Fahrzeug. Der Bus schlitterte fast 200 Meter an der Leitplanke entlang und prallte dann gegen einen Brückenpfosten. Wie durch ein Wunder wurde niemand schwer verletzt.
Taiwan: Erfreuliche Neuigkeiten meldet der Zoo von Taipeh. Am Mittwoch ist nach langem Warten endlich ein gesundes Pandabären-Baby auf die Welt gekommen. Bei ihrer Geburt wiegen die kleinen Pandas nur ungefähr 100 Gramm, sind blind und haben noch keine Zähne und kein Fell. Nach einem Monat dann wird das Baby mit dem Namen Yuan Zai das typische weiß-schwarze Fell haben und nach 40 bis 60 Tagen öffnet es die Augen und erkundet mit tapsigen Schritten die Welt.
Sport: Beim nervenzerreißenden Spiel um den Einzug ins Viertelfinale bei der Fußballweltmeisterschaft gibt es eine weitere Sensation. Die Mannschaft aus Nigeria gewann in der Partie gegen Frankreich mit 2:1 nach Verlängerung und hat damit das Viertelfinale erreicht. Nigeria trifft am Freitag auf den Gewinner der Partie Kolumbien gegen Deutschland.
Hohes Verkehrsaufkommen: Auch dieses Wochenende rechnen die Experten wieder mit hohem Verkehrsaufkommen auf den deutschen Autobahnen. Ohne Staus werden Autofahrer kaum ans Ziel gelangen. Wegen des Feiertages am Donnerstag werden viele bereits am Mittwochnachmittag oder Donnerstagmorgen ins verlängerte Wochenende starten. Da am Wochenende auch die Pfingstferien in einigen Bundesländern zu Ende gehen, kommt ab Samstag noch der Rückreiseverkehr hinzu. Vor allem im süddeutschen Raum sind Staus rund um die Ballungszentren in Richtung Norden zu erwarten. Das waren die neuesten Meldungen. Zum Schluss noch ein Blick auf das Wetter von morgen …

Transkript zum Arbeitsbuch

Aussprache Übung 1

(Gedicht)

Kapitel 8   Das macht(e) Geschichte

Modul 3 Übung 6

Sie hören ein Rundfunkinterview. Dazu sollen Sie zehn Aufgaben lösen. Sie hören dieses Interview nur einmal. Entscheiden Sie beim Hören, ob die Aufgaben 1 bis 10 richtig oder falsch sind.
Lesen Sie jetzt die Aufgaben 1 bis 10. Sie haben dazu 60 Sekunden Zeit.

○ Guten Tag und herzlich willkommen hier bei „Zu Gast im Studio". Heute möchten wir Ihnen ein ganz besonderes Ausflugsziel vorstellen: Das Mozarthaus in Wien. Hierzu begrüße ich bei mir im Studio Frau Angelika Bergmann. Die Münchnerin studierte an der Universität für Musik und darstellende Kunst in Wien. Sie ist Touristenführerin in Wien und hat sich vor allem auf Sehenswürdigkeiten rund um den berühmten Komponisten Mozart spezialisiert. Hallo, Frau Bergmann.
● Guten Tag!
○ Frau Bergmann, vielleicht erklären Sie unseren Hörerinnen und Hörern ganz kurz: Was ist denn das Mozarthaus in Wien?
● Das Mozarthaus ist ein ganz wunderbares Haus mitten in der Stadt, gleich in der Nähe des Doms: Hier finden Sie viele Informationen rund um Wolfgang Amadeus Mozart.
○ Ich habe gehört, dass er eigentlich anders hieß?
● Ja, sein Taufname war Johannes Chrysostomus Wolfgangus Theophilus – aber das konnte sich schon damals niemand merken. Deswegen bleiben wir bei dem Namen, unter dem er berühmt ist.
○ Das beruhigt mich. Mozart hat ja in seiner Wiener Zeit in insgesamt 14 verschiedenen Wohnungen gewohnt. Hat er denn wirklich selber in diesem Haus gelebt?
● Oh, ja. Mozart hat mit seiner Familie in diesem Bürgerhaus aus dem 17. Jahrhundert von 1784 bis 1787 gelebt. Gestorben ist er dann 1791 – mit nur 35 Jahren – in einer deutlich bescheideneren Wohnung.
○ Können Sie das Mozarthaus ein bisschen beschreiben?
● Es war schon immer ein herrschaftliches Haus in bester Lage. Die Wohnung in diesem Haus war eine repräsentative Wohnung. Mozart wusste zu leben – und er gab dafür viel Geld aus.
Diese Wohnung war die größte, vornehmste und teuerste Wohnung, die Mozart jemals bewohnt hat.

○ Ich dachte immer, Mozart hätte zu Lebzeiten nie viel verdient und sei sehr arm gestorben?
● Ja, das denken viele. Tatsache ist jedoch, dass Mozart ein für damalige Zeiten hohes Einkommen hatte. Aber er hatte auch einen sehr teuren Lebensstil, deswegen hatte er oft Schulden – und starb dann tatsächlich als armer Mann …
○ Kann man denn im Mozarthaus die Wohnung, in der Mozart damals wohnte, besichtigen?
● Ja, das Museum erstreckt sich über drei Teile: Die historische Mozartwohnung im 1. Stock ist das Herzstück des Hauses. Es ist die einzige noch erhaltene Wiener Wohnung, in der Mozart einmal gewohnt hat.
Hier können die Besucher das Leben des Musikgenies hautnah nacherleben: mit Bildern, Dokumenten, Möbeln und anderen Gegenständen aus seiner Zeit.
○ Das klingt interessant – kann man denn alle Zimmer der damaligen Wohnung besichtigen?
● Ja, Sie können alle Zimmer und auch die Küche besichtigen.
○ Und was sind die beiden anderen Teile des Museums?
● Im 2. Stock geht es um Mozarts Musik, die Musik seiner Zeit und seine Musikerkollegen. Er hat ja in dieser Wohnung auch viele seiner bekannten Opern und Musikstücke komponiert. Die Besucher können auch eine multimediale Theaterinstallation zur „Zauberflöte" bewundern. Die ist wirklich sehenswert.
○ Und was ist im dritten Stockwerk?
● Hier geht es um die Stadt Wien und das persönliche und gesellschaftliche Leben Mozarts in dieser Stadt. Außerdem werden z. B. alle Wiener Wohnorte Mozarts gezeigt. Und natürlich gibt es viele Informationen zum politischen und gesellschaftlichen Leben im damaligen Wien.
○ Das klingt wirklich interessant und ich habe schon richtig Lust bekommen, nach Wien zu fahren … Jetzt machen wir ein bisschen Musik und dann reden wir noch über das Musik- und Veranstaltungsprogramm im Mozarthaus. Nächste Woche gibt es beispielsweise einen Klavierabend im Bösendorfer-Saal im Keller des Hauses.

Aussprache Übung 1a

1. Hast du auch daran gedacht, dass wir Kaffee brauchen?
2. Das hat Bernd gesagt? Und was hast du darauf geantwortet?
3. Schatz? … Ich habe darüber nachgedacht, ob wir heiraten sollten.
4. Maja träumt davon, mit Heiner zusammen zu sein.

Aussprache Übung 1b

1. ○ Hast du auch daran gedacht, dass wir Kaffee brauchen?
   ● Im Supermarkt war die Hölle los. Daran konnte ich nicht auch noch denken.
2. ● Das hat Bernd gesagt? Und was hast du darauf geantwortet?
   ○ Darauf? Nichts. Das ist doch eine Unverschämtheit.
3. ● Schatz? … Ich habe darüber nachgedacht, ob wir heiraten sollten.
   ○ Ja. Darüber habe ich auch schon nachgedacht.
4. ○ Maja träumt davon, mit Heiner zusammen zu sein.
   ● Mit Heiner? Davon kann sie lange träumen.

Kapitel 9   Mit viel Gefühl

Modul 1   Übung 5

○ Liebe Zuhörerinnen und Zuhörer, hören Sie gern Musik bei der Arbeit …, meist ihre Lieblingssongs? – Wie Forscher jetzt herausgefunden haben, ist die eigene Lieblingsmusik nicht immer die richtige Wahl, wenn man neben dem Musikhören arbeiten soll.
Für Arbeiten, die vollste Konzentration erfordern, sollte man absolute Ruhe haben. Machen Sie die Musik dabei lieber aus. Wenn Sie aber gerade Datenbanken säubern, E-Mails sortieren oder Akten ordnen, dann ist dafür wirklich keine kreative Höchstleistung nötig. Hier ist Musik erlaubt und zwar jeglicher Art: Klassik, Popmusik, die aktuellen Charts, Sommerhits … Die richtigen Songs können dabei durchaus Motivationshelfer sein. Denn schnelle Rhythmen, sagen die Wissenschaftler, beschleunigen den Herzschlag und lassen uns intensiver Sauerstoff atmen – das Ergebnis: die Arbeitsleistung steigt.
Wie ist das bei Ihnen? Läuft im Hintergrund Ihre Lieblingsmusik, wenn Sie am Computer sitzen? Oder dreht Ihr Kollege seinen Lieblingsradiosender im Büro laut auf? Rufen Sie uns an und teilen Sie uns Ihre Erfahrungen mit. 030 55 22 33.
Und hier ist der erste Anrufer. Thomas aus Bremen. Thomas, hörst du Musik beim Arbeiten?

● Ich arbeite in einem Großraumbüro. Da ist es oft sehr laut. Deshalb höre ich Musik über die Kopfhörer, denn dann kann ich mich besser konzentrieren. Damit kann ich einfach die Geräuschkulisse um mich rum ausschalten und besser nachdenken. Aber ich weiß auch, dass das manche Kollegen nicht immer gut finden, weil sie denken, ich arbeite nicht.

○ Sich bei Musik konzentrieren und nachdenken? Ist das nicht ein Widerspruch?

● Nein, überhaupt nicht. Ich mag besonders klassische Musik. Die beruhigt und inspiriert mich. Ich kann da richtig kreativ sein und viel besser arbeiten.

○ Toll, danke, Thomas. Und da haben wir ja schon die zweite Anruferin in der Leitung. Wie ist das bei dir, Anne?

■ Also ich kann gar nicht verstehen, wie man beim Arbeiten Musik hören kann. Entweder konzentriere ich mich auf die Musik und genieße sie oder eben auf meine Arbeit. Mich stört Musik beim Arbeiten. Ich brauche dazu Ruhe. Und ich kann mir nicht vorstellen, dass ich durch Musik kreativer wäre. Im Gegenteil. Ich wäre abgelenkt.

○ Aber musst du nicht auch Dinge tun, die nicht deine ganze Konzentration erfordern? Eher langweilige Dinge, wie z. B. Dokumente ablegen oder sortieren, den Schreibtisch aufräumen … Das geht doch mit Musik viel besser …

■ Ja, vielleicht. Aber ich glaube, dabei würde ich mehr Fehler machen.

○ Versuch's doch einfach mal. Wissenschaftler sagen ja, dass wir solche Arbeiten bei schneller Musik auch schneller erledigen … Und wer ist der dritte Zuhörer in der Leitung? Ah, Ben aus Magdeburg. Ben, was meinst du dazu?

▶ Tja, ich bin Student und höre sogar beim Lernen Musik.

○ Und dabei kannst du dir wirklich etwas einprägen?

▶ Na klar. Mit Musik lerne ich besonders Dinge, die ich später auswendig wiedergeben muss. Ich präge mir z. B. Begriffe oder Daten viel besser ein, wenn ich sie im Takt der Musik wiederhole und sie laut spreche oder singe.

○ Aber was ist, wenn du etwas selbst erarbeiten oder logisch nachvollziehen musst, z. B. eine Regel oder ein mathematisches Gesetz? Funktioniert das dann auch?

▶ Nein, dazu brauche ich absolute Ruhe. Dann muss ich mich wirklich auf die Sache konzentrieren. Musik würde mich dann ablenken und ich müsste z. B. einen Text mehrmals lesen, um ihn zu verstehen.

○ Vielen Dank, Ben. Das bestätigt auch Erkenntnisse aus Studien, die zeigen, dass man beim Lesen von komplexen Inhalten, wenn überhaupt, dann nur Lounge-Musik oder Instrumentalmusik hören sollte. Liedtexte würden dabei zu sehr ablenken. Und Sie, liebe Zuhörer? Was meinen Sie? Rufen Sie uns an. Wir sind noch bis elf für Sie da …

Transkript zum Arbeitsbuch

Modul 3 Übung 1a

1. Ich warte schon ewig. Kannst du denn nicht einmal pünktlich sein?
2. Neuer Anzug? Der steht dir aber super!
3. Du kannst ja einfach vorbeikommen, wenn du in der Stadt bist.
4. Ich kenne dich doch. Du bist doch der Bruder von Timo.
5. Das ist ein Cocktail? Das schmeckt ja widerlich!
6. Macht mal das Fenster auf. Hier ist es viel zu warm.

Aussprache Übung 1a

A ○ Ah, du hast ja wieder unser Wohnzimmer schick dekoriert.
  ● Ja, das sieht doch toll aus, ne?
B ● Heute Abend kommen Sandra und Kevin.
  ○ Super. Da freue ich mich aber.
C ■ Ich hab' nichts zum Anziehen.
  ● Das ist ja schrecklich.
  ■ Schön, dass wir uns mal verstehen.

Kapitel 10 Ein Blick in die Zukunft

Modul 2 Übung 3a

In meinem Vortrag geht es um die Vor- und Nachteile der medizinischen Entwicklung. Ich werde dabei auf die häufigsten Argumente für und gegen die moderne Medizin eingehen und am Schluss ein Fazit ziehen.
Ich möchte in meinem Vortrag v. a. auf die sogenannte Robomedizin und auf die Telemedizin eingehen; beides sind Forschungsrichtungen, durch die Ärzte oder Pflegekräfte durch modernste technische Geräte entlastet oder ersetzt werden können.

Modul 2 Übung 3b

Ich möchte dazu drei Beispiele vorstellen und beginne mit dem ersten Beispiel, der Telemedizin.
Die Telemedizin wird vor allem in abgelegenen Regionen erprobt, also in Gebieten, in denen es den Bewohnern nicht so einfach möglich ist, einen Facharzt aufzusuchen.
Die Patienten haben ein Gerät, messen damit täglich ihre Gesundheitswerte und übertragen die Ergebnisse über das Telefon an einen Arzt. Der Arzt wertet die Daten aus und nimmt sofort Kontakt mit dem Patienten auf, wenn einzelne Werte beunruhigend sind.
Befürworter sind begeistert, denn dadurch haben auch Patienten, die weit weg von medizinischen Zentren leben oder nicht mehr mobil sind, die Möglichkeit, ihre Gesundheit regelmäßig überprüfen zu lassen. So können zum Beispiel Krankheiten sehr frühzeitig erkannt und behandelt werden. Was also könnte dagegen sprechen?
Zum einen die Ärzte selbst, die besorgt sind, dass keine Patienten mehr zu ihnen in die Praxen kommen. Eine verständliche Sorge, aber meiner Meinung nach nicht sehr berechtigt, denn die Ärzte werden ja weiterhin zum Auswerten und Analysieren der Daten benötigt. Eine – aus meiner Sicht – berechtigtere Sorge ist, dass sich die Diagnose dann ausschließlich auf technisch erhobene Daten beschränkt. Kann das den Blick eines erfahrenen Arztes in die Augen eines Patienten ersetzen? Kann man anhand dieser Daten Aussagen über den psychischen Zustand eines Menschen treffen? Wenn man bedenkt, dass Depressionen zu den meist verbreiteten Volkskrankheiten zählen, dann wage ich doch zu bezweifeln, dass z. B. diese Krankheit – besonders in ihren Anfängen – über Telemedizin erkannt werden kann.

Modul 2 Übung 3c

Ich komme jetzt zum zweiten Beispiel. In den USA gibt es bereits Krankenhäuser, in denen Roboter Medikamente verteilen oder Krankenakten und Röntgenbilder transportieren. Das scheint sehr gut zu funktionieren. Faszinierend – aber sehen wir uns dieses Beispiel etwas genauer an:
In Deutschland haben Krankenhäuser und Alten- und Pflegeheime große Mühe, qualifiziertes Personal zu finden. Da scheinen Roboter eine willkommene Lösung zu sein. Sie können das Verteilen von Medikamenten und Mahlzeiten oder das Abräumen des Geschirrs nach den Mahlzeiten zuverlässig erledigen.
Aber wie gut ist es für die Psyche eines Patienten, wenn kurze Gespräche über das Essen oder das Wetter mit den Pflegekräften wegfallen? Hier wäre aus meiner Sicht eine Sache wichtig: Wenn die Roboter helfen, das Pflegepersonal so zu unterstützen, dass wieder mehr Zeit für das persönliche Gespräch mit einzelnen Patienten gewonnen werden kann, dann kann ich an dieser Entwicklung nichts Negatives sehen. Wenn die Roboter jedoch das Personal in Teilen ersetzen sollen – und nicht entlasten, dann stehe ich dieser Entwicklung sehr kritisch gegenüber.

Modul 2 Übung 3d

Und mein letztes und am meisten umstrittenes Beispiel sind Roboter, die Operationen teilweise oder sogar gänzlich alleine ausführen. Das ist keine Zukunftsmusik, sondern auch in deutschen Krankenhäusern schon fast Routine.

Mein erster Gedanke hierzu war: Toll! Roboter werden nie müde, sind nie schlecht gelaunt oder unkonzentriert. Also müssten sie doch die zuverlässigeren Operateure sein.
Aber neuere Studien kommen zu ganz anderen Ergebnissen, denn: Roboter können nicht spontan handeln. Sie können nur so arbeiten, wie sie programmiert sind. In unvorhergesehenen Situationen sind sie überfordert. So gibt es nach Operationen, die von Robotern durchgeführt wurden, häufiger Komplikationen und Probleme. Roboter können eben – bisher – nur nach einem vorgegebenen Muster arbeiten und nicht spontan auf veränderte Situationen reagieren.
Zum Abschluss möchte ich also die Frage stellen, ob die Fortschritte in der Robo- und Telemedizin nun insgesamt positiv oder doch eher negativ zu sehen sind. Mein Fazit lautet: Solange das wichtigste Ziel der Medizin ist, den Patienten so gut und schnell wie möglich zu helfen, sehe ich es als selbstverständlich an, dass das technisch Machbare auch erprobt und durchgeführt werden sollte. Aus meiner Sicht sollte Technik immer weiterentwickelt und verbessert werden, aber nur dann, wenn das Ziel auch wirklich ist, den Patienten zu helfen!
Vielen Dank für Ihre Aufmerksamkeit. Wenn Sie noch Fragen haben, bin ich gerne für Sie da.

Aussprache Übung 1

1. In Zukunft werden Roboter immer wichtiger.
2. Herr Mohn ist der Meinung, dass sich die Arbeitswelt stark verändern wird?
3. Kinder lernen besser mit Computern?
4. Durch Roboter verlieren wir unsere Jobs.
5. Dein Freund hat einen Roboter, der im Haushalt hilft?
6. Er nutzt eine App, um seinen Blutdruck zu messen.
7. Sie wollen ihre Gesundheit online prüfen?

Aussprache Übung 2

1
A ○ Ich glaube, für die heutige Arbeitswelt muss man flexibel sein.
  ● Ja. Junge Menschen werden mehr als einen Beruf lernen.
B ○ Junge Menschen werden mehr als einen Beruf lernen?
  ● Das kann man sich kaum vorstellen, oder?

2
A ○ In der Zeitung steht: Durch Roboter verlieren wir unsere Jobs.
  ● Das ist doch Unsinn.
B ○ Computer und Roboter gefährden unsere Arbeitsplätze.
  ● Was? Durch Roboter verlieren wir unsere Jobs?

Audio-CD zum Arbeitsbuch

Track	Modul, Aufgabe	Länge
1	Vorspann	0:16
	Kapitel 6, Fit für …	
2	Modul 3, Übung 6 – Nummer 1	1:33
3	Nummer 2	1:04
4	Nummer 3	1:15
5	Nummer 4	1:15
6	Nummer 5	1:12
7	Aussprache, Übung 1	1:58
8	Aussprache, Übung 2a – A	0:50
9	B	0:42
	Kapitel 7, Kulturwelten	
10	Modul 2, Übung 1	4:20
11	Aussprache, Übung 1	0:26
	Kapitel 8, Das macht(e) Geschichte	
12	Modul 3, Übung 6	5:19

Track	Modul, Aufgabe	Länge
13	Aussprache, Übung 1a	0:48
14	Aussprache, Übung 1b	1:12
	Kapitel 9, Mit viel Gefühl	
15	Modul 1, Übung 5	4:30
16	Modul 3, Übung 1a	1:22
17	Aussprache, Übung 1a	0:35
	Kapitel 10, Ein Blick in die Zukunft	
18	Modul 2, Übung 3a	0:39
19	Modul 2, Übung 3b	1:44
20	Modul 2, Übung 3c	1:16
21	Modul 2, Übung 3d	1:38
22	Aussprache, Übung 1	0:48
23	Aussprache, Übung 2 – 1	0:27
24	2	0:24

Gesamtlaufzeit 35:33

Track 11: Dreißigwortgedicht aus: Wörtersee, Frankfurt am Main: Zweitausendeins, 1981 © Nachlass Robert Gernhardt, durch Agentur Schlück. Alle Rechte vorbehalten.

Sprecherinnen und Sprecher: Ulrike Arnold, Simone Brahmann, Farina Brock, Julia Cortis, Marco Diewald, Mario Geiß, Walter von Hauff, Detlef Kügow, Jenny Perryman, Jakob Riedl, Marc Stachel, Kathrin-Anna Stahl, Peter Veit, Gisela Weiland
Regie und Postproduktion: Christoph Tampe
Studio: Plan 1, München

Unregelmäßige Verben

Infinitiv	Präsens	Präteritum	Perfekt
angeben	gibt an	gab an	hat angegeben
aufgeben	gibt auf	gab auf	hat aufgegeben
aufstehen	steht auf	stand auf	ist aufgestanden
aufwachsen	wächst auf	wuchs auf	ist aufgewachsen
ausschlafen	schläft aus	schlief aus	hat ausgeschlafen
ausziehen	zieht aus	zog aus	hat/ist ausgezogen
backen	bäckt/backt	backte	hat gebacken
befehlen	befiehlt	befahl	hat befohlen
sich befinden	befindet sich	befand sich	hat sich befunden
beginnen	beginnt	begann	hat begonnen
begreifen	begreift	begriff	hat begriffen
behalten	behält	behielt	hat behalten
beibringen	bringt bei	brachte bei	hat beigebracht
beißen	beißt	biss	hat gebissen
bekommen	bekommt	bekam	hat bekommen
bestehen	besteht	bestand	hat bestanden
besteigen	besteigt	bestieg	hat bestiegen
bestreichen	bestreicht	bestrich	hat bestrichen
betreiben	betreibt	betrieb	hat betrieben
betrügen	betrügt	betrog	hat betrogen
beziehen	bezieht	bezog	hat bezogen
biegen	biegt	bog	hat gebogen
bieten	bietet	bot	hat geboten
binden	bindet	band	hat gebunden
bitten	bittet	bat	hat gebeten
bleiben	bleibt	blieb	ist geblieben
braten	brät	briet	hat gebraten
brechen	bricht	brach	hat gebrochen
brennen	brennt	brannte	hat gebrannt
bringen	bringt	brachte	hat gebracht
denken	denkt	dachte	hat gedacht
dürfen	darf	durfte	hat dürfen/gedurft
einbringen	bringt ein	brachte ein	hat eingebracht
eindringen	dringt ein	drang ein	ist eingedrungen
einfallen	fällt ein	fiel ein	ist eingefallen
sich eingestehen	gesteht sich ein	gestand sich ein	hat sich eingestanden
einladen	lädt ein	lud ein	hat eingeladen
einschlafen	schläft ein	schlief ein	ist eingeschlafen
empfangen	empfängt	empfing	hat empfangen
empfehlen	empfiehlt	empfahl	hat empfohlen
empfinden	empfindet	empfand	hat empfunden
entlassen	entlässt	entließ	hat entlassen
entscheiden	entscheidet	entschied	hat entschieden
entschließen	entschließt	entschloss	hat entschlossen
entsprechen	entspricht	entsprach	hat entsprochen

Infinitiv	Präsens	Präteritum	Perfekt
entstehen	entsteht	entstand	ist entstanden
erfahren	erfährt	erfuhr	hat erfahren
erfinden	erfindet	erfand	hat erfunden
erhalten	erhält	erhielt	hat erhalten
erkennen	erkennt	erkannte	hat erkannt
erscheinen	erscheint	erschien	ist erschienen
ertragen	erträgt	ertrug	hat ertragen
erziehen	erzieht	erzog	hat erzogen
essen	isst	aß	hat gegessen
fahren	fährt	fuhr	ist gefahren
fallen	fällt	fiel	hat/ist gefallen
fangen	fängt	fing	hat gefangen
finden	findet	fand	hat gefunden
fliegen	fliegt	flog	ist geflogen
fliehen	flieht	floh	ist geflohen
fließen	fließt	floss	ist geflossen
fressen	frisst	fraß	hat gefressen
frieren	friert	fror	hat gefroren
geben	gibt	gab	hat gegeben
gefallen	gefällt	gefiel	hat gefallen
gehen	geht	ging	ist gegangen
gelingen	gelingt	gelang	ist gelungen
gelten	gilt	galt	hat gegolten
genießen	genießt	genoss	hat genossen
geraten	gerät	geriet	ist geraten
geschehen	geschieht	geschah	ist geschehen
gewinnen	gewinnt	gewann	hat gewonnen
gießen	gießt	goss	hat gegossen
greifen	greift	griff	hat gegriffen
haben	hat	hatte	hat gehabt
halten	hält	hielt	hat gehalten
hängen	hängt	hing	hat gehangen
heben	hebt	hob	hat gehoben
heißen	heißt	hieß	hat geheißen
helfen	hilft	half	hat geholfen
hinweisen	weist hin	wies hin	hat hingewiesen
kennen	kennt	kannte	hat gekannt
klingen	klingt	klang	hat geklungen
können	kann	konnte	hat können/gekonnt
kommen	kommt	kam	ist gekommen
laden	lädt	lud	hat geladen
lassen	lässt	ließ	hat gelassen
laufen	läuft	lief	ist gelaufen
leiden	leidet	litt	hat gelitten
leihen	leiht	lieh	hat geliehen

Unregelmäßige Verben

Infinitiv	Präsens	Präteritum	Perfekt
lesen	liest	las	hat gelesen
liegen	liegt	lag	hat gelegen
lügen	lügt	log	hat gelogen
meiden	meidet	mied	hat gemieden
messen	misst	maß	hat gemessen
mögen	mag	mochte	hat mögen/gemocht
müssen	muss	musste	hat müssen/gemusst
nehmen	nimmt	nahm	hat genommen
nennen	nennt	nannte	hat genannt
reiben	reibt	rieb	hat gerieben
reiten	reitet	ritt	ist geritten
rennen	rennt	rannte	ist gerannt
riechen	riecht	roch	hat gerochen
rufen	ruft	rief	hat gerufen
scheinen	scheint	schien	hat geschienen
schieben	schiebt	schob	hat geschoben
schießen	schießt	schoss	hat geschossen
schlafen	schläft	schlief	hat geschlafen
schlagen	schlägt	schlug	hat geschlagen
schleichen	schleicht	schlich	ist geschlichen
schließen	schließt	schloss	hat geschlossen
schmeißen	schmeißt	schmiss	hat geschmissen
schneiden	schneidet	schnitt	hat geschnitten
schreiben	schreibt	schrieb	hat geschrieben
schreien	schreit	schrie	hat geschrien
schweigen	schweigt	schwieg	hat geschwiegen
schwimmen	schwimmt	schwamm	hat/ist geschwommen
sehen	sieht	sah	hat gesehen
sein	ist	war	ist gewesen
senden	sendet	sandte/sendete	hat gesandt/gesendet
singen	singt	sang	hat gesungen
sinken	sinkt	sank	ist gesunken
sitzen	sitzt	saß	hat gesessen
sollen	soll	sollte	hat sollen/gesollt
sprechen	spricht	sprach	hat gesprochen
springen	springt	sprang	ist gesprungen
stechen	sticht	stach	hat gestochen
stehen	steht	stand	hat gestanden
stehlen	stiehlt	stahl	hat gestohlen
steigen	steigt	stieg	ist gestiegen
sterben	stirbt	starb	ist gestorben
stoßen	stößt	stieß	hat gestoßen
streichen	streicht	strich	hat gestrichen
streiten	streitet	stritt	hat gestritten
tragen	trägt	trug	hat getragen

Infinitiv	Präsens	Präteritum	Perfekt
treffen	trifft	traf	hat getroffen
treten	tritt	trat	hat/ist getreten
trinken	trinkt	trank	hat getrunken
tun	tut	tat	hat getan
überlassen	überlässt	überließ	hat überlassen
übernehmen	übernimmt	übernahm	hat übernommen
übertreiben	übertreibt	übertrieb	hat übertrieben
unterbrechen	unterbricht	unterbrach	hat unterbrochen
unterhalten	unterhält	unterhielt	hat unterhalten
unternehmen	unternimmt	unternahm	hat unternommen
unterscheiden	unterscheidet	unterschied	hat unterschieden
verbergen	verbirgt	verbarg	hat verborgen
verbieten	verbietet	verbat	hat verboten
verbinden	verbindet	verband	hat verbunden
verbringen	verbringt	verbrachte	hat verbracht
vergessen	vergisst	vergaß	hat vergessen
vergleichen	vergleicht	verglich	hat verglichen
verlassen	verlässt	verließ	hat verlassen
verlieren	verliert	verlor	hat verloren
vermeiden	vermeidet	vermied	hat vermieden
verraten	verrät	verriet	hat verraten
verschlafen	verschläft	verschlief	hat verschlafen
verschwinden	verschwindet	verschwand	ist verschwunden
versprechen	verspricht	versprach	hat versprochen
verstehen	versteht	verstand	hat verstanden
vertreiben	vertreibt	vertrieb	hat vertrieben
vertreten	vertritt	vertrat	hat vertreten
verzeihen	verzeiht	verzieh	hat verziehen
vorhaben	hat vor	hatte vor	hat vorgehabt
vorkommen	kommt vor	kam vor	ist vorgekommen
vorschlagen	schlägt vor	schlug vor	hat vorgeschlagen
vortragen	trägt vor	trug vor	hat vorgetragen
wachsen	wächst	wuchs	ist gewachsen
wahrnehmen	nimmt wahr	nahm wahr	hat wahrgenommen
waschen	wäscht	wusch	hat gewaschen
werben	wirbt	warb	hat geworben
werden	wird	wurde	ist geworden
werfen	wirft	warf	hat geworfen
widersprechen	widerspricht	widersprach	hat widersprochen
wiegen	wiegt	wog	hat gewogen
wissen	weiß	wusste	hat gewusst
wollen	will	wollte	hat wollen/gewollt
ziehen	zieht	zog	hat/ist gezogen
zugeben	gibt zu	gab zu	hat zugegeben
zwingen	zwingt	zwang	hat gezwungen

Verben, Nomen und Adjektive mit Präpositionen

Verb	Nomen	Adjektiv	Präposition + Kasus
abhängen	die Abhängigkeit	abhängig	von + D
abhalten			von + D
(sich) abmelden	die Abmeldung		von + D
abraten			von + D
achten			auf + A
	die Allergie	allergisch	auf + A
	die Alternative	alternativ	zu + D
ändern	die Änderung		an + D
anfangen	der Anfang		mit + D
	das Ansehen	angesehen	bei + D
		angewiesen	auf +A
sich ängstigen	die Angst		vor + D
ankommen			auf + A
anpassen	die Anpassung	angepasst	an + A
anrufen	der Anruf		bei + D
antworten	die Antwort		auf + A
	die Anwesenheit	anwesend	bei + D
arbeiten	die Arbeit		an + D / bei + D
sich ärgern	der Ärger	ärgerlich / verärgert	über + A
		arm	an + D
	die Aufgeschlossenheit	aufgeschlossen	gegenüber + D
aufhören			mit + D
aufpassen			auf + A
sich aufregen	die Aufregung	aufgeregt	über + A
ausdrücken			mit + D
ausgeben	die Ausgabe		für + A
sich auskennen			mit + D
sich austauschen	der Austausch		mit + D / über + A
sich bedanken			für + A / bei + D
sich befassen			mit + D
sich befinden			in + D
befreien		frei	von + D
sich begeistern	die Begeisterung		für + A
		begeistert	von + D
beginnen	der Beginn		mit + D
sich beklagen	die Klage		über + A
beitragen	der Beitrag		zu + D
		bekannt	für + A
	die Bekanntschaft	bekannt	mit + D
	die Beliebtheit	beliebt	bei + D
	die Bereitschaft	bereit	zu + D
berichten	der Bericht		über + A / von + D
	die Berühmtheit	berühmt	für + A
sich beschäftigen	die Beschäftigung	beschäftigt	mit + D
sich beschweren	die Beschwerde		über + A / bei + D
bestehen			aus + D
sich beteiligen	die Beteiligung	beteiligt	an + D
beitragen	der Beitrag		zu + D
	die Beunruhigung	beunruhigt	über + A
sich bewerben	die Bewerbung		um + A / bei + D
		bezeichnend	für + A
sich beziehen	der Bezug		auf + A
bitten	die Bitte		um + A

Verb	Nomen	Adjektiv	Präposition + Kasus
		blass	vor + D
		böse	auf + A
bringen			zu + D
		charakteristisch	für + A
danken	der Dank	dankbar	für + A
denken	der Gedanke		an + A
diskutieren	die Diskussion		über + A / mit + D
	die Eifersucht	eifersüchtig	auf + A
sich eignen	die Eignung	geeignet	für + A / zu + D
eingehen			auf + A
einladen	die Einladung		zu + D
einstellen	die Einstellung		auf + A
	die Einstellung		zu + D
	das Einverständnis	einverstanden	mit + D
	die Empörung	empört	über + A
sich engagieren	das Engagement	engagiert	für + A / gegen + A / bei + D
(sich) entfernen	die Entfernung	entfernt	von + D
sich entscheiden	die Entscheidung		für + A / gegen + A
		entscheidend	für + A
sich entschließen	der Entschluss / die Entschlossenheit	entschlossen	zu + D
sich entschuldigen	die Entschuldigung		für + A / bei + D
	das Entsetzen	entsetzt	über + A
		enttäuscht	von + D
sich entwickeln	die Entwicklung		zu + D
	die Erfahrung	erfahren	in + D
	der Erfolg	erfolgreich	in + D
sich erholen	die Erholung	erholt	von + D
sich erinnern	die Erinnerung		an + A
erkennen			an + D
sich erkundigen	die Erkundigung		bei + D / nach + D
	das Erstaunen	erstaunt	über + A
erwarten			von + D
	die Erwartung		an + A / bei + D
erziehen	die Erziehung	erzogen	zu + D
	die Fähigkeit	fähig	zu + D
fragen	die Frage		nach + D
sich freuen	die Freude		auf + A
sich freuen	die Freude	erfreut	über + A
	die Freude		an + A
		freundlich	zu + D
	die Freundschaft	befreundet	mit + D
		froh	über + A
führen			zu + D
sich fürchten	die Furcht		vor + D
gehören			zu + D
		gespannt	auf + A
sich gewöhnen	die Gewöhnung	gewöhnt	an + A
glauben	der Glaube		an + A
	die Gleichgültigkeit	gleichgültig	gegenüber + D
		glücklich	über + A
gratulieren	die Gratulation		zu + D

189

Verben, Nomen und Adjektive mit Präpositionen

Verb	Nomen	Adjektiv	Präposition + Kasus
greifen	der Griff		nach + D
		gut	in + D / zu + D
sich halten			an + A
(sich) halten			für + A
halten			von + D
	die Haltung		zu + D
handeln			von + D
handeln	der Handel		mit + D
sich handeln			um + A
helfen	die Hilfe	behilflich/hilfreich	bei + D
hinweisen	der Hinweis		auf + A
hoffen	die Hoffnung		auf + A
sich informieren	die Information	informiert	über + A
sich interessieren	das Interesse		für + A
	das Interesse	interessiert	an + D
investieren	die Investition		in + A
klingen	der Klang		nach + D
sich konzentrieren	die Konzentration	konzentriert	auf + A
sich kümmern			um + A
leiden			an + D / unter + D
	die Liebe	lieb	zu + D
	das Misstrauen	misstrauisch	gegenüber + D
motivieren	die Motivation	motiviert	zu + D
nachdenken			über + A
	der Neid	neidisch	auf + A
	die Neugier / die Neugierde	neugierig	auf + A
		nett	zu + D
	die Notwendigkeit	notwendig	für + A
	der Nutzen	nützlich	für + A
	die Offenheit	offen	für + A
sich orientieren	die Orientierung		an + D
passen			zu + D
protestieren	der Protest		gegen + A
raten	der Rat		zu + D
reagieren	die Reaktion		auf + A
reden	die Rede		von + D / über + A
	der Reichtum	reich	an + D
retten	die Rettung		vor + D
	der Schaden	schädlich	für + A
schmecken	der Geschmack		nach + D
	die Schuld	schuld	an + D
sichern	die Sicherheit	sicher	vor + D
siegen	der Sieg	siegreich	über + A
	die Skepsis	skeptisch	gegenüber + D
sorgen			für + A
sich sorgen	die Sorge	besorgt	um + A
sich spezialisieren	die Spezialisierung	spezialisiert	auf + A
sprechen	das Gespräch		über + A / mit + D / von + D
stehen			für + A
sterben			an + D
	der Stolz	stolz	auf + A

Verb	Nomen	Adjektiv	Präposition + Kasus
(sich) streiten	der Streit		über + A / um + A / mit + D
suchen	die Suche		nach + D
	die Tätigkeit	tätig	als
tauschen	der Tausch		gegen + A / mit + D
teilnehmen	die Teilnahme		an + D
tendieren	die Tendenz		zu + D
trauern	die Trauer	traurig	über + A
träumen	der Traum		von + D
sich treffen	das Treffen		mit + D
sich trennen	die Trennung	getrennt	von + D
		typisch	für + A
		überrascht	von + D
	die Überraschung	überrascht	über + A
überreden	die Überredung		zu + D
(sich) überzeugen		überzeugt	von + D
umgehen	der Umgang		mit + D
unterbrechen	die Unterbrechung		bei + D
sich unterhalten	die Unterhaltung		über + A / mit + D
(sich) unterscheiden	die Unterscheidung	unterscheidbar	nach + D
unterstützen	die Unterstützung		bei + D
sich verabreden	die Verabredung	verabredet	mit + D
sich verabschieden	die Verabschiedung		von + D
	die Verantwortung	verantwortlich	für + A
verbinden	die Verbindung	verbunden	mit + D
vergleichen	der Vergleich	vergleichbar	mit + D
sich verlassen			auf + A
sich verlieben	die Verliebtheit	verliebt	in + A
sich verpflichten	die Verpflichtung	verpflichtet	zu + D
		verrückt	nach + D
sich verstecken			vor + D
verstehen	das Verständnis		von + D
sich verstehen			mit + D
vertrauen	das Vertrauen		auf + A
	die Verwandtschaft	verwandt	mit + D
verweisen	der Verweis		auf + A
verzichten	der Verzicht		auf + A
sich vorbereiten	die Vorbereitung	vorbereitet	auf + A
warnen	die Warnung		vor + D
warten			auf + A
werben	die Werbung		für + A
wetten	die Wette		um + A
	die Wichtigkeit	wichtig	für + A
wirken	die Wirkung		auf + A
	der Wunsch		nach + D
	die Wut	wütend	auf + A
sich wundern	die Verwunderung	verwundert	über + A
	die Zufriedenheit	zufrieden	mit + D
	die Zurückhaltung	zurückhaltend	gegenüber + D
	die Zuständigkeit	zuständig	für + A
zweifeln	der Zweifel		an + D
zwingen	der Zwang		zu + D

Bild- und Textnachweis

S. 10	Amy Walters – Fotolia.com
S. 11	PiXXart – shutterstock.com
S. 12	michaeljung – shutterstock.com
S. 14	oben: Ljupco Smokovski – shutterstock.com; Symbole: Giraphics – shutterstock.com
S. 16	Johanna: arek_malang – shutterstock.com; Anja: Minerva Studio – shutterstock.com; Mats: pkchai – shutterstock.com
S. 17	oben: l i g h t p o e t – shutterstock.com; unten: Adam Gregor – Fotolia.com
S. 19	links: Andresr – shutterstock.com; rechts oben: g-stockstudio – shutterstock.com; rechts unten: wavebreakmedia – shutterstock.com
S. 20	Sebastian Vettel: efecreata mediagroup – shutterstock.com; David Alaba: Herbert Kratky – shutterstock.com; Andrea Petkovic: Rena Schild – shutterstock.com; Isabella Laböck: getty images; Giulia Steingruber: ID1974 – shutterstock.com; Anna Schaffelhuber: AFP – getty images
S. 22	A: Kzenon – shutterstock.com; B: ARochau – Fotolia.com; C: l i g h t p o e t – shutterstock.com; D: ambrozinio – shutterstock.com; Seil, Haken und Helm: swinner – shutterstock.com; Sächsische Schweiz: Andrejs83 – shutterstock.com
S. 23	Lizenz durch www.zdf-archive.com / ZDF Enterprises GmbH – Alle Rechte vorbehalten.
S. 24	A: © courtesy Galerie EIGEN + ART Leipzig/Berlin / VG Bild-Kunst, Bonn 2014; B: akg-images; C: akg-images
S. 25	D: © 2014 Georg Baselitz; E: zeno.org
S. 26	oben: Herbert Kratky – shutterstock.com; unten von links nach rechts: akg-images; lucazzitto – Fotolia.com; akg-images; Creativemarc – shutterstock.com
S. 27	links: canadastock – shutterstock.com; rechts: Mihai-Bogdan Lazar – shutterstock.com
S. 28	dpa/dpaweb – picture alliance
S. 32	1 Tupungato – shutterstock.com; 2 Rrrainbow – shutterstock.com; 3 Christian Mueller – shutterstock.com; 4 Dima Sobko – shutterstock.com; 5 MivPiv – iStockphoto.com; Text: Abdruck mit freundlicher Genehmigung © Aufbau Verlag GmbH & Co. KG, Berlin 2014
S. 33/34	Text aus: Edgar Rai: Nächsten Sommer. Roman © Aufbau Verlag GmbH & Co. KG, Berlin 2010 (Die Originalausgabe erschien 2010 im Gustav Kiepenheuer Verlag; Gustav Kiepenheuer ist eine Marke der Aufbau Verlag GmbH & Co. KG)
S. 36	Florian Seefried – getty images
S. 38	oben links: Pi-Lens – shutterstock.com; oben rechts: Jule_Berlin – shutterstock.com; unten: Lizenz durch www.zdf-archive.com / ZDF Enterprises GmbH – Alle Rechte vorbehalten.
S. 39	Lizenz durch www.zdf-archive.com / ZDF Enterprises GmbH – Alle Rechte vorbehalten.
S. 40	A: GES/Markus Gilliar – picture alliance; B: Bizroug – shutterstock.com; C: SCIENCE SOURCE – getty images; D: Sven Simon – picture alliance
S. 41	E: picture alliance; F: Sean Gallup – getty images; G: S. Kuelcue – shutterstock.com; H: Editions- und Forschungsstelle Frank Wedekind
S. 42	links: Freye Rittersleut zu Randingen e.V.; rechts: Kirill_Liv – iStockphoto.com
S. 43	links: Kerstin Behrendt; Mitte: Visit Britain / Grant Pritchard – getty images; rechts: Joachim Röhrig
S. 44	1 Ulrich Baumgarten – getty images; 4 DRK; 5 akg-images – picture-alliance
S. 46	Mozart: Vova Pomortzeff – shutterstock.com; Buchdruck: pure-life-pictures – Fotolia.com; Kaffeetasse: elena moiseeva – shutterstock.com; Mittelalter: Hein Nouwens – shutterstock.com; Text: Infos aus: Gutberlet, Bernd Ingmar: Die 50 populärsten Irrtümer der deutschen Geschichte. Bastei Lübbe Taschenbuch; Meiderbauer, Jörg: Lexikon der Geschichtsirrtümer. Von der Alpenüberquerung bis Zonengrenze. Piper 2006
S. 48	A: Hagen Koch – Berliner Mauer-Archiv; B: Dajana Marquardt; Karte: Klett-Langenscheidt Archiv
S. 50	oben: Tom Stoddart Archive/Kontributor – getty images; unten: picture-alliance – dpa
S. 51	ZB – picture alliance
S. 52	Foto: getty images
S. 54/55	Lizenz durch www.zdf-archive.com / ZDF Enterprises GmbH – Alle Rechte vorbehalten.
S. 56	Papier und Feder: ULKASTUDIO – shutterstock.com; Tinte: Milta – shutterstock.com
S. 57	Tinte: Milta – shutterstock.com; H: Erich Kästner: „Spruch in der Sylvesternacht" aus: Dr. Erich Kästners lyrische Hausapotheke © Atrium Verlag, Zürich 1936 und Thomas Kästner
S. 58	oben links: Syda Productions – shutterstock.com; oben Mitte: stokkete – Fotolia.com; oben rechts: HconQ – shutterstock.com; unten: wavebreakmedia – shutterstock.com
S. 60	turtix – shutterstock.com
S. 62	Vikulin – shutterstock.com
S. 64	Foto: dpa – picture alliance; Text: Auf Uns von Julius Hartog, Andreas Bourani, Thomas Olbrich © Edition Viertelkind / BMG Rights Management GmbH / Edition You Can Buy Taste
S. 68	akg-images
S. 70/71	Lizenz durch www.zdf-archive.com / ZDF Enterprises GmbH – Alle Rechte vorbehalten.
S. 74	A: dpa – picture alliance; B: Karlsruher Institut für Technologie, Institut für Anthropomatik und Robotik; C: www.avatarkids.ch / Amélie Benoist; D: Kirsty Pargeter – Fotolia.com
S. 75	Stefano Tinti – shutterstock.com
S. 76	A: Chutimon – Fotolia.com; B: only4denn – Fotolia.com; C: TASPP – Fotolia.com
S. 76/77	Text (gekürzt): Björn Stephan / SZ-Magazin Nr. 13/2014
S. 78	DOC RABE Media – Fotolia.com
S. 80	A: Fotoluminate LLC – Fotolia.com; B: D.Bond – shutterstock.com; C: Fotoluminate LLC – shutterstock.com; D: JackF – Fotolia.com
S. 81	alphaspirit – shutterstock.com
S. 83	oben: Verlag Kiepenheuer & Witsch; Mitte: gestaltet von Maria José Aquilanti und Philipp Baier; unten: © Prokino
S. 84	akg-images
S. 86/87	brütende Kraniche: Dennis van de Water – shutterstock.com; Flamingos: zixian – shutterstock.com; Papagei: SantiPhotoSS – shutterstock.com; Rest: Lizenz durch www.zdf-archive.com / ZDF Enterprises GmbH – Alle Rechte vorbehalten.
S. 88	oben: Rido – shutterstock.com; unten: aastock – shutterstock.com
S. 92	von oben nach unten: Sergey Nivens – Fotolia.com; fotogestoeber – Fotolia.com; jamdesign – Fotolia.com
S. 95	links: forestpath – shutterstock.com; rechts: Tom-Hanisch – Fotolia.com
S. 96	1 WavebreakMediaMicro – Fotolia.com; 2 Jeanette Dietl – Fotolia.com; 3 DDRockstar – Fotolia.com
S. 97	pathdoc – Fotolia.com
S. 104	Kölner Dom: Noppasinw – Fotolia.com; Macchu Picchu: Lukasz Kurbiel – shutterstock.com; Namib-Wüste: Pete Niesen – shutterstock.com
S. 105	Romantischer Rhein Tourismus GmbH
S. 106	Eith-Verlag
S. 109	dpa-infografik / picture-alliance
S. 112	Foto: imagedb.com – shutterstock.com; Text: Aus: Wörtersee, Frankfurt am Main: Zweitausendeins, 1981 © Nachlass Robert Gernhardt, durch Agentur Schlück. Alle Rechte vorbehalten.
S. 116	oben: dpa / picture-alliance; unten: © Neugebauer/Grodotzki/Jib-collective
S. 118	pieknikphoto/sebastian pieknik
S. 120	oben: Bettmann / Corbis; unten: ASSOCIATED PRESS / picture-alliance
S. 121	dpa / picture-alliance
S. 124	oben: Matthias Ludwig – Fotolia.com; Mitte links: Goodluz – shutterstock.com; Mitte rechts: Masson – shutterstock.com; unten links: Marcel Schauer – Fotolia.com
S. 125	oben links: Monkey Business Images – shutterstock.com; oben rechts: ZD / picture-alliance; unten links: ArTo – Fotolia.com; unten rechts: forestpath – shutterstock.com
S. 132	Bojanovic – shutterstock.com
S. 133	Brian Goff – shutterstock.com
S. 134	oben: Monkey Business Images – shutterstock.com; unten: Photographee.eu – shutterstock.com
S. 135	Ian 2010 – shutterstock.com
S. 137	1 Photononstop / mauritius images; 2 Monkey Business Images – shutterstock.com; 3 salamanderman – shutterstock.com
S. 140	Foto: spfotocz – shutterstock.com; Text: © emotion, Dezember 2007, Prof. Dr. Gerald Hüther
S. 144	iurii – shutterstock.com
S. 145	Haus: ValeStock – shutterstock.com; Hände: maxuser – shutterstock.com; Straßensystem: IM_photo – shutterstock.com; Medizin: everything possible – shutterstock.com; Laborgläser: Chepko Danil Vitalevich – shutterstock.com
S. 146	Songchai W – shutterstock.com
S. 148	jannoon028 – shutterstock.com
S. 149	Kirill__M – shutterstock.com
S. 150	CandyBox Images – shutterstock.com